초등 학부모에게 꼭 필요한 이야기

에듀윌 6

초등
학부모에게
꼭
필요한
이야기

● 백승희 지음

이담
Books

학년이 끝나 가는 2월에 초등학생을 자녀로 둔 '초등학부모'들은 걱정이 하나 있다.

"새 학년 담임선생님은 누가 될까?"

선배 학부모들의 조언과 정보를 참고로 내 아이와 엄마가 잘 맞을 것 같은 한두 명의 담임교사 후보자를 물망에 올려놓고 기다린다.

시업식 날 아침 다행히 점찍어 두었던 선생님이 담임이 되면 그해 1년은 운수대통인 것이다. "제발 ○○ 선생님만은 걸리지 마라." 했던 선생님이 담임이 되면 엄마의 가슴은 철렁 내려앉는다.

위의 이야기는 한 예에 지나지 않지만, '초등학부모'들에게 시사하는 바가 크다.

담임교사는 학부모나 학생이 선택할 수 있는 부분이 아닌 경우가 대부분이다. 단지 원하는 선생님이 담임이 되기를 마음속으로 희망할 뿐이다.

대체로 초등학령기 동안에 학생들은 본인의 전학이나 교사의 중간발령, 출산휴가, 병가 등과 같은 특별한 경우를 제외하고는 여섯 명 정도의 담임교사를 거친다.

초·중등학교 교사들은 오랫동안 교사가 되기 위한 교육과정을 거쳐 자격증을 가진 전문가이면서 다양한 성격과 자질을 가진 인격체이다. 그들은 저마다의 교육철학과 성향을 가지고 학급특색을 살려 1년 동안 학급경영을 해 나간다.

20~30년 전만 해도 학교에 보내는 것으로 부모의 역할을 다한다고 생각하는 부모들이 대부분이었다. 학교에 보내 주는 것만으로 자녀 교육에서는 손을 놓다시피 하였지만, 해마다 바뀌는 교사에게 내 아이 꿈의 실현을 위한 일련의 일들을 모두 맡긴다는 것은 부모로서 고려해야 할 부분이다.

내 아이의 보다 행복한 삶을 위하여 끼를 찾고, 진로를 탐색하고 안내하는 6년 동안의 일관성 있는 지원을 해 줄 수 있는 사람은 해마다 바뀌는 담임교사가 아닌 바로 내 아이의 부모인 당신인 것이다.

부모는 아이에 대한 교육적인 신념과 뚜렷한 목표를 가지고 각 발달 시기에서 요구되고 있는 과업들을 무리 없이 수행해 나가고 있는지를 모내기 전 모판에 있는 벼의 모를 기르는 심정으로, 기다려 주고 도와줄 수 있어야 한다.

그러기 위해서 부모는 인생의 모판에 있는 벼의 모에 비유되는 시기인 초등학교 시절에 학교에서 진행되고 있는 스케줄, 미래세대를 위하여 가져야 할 부모 마인드, 각 학년별로 지원하고 지도할 내용(주어야 할 비료), 학습하는 방법에 대한 학습이론, 그들의 심리를 이해하고 다가설 수 있는 교육심리 등에 대해서 알아야 할 필요가 있다.

따라서 필자는 오랫동안 학생들과의 경험과 교육대학원에서 강의한 학습이론 및 교육심리이론 등을 바탕으로 '초등학부모'들에게 필요한 정보들을 잘 이해할 수 있도록 알기 쉽게 전달하여 학생들의 꿈의 실현에 도움이 되고자 한다.

모쪼록 이 책의 내용들이 많은 초등학교 학부모들에게 실질적으로 도움이 되어서 우리 학생들이 저마다의 꿈과 희망을 가지고 학교생활을 하고, 이어지는 중·고등학교생활은 물론 대학 및 진로 선택, 나아가 행복한 삶을 위한 첫 단추가 되기를 바란다.

백승희

|목차|

글을 마치면서 / 274

부록 / 277

교실 그림이 달라졌어요

J 어린이의 한 주일

놀토 지나고 난 월요일
내 자리 바뀌는 날
우리 선생님 내 눈 삐뚤어질까
시계방향으로 모둠위치 옮기라는 날.
그리고
일기장도 내는 날
시현이는
일기장에 가을을 옮겨 놓아요.

동화 읽어 주는 어머니 오시는 화요일
일찍 와서 기다리지요.
오늘 제목 '세상에서 제일 큰 사랑'
우리 선생님 오늘도 귀찮게
생각한 것 말하라고 하시죠.
오늘 이야기에서는
'이 세상에서 가장 큰 사랑은 엄마의 사랑'
알게 됐어요.

수요일은 진짜 진짜 좋은 날
컴퓨터 재량시간 있어요.
한글타자연습, 표 그리기, 그림 넣기
빨리 하면 게임 서비스
아빠랑 어젯밤 한컴타자
엄청 했지요.

창의적 재량활동 하는 목요일
'칠월 구일'은 '친구의 날'이래요.
우리 선생님
또 '소중한 친구', '칭찬할 친구', '부탁할 친구'…… 친구타령이에요.
나는 의사가 꿈인 태훈이에게 발표 잘한다고 칭찬 편지 써서
'개구리우체통'에 넣었지요.
태훈이 좋아라 백만 불짜리 미소 보내 줬어요.
기분 짱이에요.

받아쓰기 금요일은
상표받는 날.
선생님은 80점도 어렵다나요
어떤 친구 둘 빼고 상표받아요.
어떤 땐 두 친구도 상표받아 좋아하지요.

둘째, 넷째 토요일은
늦게까지 잘 수 있어 좋지요.
엄마랑 아빠랑 공원 가고
시골 할머니 댁에도 가고
운 좋은 때는 영화도 보고 놀이공원에도 가지요.

M 어린이네 반의 하루

여덟 시 오 분,
새집 머리 숨기느라
하얀 캡 눌러쓴
오늘 반장 승오가 들어서네요.
가방 걸어 놓고
교실 창문 열어 놓으면

축구선수 지호가
칠판에 시간표 붙이고, 우유상자 들여놓아요.
희정이가 복도 창문 열 때면
시끌벅적 목소리 큰 내 친구 우주가 들어서지요.

은서와 누리까지 오면
책 꺼내 놓고 읽기 시작!
이제 아침 10분 독서시간!
늦게 온 아이들은
고양이걸음으로 살금살금
'글빛누리도서관'에서 빌린 책
펼쳐 보아요.

아홉 시 오 분 전,
우리 선생님 '5분 감동 이야기'
오늘 제목: '불가능은 없다'
팔다리 없는 수영선수 헐크 이야기예요.
나는 못 할 게 없다는 생각 들어요.

'헬로우 헬로우 헬로우 하아유
I'm fine I'm fine……'
1교시 끝나고 이어지는
English Break Time
방송실에서 보내오는
10분 영어 애니메이션
선생님은 히어링된 단어 말하랬어요.
2학년-고운솔반 친구들
비치, 선크림, 선글라스, 스위밍, 비치타올, 아이 캔……
눈빛들이 빛나요.

오늘은 들린 문장 한 구절 말하래요.
지원이가 들은
Can you teach me swimming
모두 다 함께
캔유 티치미 스위밍
Do you have a beachtowel
아이 돈 노
들렸다고 야단법석
친구들 대단해요.
나도 열심히 해야겠다고 마음먹었어요.
우리 선생님
3, 4, 5, 6월 넉 달 동안
방송실 프로그램 틀어 줬을 뿐,
떠들든 말든, 우유 마시며 들으라고 했을 뿐,
영어지원단 어머니들과 함께한
영어체험실 활동 프로그램
딱 2시간 했을 뿐.

상현이는 한글, 영어일기장 두 개를 내요.
선생님이 읽으라고 하면
기다렸다는 듯 잘도 읽어요.
제목: 'My Daddy'
'뭐 자기 아빠가 훌륭하다나요?'
친구들은 잘도 알아들어요.
명현이도, 재현이도 영어일기 쓰기 시작했어요.

'뻐꾹, 뻐꾹, 딴딴따라라라라
뻐꾹, 뻐꾹 딴딴따라라라라라'
3교시 쉬는 시간 알리는 음악 나오면
웃기 시작해요.
'까르르 웃음운동' 시간이에요.
짝꿍 어깨 마사지
소중한 팔다리 두드려 줘요.
오늘은 윤호가 '따라쟁이 바보삼돌이' 얘기해 줘서 배꼽 빠질 뻔.
우리 교장선생님
미래세대는 유머를 아는 사람이 성공한대요.

4교시 끝날 때는 알림장 써요.
내가 필요해 쓰는 것이라고 검사도 안 하면서
'내일 준비물, 칭찬해 주세요, 저는 효자입니다' 등
잔뜩 써 주세요.
경민이는
급식 먹을 시간 지나도 끝까지 쓰고 가지요.
안 쓰면 자기가 갑갑하다나요.

1부

새내기 학부모 오리엔테이션

입학식까지는 어떤 일이?

01 읍, 면, 동장님이

: 취학통지서를 발부해요.

교육장에게 매년도 취학할 아동의 입학기일과 통학구역을
입학기일이 속한 해의 전해 10월 20일까지 통보받은 읍·면·동장은
입학할 학교를 지정하고 입학기일을 명시하여 입학기일이 속한 해의
전해 11월 25일까지 취학할 아동의 보호자에게 취학통지를 하여야
한다.

02 취학통지서에 적혀 있는 신입생 소집일시에

: 해당 학교에 가요.

반드시 취학통지서를 가지고 가야 하고, 취학 대상 어린이는
데리고 가지 않아도 된다. 그러나 학교에 따라서는 아이들의 학교에
대한 첫 경험이기 때문에 의미 있는 행사를 하는 경우도 있지만,
겨울이고 방학 중이라서 날씨가 춥기 때문에 대부분의 학교에서는

부모들에게서 등록만을 받는다. 등록 시에 학교에서는 입학식 일시 및 사전지도 내용, 준비물, 학교 안내 등이 적혀 있는 안내 책자를 드린다. 학부모들은 안내 책자를 아이와 함께 꼼꼼히 살펴보는 기회를 가지고 입학을 준비한다.

03/ 입학 연기 신청은

: 읍·면·동사무소에 가서서 해요

읍·면·동의 장은 매년 9월 1일 현재 그 관내에 거주하는 아동으로서 다음 해 3월 1일에 그 연령이 초등학교 취학 시기에 달하는 자를 조사하여 당해 연도 9월 30일까지 취학아동 명부를 작성하여야 한다. 그러나 교육감이 정하는 질병, 발육상태, 기타 부득이한 사유가 있는 경우에 취학 대상 어린이가 입학을 유예해야 할 경우, 초중등교육법 제13조 2항에 의거 아동의 보호자는 9월 1일부터 9월 30일까지 읍·면·동사무소에 입학 연기 신청서를 제출하여야 한다. 입학 연기 신청서를 접수한 읍·면·동의 장은 지체 없이 취학아동 명부에서 이 아동을 제외하여야 한다.

04/ 조기입학 신청도

: 읍·면·동사무소에서 해요

초중등교육법 제13조 2항에 의거 만 5세가 된 날이 속하는 해의 다음 해 입학을 원하는 자녀 또는 아동의 보호자는 9월 1일부터 9월

30일까지 조기입학 신청서를 읍·면·동사무소에 제출하여야 한다. 조기입학 신청서를 접수한 읍·면·동의 장은 지체 없이 이를 취학아동 명부에 등재하여야 한다.

05/ 입학식날에는

: 학급 배정을 하고 담임교사와 첫인사를 해요

- 신입생 소집일에 배부된 책자에 안내된 내용을 잘 읽고 준비물 (실내화주머니, 이름표 등)을 가지고 옷을 따뜻하게 입혀서 입학식 10분 전쯤 도착하여야 한다.
- 반배정표에서 반을 확인한 후 배정된 반에 가서 줄을 서야 한다.
- 입학식이 끝나면 대부분의 학교에서는 자기 교실을 확인하고 이름표와 일주일 동안 학습내용 안내 유인물을 나누어 주는데, 학습안내 유인물은 잘 읽어 보고 준비물이나 학습일정을 알아 놓아야 한다.

초등학령기의 시(時) 테크와 공간(空間) 테크

01 / 일일 시(時) 테크

전 업 주 부 의 경 우

일반적으로 초등학교 하루 일정은 8시 40분~9시까지 아침공부 시간, 9시부터 1교시를 시작하여 12시 10분에 4교시를 마친다. 1학년은 이어서 급식을 1시까지 하고 담임교사가 교문까지 직접 귀가지도를 한다.

그러므로 아침에 적어도 7시 30분까지는 깨워서 밥 먹기, 세수, 편안한 옷차림, 준비물, 교과서 점검 등을 도와주고, 8시 20분 정도에는 현관에서 따뜻하게 인사를 주고받는다. 그래야 아이가 아침공부 시간 안에 여유롭게 교실에 들어갈 수 있다.

아이가 학교에서 활동하는 시간에는 어머니의 자기계발 시간으로 잘 활용할 수 있기를 권장한다. 그리고 아이가 귀가하는 시간에 엄마가 반갑게 맞이하는 것은 전업주부로서 내 아이에게 줄 수 있는 가장 큰 특혜이다. 특히 1, 2학년 아이들은 엄마가 자기를 기다리는 집에 가는 시간이 가장 행복한 시간이다.

요즘은 각 학교에서 저렴하고 질 높은 방과 후 학교 운영 프로그램을 운영하고 있으므로 학교에 개설한 다양한 특기적성프로그램 중에서 자녀에게 필요한 부분을 일주일에 2~3가지 정도 수강할 수 있도록 한다. 남은 오후 일정은 숙제하기, 학교준비물 챙기기, 예습과 복습하는 습관 키워 주기, 좋아하는 책 읽기, 놀기, 컴퓨터 하기, 어린이 방송 시청하기 등 자녀의 소질과 특기에 따라 오후 시간을 관리 지도한다.

저녁시간에는 저녁식사, 씻기, 일기 쓰기, 종교가 있는 가정에서는 기도하기, 가정에 따라 다르겠지만 일찍(보통 10시경) 자는 습관을 길러 주어야 한다. 잠자리에 들 때는 되도록 엄마의 다정한 목소리를 들으며 편안히 잠들 수 있도록 한다. 그리고 학교에는 다양한 학부모지원단 활동이 있는데, 시간에 여유가 있는 학부모들은 그러한 지원활동을 하면 자녀가 다니는 학교교육과정 운영에 많은 도움이 되고, 내 아이의 학교생활 이해에도 도움이 될 것이다.

일을 가진 엄마의 경우

아침에 일찍 일어나서 먼저 어머니의 출근 준비를 마치고, 자녀의 학교 갈 준비를 도와주어야 한다. 비록 엄마가 아침식사를 하지 않더라도, 발육단계에 있는 아이들은 꼭 아침을 챙겨 먹여야 한다.

몇 해 전에 아침식사를 거르고 등교하는 학생을 조사해 보니, 형편이 어려워서 아침식사를 안 하는 어린이보다는 늦잠을 자거나 "우리 집은 아침을 안 먹어요."라고 답하는 학생이 많았다. 아침을 안 먹고 오는 학생들은 오전 중에 활발한 학습활동에 제약을 받는다.

기운이 떨어져 의욕이 없다든지, 심한 경우에는 아파서 보건실에 가기도 한다. 한 번 보건실에 가는 것에 대한 편안함을 맛본 학생은 습관성이 될 수도 있다.

1학년 때에는 아이보다 먼저 출근을 할 경우, 등교를 도와줄 수 있는 지원책이 마련되어 있어야 한다. 부모님이 일찍 출근한다고 무조건 학교에 일찍 보내면 안 된다. 학교에 일찍 가서 읽을 수 있는 재미있는 책이라든지, 그림 그릴 자료 등을 챙겨서 보내야 한다.

또는 아이를 보살펴 줄 수 있는 친척집 근처로 이사를 하거나, 평소에 가깝게 지내는 자녀의 또래친구 가정을 알아 놓아서 같이 등교할 수 있게 해야 한다.

방과 후에는 혼자 방황하는 틈을 주어서는 안 된다. 얼마 전 유명한 방송인 가정이 특집프로그램으로 제작되어 소개되었다. 부모는 성공한 전문직업인들이었지만, 초등학교 4학년 아들에게 부모님에게 하고 싶은 말을 하라고 마이크를 대자마자 울먹거리면서 "엄마, 너무 늦게 들어오지 마. 엄마가 일찍 들어오면 좋겠어."라고 말을 잇지 못하였다. 이렇듯 아이들은 부모의 부재 속에 스스로 일정을 소화하는 일이 어른이 생각하는 것보다 훨씬 힘겨워한다.

그러므로 학교에서 운영하는 '방과 후 학교 종일반 프로그램', 학교도서관 활용, 특기적성 프로그램 등을 충분히 활용하도록 한다. 좋은 친구를 사귈 수 있도록 지도하고, 주말에는 또래친구들의 가족들과 친교의 시간을 갖는 기회도 가짐으로써 급한 일이 있을 때 도움을 청할 수 있도록 하여야 한다.

퇴근 후에는 반드시 하루 동안의 생활에 관심을 보이며 대화하고, 과제검사, 가방, 준비물 등을 점검한다. 저녁식사 후에는 일기를 쓰도록 지도하고 10시경에는 엄마의 따뜻한 사랑을 느끼며 잠을 잘 수 있도록 한다.

02/ 주말 시(時) 테크

자녀 교육에서 아버지의 역할은 매우 중요하다. 모처럼 쉬는 주말이나 공휴일에 늦게까지 잘 수 있음은 그야말로 꿀맛이다. 그러나 1, 2학년의 일기지도를 하면서 학생들이 가장 자랑스러워하는 내용 중의 하나가 "아빠와 함께 축구를 했다.", "부모님과 함께 시립도서관에 가서 또는 서점에 가서 책을 읽었다.", "박물관에, 놀이공원에, 할머니 댁에 다녀왔다." 등이다. 가끔 교회나 성당, 절에 다녀왔다는 내용도 있지만 저학년 학생들은 부모님과 함께 시간을 보낸 것을 마음에 간직한다는 것을 알 수 있다.

따라서 주말에는 아이들도 쉬는 시간이 필요하지만, 부모님과 함께 다양한 경험을 할 수 있도록 테마를 정해서 일정을 관리할 수 있어야 한다. 특히 둘째, 넷째 토요휴업일에는 평소에 시간이 없어서 하지 못하는 경험들을 자녀의 의견을 절충하여 제공할 수 있는 기회로 삼아야 한다.

03/ 하계 · 동계 휴가 중 시(時) 테크

매년 7월 초와 12월 초에는 하계(30여 일), 동계 휴가(40여 일)

일정이 안내된다. 부모는 자녀들의 의견을 수렴하고, 학업성취 수준, 소질 및 특기, 가정 사정 등을 고려한 구체적인 휴가 중 사전 계획을 세워야 한다. 한 달 정도의 긴 가정학습 시간이 주어지므로, 이번 방학에는 학습보충, 특기신장, 체험학습 기회 제공, 건강관리 등 어느 부분에 초점을 맞추어 보낼 것인지 방향성을 반드시 제시하여, 내 아이와 함께 휴가 중 계획을 세우는 것이 필요하다. 그래서 보람 있고 알찬 휴가를 보낼 수 있는 방법을 학습할 수 있도록 해 준다. 그렇게 함으로써 차차로 고학년에 올라갈수록, 자신에게 필요한 휴가 중 계획을 스스로 세울 수 있게 된다. 요즘에 대부분의 학교에서도 부모님과 함께 상의해서 정하는 자율학습 과제나 선택 과제를 내도록 변화하고 있다. 그러나 가장 중요한 것은 방학 계획에 따라 규칙적인 하루 생활을 할 수 있도록 지도하는 것이다.

04/ 공간(空間) 테크

'孟母三遷之敎'라는 말은 어머니들의 치맛바람을 의미하는 것이 아니다.

맹자의 엄마가 자식의 교육을 위해 3번이나 이사를 한 얘기이다. 그만큼 교육환경의 중요성을 얘기한 것이다. "처음에 묘지 근처에 살았더니 맹자가 공부엔 관심이 없고 온통 장례 치르는 소리만 따라했어요. 맹자 어머니는 그것이 싫어서 시장 근처로 이사를 했더니 늘 장사 흥정하는 흉내만 냈지요. 다시 서당 옆으로 이사를 했더니 공부를 열심히 했다는 거지요." 맹자와 같은 성인도 좋은 공간을 찾아

부모가 제공해 주었기 때문에 그의 재능 발휘가 가능했다. 부모가 조성해 주는 가정환경이나 주변 여건에 대한 공간 테크의 중요성을 의미해 준다.

엄마는 텔레비전을 보면서 아이에게 들어가서 공부하라고 하면 아이가 공부를 열심히 할까? 부모님이 모범이 되어 책을 펴고 있어야 그 분위기에 자연스럽게 동화되어 아이도 공부를 한다. 어릴 때부터 텔레비선은 어린이 방송 시간과 주말에민 보고 주중엔 다 같이 앉아서 책도 읽고 토론도 하는 여건을 조성하는 것은 좋은 예이다.

살고 있는 주거 주변에 도서관이 있고, 안전한 등하교가 가능한 학교, 공원이나 친자연적인 환경이 있으면 더욱 좋겠다.

부모는 절대 공부하라고 말하지 말아야 한다. 공부할 수밖에 없도록 환경을 조성해 주어야 한다.

학부모 지원단 역할에는 이런 것이 있어요

01 학교운영위원회가 있어요

매년 3월에 학부모위원, 교원위원, 지역위원으로 전교생 재적수에 따라 9명~17명 정도를 학부모위원은 학부모가 선출하고, 교사위원은 교직원이 선출하며 지역위원은 선출된 학부모위원과 교사위원이 추천된 후보 중에서 승인한다.

학교운영위원회의 성격은 학교교육활동 추진 안건에 대한 심의기구이다. 모든 학교가 반드시 조직하여 운영하여야 한다.

1) 학교운영위원회란?

- 학교운영에 학부모, 교원, 지역인사가 참여함으로써 학교정책결정의 민주성 및 투명성을 확보하고, 지역실정과 학교특성에 맞는 다양한 교육을 창의적으로 실시할 수 있도록 심의·자문하는 기구
- 단위학교 차원의 교육자치 기구
- 학교 내외의 구성원이 함께하는 학교 공동체
- 개성 있고 다양한 교육을 꽃피울 수 있는 제도적 장치

2) 학교운영위원 정수

- 학생수 200명 미만: 5~8명 위원
- 학생수 200명 이상 1,000명 미만: 9~12명 위원
- 학생수 1,000명 이상: 13~15명 위원

3) 학교운영위원 구성 비율

구분	일반학교(일반조항)	실업계고등학교(선택조항)
학부모 위원	40~50%	30~40%
교원위원	30~40%	20~30%
지역위원	10~30%	30~50%

4) 학교운영위원회 구성 절차

학교운영위원회규정 제정(개정)→선출관리위원회 구성→선거공고 및 입후보→학부모위원 및 교원위원 선출→지역위원 선출→위원장 선출→구성 완료

5) 운영위원의 선출방법

- 학부모위원: 전체 학부모가 총회 또는 서신을 통해 직접 선출하거나 학급별로 학부모가 학급대표를 선출하여 그 대표자 회의에서 선출
- 교원위원: 교직원 전체회의에서 무기명투표로 직접 선출
- 지역위원: 학부모위원 또는 교원위원의 추천을 받아 위원회에서 학부모위원 및 교원위원이 무기명 투표로 선출

6) 운영위원의 자격

- 학부모위원: 당해 학교에 자녀를 둔 학부모
- 교원위원: 당해 학교에 재직하고 있는 교원
- 지역위원: 학교운영에 이바지하고 있는 지역인사, 학교소재 지역을 생활근거지로 하는 교육행정공무원, 학교소재 지역을 사업 활동 근거지로 하는 사업가

7) 운영위원의 임기

- 위원의 임기: 1년으로 하되 연임할 수 있다. 다만, 보궐위원의 임기는 전임자의 잔임 기간으로 함.
- 위원장 및 부위원장의 임기: 1년으로 하며, 연임할 수 있다.

8) 심의(자문)사항

- 학교헌장 및 학칙의 제정 또는 개정에 관한 사항
- 학교의 예산안 및 결산에 관한 사항
- 학교교육과정의 운영방법에 관한 사항
- 교과용 도서 및 교육 자료의 선정에 관한 사항
- 정규학습시간 종료 후 또는 방학기간 중의 교육활동 및 수련활동 사항
- 교육공무원법 제31조 제2항 규정에 의한 초빙교원의 추천에 관한 사항
- 학교운영지원비의 조성·운용 및 사용에 관한 사항
- 학교 급식에 관한 사항
- 대학입학 특별전형 중 학교장 추천에 관한 사항

- 학교운동부의 구성·운영에 관한 사항
- 학교운영에 관한 제안 및 건의 사항
- 학교법인 개방임원 추천에 관한 사항(※사립학교)
- 학생지도를 위한 지원 사항
- 교복 및 체육복의 선정, 수학여행, 학생야영훈련(학생수련활동) 등 학부모가 경비를 부담하는 사항, 다만, 특정서클 등에서 특정학생을 대상으로 하는 사항은 제외한다.
- 지역사회교육에 관한 사항
- 학부모 및 일반인을 대상으로 한 평생교육 프로그램의 설치·운영에 관한 사항
- 교내사고 및 학교 관련 각종 민원사항
- 기타 학교운영에 관한 위원들의 제안사항과 학교장이 심의 요청한 사항

인용: 경기도교육청 e-학교운영위원회(http://e-sc.goe.go.kr/학교운영위원회란?/)

02 녹색어머니 교통봉사대가 있어요

대부분의 학교들이 조직·운영하고 있지만 전교생을 대상으로 녹색어머니회 회원을 구성하는 학교도 있고, 학급마다 자원봉사 어머니들로 구성하기도 하여 등굣길 교통안전지도 및 학교 앞 교통안전 캠페인을 주도한다. 특히 저학년들의 안전한 등교길에 많은 도움이 되고 있다.

03 예절도우미 교사가 있어요

전통 예절 연수를 받은 어머니들이 재량시간이나 도덕, 바른생활 교과시간과 연계하여 예절 수업을 주도한다. 주로 전통 인사법, 다도 등을 연 2시간 정도 프로그램을 구성하여 지도한다. 생활 모습의 변화로 평소에 사용하지 않는 전통 인사 방법, 차 마시는 방법 등을 가르치는 시간의 명예교사로 활동하는데, 전통 예법을 잘 모르는 초등학생들에게 꼭 필요하고 유익한 예절시간이며, 가르치는 명예교사 어머니들에게도 큰 도움을 주는 활동이라고 모니터 되고 있다.

04 책 읽어 주기 지원단이 있어요

학교 교육과정 운영의 일환으로 독서 프로그램 운영 시간에(주로 아침시간) 책 읽어 주기 지원단 어머니들이 미리 준비한 책을 10분 정도 학생들에게 읽어 주는 활동으로 상상력과 창의력을 길러 주고, 책과 친근해질 수 있는 기회를 주는 데 많은 도움을 주고 있다. 글을 알면 스스로 책을 읽으면 되는데, 굳이 책을 읽어 줄 필요가 있냐는 부정적인 견해가 있지만, 직접 책 읽어 주기 시간을 기다리고 경험하는 학생들은 매우 도움이 많이 되고 생각하는 힘을 키워 준다고 모니터 되어, 각 학교에 확산되고 있는 어머니 교육활동 중의 하나이다.

05/ 학부모 보람교사회가 있어요

보람교사 활동을 지원하는 학부모를 대상으로 강사 인력풀을 구성한다. 그래서 교수-학습지원, 생활지도 지원, 상담활동 지원 등 학부모상주지도실에 아이들이 학교 있는 시간 동안에 상주하면서 지원하는데 학교교육활동 운영에 많은 도움이 된다. 단, 학생들이 교육활동을 하는 오전 시간을 할여할 수 있는 시간적인 여유가 있어야 한다.

06/ 급식 모니터 위원회가 있어요

학생들에게 안전하고 위생적인 급식이 제공될 수 있도록 학부모 중에서 학급별 2명 정도 자원하여 구성하는데, 윤번제로 급식 재료 검수 및 급식실 청결 상태 등을 모니터하여 피드백 하는 활동을 한다. 학생들의 건강을 지키는 중요한 지원단체이다.

* 위에 제시된 학교운영위원회는 모든 학교가 반드시 조직해야 하지만 그 외의 지원단은 예시이고, 학교마다 학교 교육계획에 의거 더 많거나 적은 지원단이 있을 수 있고 다양한 위원회를 조직하여 운영하기도 한다.

07/ 학부모 평생교육 프로그램도 있어요

　유휴교실이 있거나 특별교실 사용에 여유가 있는 학교에서는 '평생교육 어머니교실' 프로그램을 운영한다. 주로 개설된 부서는 어머니들의 요구가 많은 요가부, 컴퓨터부, 토탈공예부, 스포츠댄스부, 종이접기부 등이다. 가사실이 잘 갖추어져 있는 학교에서는 요리부도 개설한다. 강사는 학생들의 특기적성 지도 강사들을 활용하여 보다 저렴한 수강비로 학부모뿐만 아니라 지역사회 어머니, 할머니들도 수강할 수 있도록 문을 열어 놓는다. 부모는 자녀교육에 관심을 많이 기울여야 하지만, 고령화 사회를 살아가야 하는 우리 세대에는 자기계발에도 부단한 노력이 뒤따라야 한다.

방과 후 교육활동

01 방과 후 학교란

1) 방 과 후 학 교 개 념

수요자(학생, 학부모) 중심으로 운영하는 정규 교육과정 이외의 학교 교육활동을 말한다.

- 학생·학부모의 수요를 반영하여 정규수업 종료 후에 학교 내에 다양한 교육 강좌를 개설하면, 수요자가 원하는 강좌를 선택하여 수강료 납부 후 참여한다.
- 학교운영위원회의 심의를 통해 단위학교 자율로 운영한다.
- 학교는 학생과 학부모의 요구를 바탕으로 방과 후 학교 또는 방학 중 프로그램을 개설할 수 있으며, 학생들의 자발적 참여를 원칙으로 한다(초·중등교육과정, 교육인적자원부 고시 제2007-79호).

2) 방과 후 학교 배경

- 학교 교육 기능 보완을 위한 다양한 프로그램을 운영한다.
- 사교육비 경감을 위한 방과 후 교육활동을 확대한다.
- 여성 인력의 사회 진출 증가에 따른 보육 프로그램을 운영한다.
- 교육 취약계층 자녀를 위한 충분하고 다양한 교육 기회를 제공한다.
- 저출산·고령화 등 사회 변화로 학교의 지역사회화 요구에 부응한다.

3) 방과 후 학교 목적

- 다양하고 창의적인 프로그램 운영으로 학교 교육 기능을 보완한다.
- 다양한 학습 욕구 해소 및 보육과 교육을 통한 사교육비를 절감한다.
- 방과 후 학교를 구심점으로 지역 사회와 함께하는 교육공동체를 실현한다.
- 계층 간, 지역 간 교육 격차 완화로 실질적인 교육복지를 구현한다.

4) 방과 후 학교 프로그램 종류(예시)

¤ 특기적성 프로그램

특기적성교육 활성화로 학생의 소질 계발 및 사교육비 경감을 위하여 모든 초등학교에서 학교 규모와 학교 여건에 맞게 음악, 미술, 체육, 과학, 무용, 외국어 등 다양한 영역의 프로그램을 개발하여 운영하고 있다. 각 학교마다 새 학년이 되면 학기 초에 학부모와 학생의 요구를 수렴하여 학교환경에 맞추어 많은 경우에는 20개가 넘는 부서를 개설하고, 방과 후에 학교시설을 활용하여 운영함으로써

보다 저렴한 비용으로 수준 높은 특기적성계발 교육을 할 수 있도록
하고 있다.

¤ 초등보육 보금자리 프로그램

여성 인력의 효과적 활용 및 맞벌이 가정 자녀 지원을 통한
교육복지를 실현하기 위하여 학부모의 요구사항이 많을 경우,
신청하여 운영한다.

¤ 교과 프로그램

초·중·고등학교 학부모 및 학생의 수월성 교육 욕구를 충족하고
맞춤형 교과 프로그램 운영으로 심화·보충의 기회 제공을 통한 학력
향상을 도모하기 위한 프로그램으로 초등학교의 경우는 희망학생을
대상으로 학교 자율적인 운영을 권장하고 있으나, 아직 활성화되지는
않았다.

그 밖에도 인성·창의성 계발 프로그램, 창조교실, 영재 교육
프로그램, 성인 대상 평생학습 프로그램, 독서·논술 프로그램,
진로·직업교육 프로그램, 주말 및 방학 중 프로그램 등이 교육청이나
학교 여건에 맞게 개설되어 운영되고 있다.

2 부

내 아이 학교생활 1년 스케줄

01 내 아이 학년의 교과서는

: 몇 권인지

학년	교과서명	교과서권수
1	우리들은 1학년, 국어(말하기·듣기, 읽기, 쓰기), 수학(수학, 수학 익힘), 바른생활(바른생활, 생활의 길잡이), 슬기로운 생활, 즐거운 생활	10권
2	국어(말하기·듣기, 읽기, 쓰기), 수학(수학, 수학 익힘), 바른생활(바른생활, 생활의 길잡이), 슬기로운 생활, 즐거운 생활	9권
3	국어(말하기·듣기, 읽기, 쓰기), 도덕, 사회, 수학(수학, 수학 익힘) 과학(과학, 실험관찰), 체육, 음악, 미술, 외국어(영어)	13권
4	국어(말하기·듣기, 읽기, 쓰기), 도덕, 사회, 수학(수학, 수학 익힘) 과학(과학, 실험관찰), 체육, 음악, 미술, 외국어(영어)	13권
5	국어(말하기·듣기, 읽기, 쓰기), 도덕, 사회, 수학(수학, 수학 익힘) 과학(과학, 실험관찰), 실과, 체육, 음악, 미술, 외국어(영어)	14권
6	국어(말하기·듣기, 읽기, 쓰기), 도덕, 사회, 수학(수학, 수학 익힘) 과학(과학, 실험관찰), 실과, 체육, 음악, 미술, 외국어(영어)	14권

교과 활동, 재량 활동, 특별 활동으로 편성한다.

(1) 교과는 국어, 도덕, 사회, 수학, 과학, 실과(기술·가정), 체육, 음악, 미술, 외국어(영어)로 한다. 다만, 초등학교 1학년의 교과는 국어, 수학, 바른생활, 슬기로운 생활, 즐거운 생활 및 우리들은 1학년이고, 2학년의 교과는 국어, 수학, 바른생활, 슬기로운 생활, 즐거운 생활이다.

(2) 재량 활동은 교과 재량 활동과 창의적 재량 활동으로 한다.

(3) 특별 활동은 자치 활동, 적응 활동, 계발 활동, 봉사 활동, 행사 활동으로 한다.

02 / 국어, 수학…… 미술공부는

: 몇 시간씩 하는지

구분	학교	초등학교					
	학년	1	2	3	4	5	6
교과	국 어	국 어 210	238	238	204	204	204
	도 덕			34	34	34	34
	사 회	수 학 120	136	102	102	102	102
	수 학			136	136	136	136
	과 학	바른 생활 60	68	102	102	102	102
	실 과	슬기로운 생활 90	102	·	·	68	68
	체 육			102	102	102	102
	음 악	즐거운 생활 180	204	68	68	68	68
	미 술			68	68	68	68
	외국어 (영 어)	우리들은 1학년 80	·	34	34	68	68
	재량 활동	60	68	68	68	68	68
	특별 활동	30	34	34	68	68	68
연간 총 수업시간 수		830	850	952	952	1,054	1,054

⑴ 이 표에 제시된 시간수는 34주를 기준으로 한 연간 최소 수업 시간수이다.

⑵ 1학년의 교과, 재량 활동, 특별 활동에 배당된 시간수는 30주를 기준으로 한 것이며, '우리들은 1학년'에 배당된 80시간은 3월 한 달 동안의 수업 시간수이다.

⑶ 1시간의 수업은 초등학교 40분, 중학교 45분, 고등학교 50분을 원칙으로 한다. 다만, 기후, 계절, 학생의 발달 정도, 학습 내용의 성격 등을 고려하여 실정에 알맞도록 조절할 수 있다.

03 봄방학 기간은

: 어떻게 보내면 좋은지

우리나라 대부분의 초등학교에서는 2월 첫째 주나 둘째 주에 겨울방학을 마치고 개학을 한다. 6학년은 졸업식을, 1~5학년 학생은 종업식을 끝으로 한 학년도를 마치고 이어서 보름 정도의 봄방학 기간이 주어진다.

부모님들은 초등학교 저학년 때부터 봄방학 기간을 보람 있게 보낼 수 있도록 도와주어야 한다. 또한 고학년으로 올라갈수록 스스로 계획을 세워 다음 학년도를 준비할 수 있는 자세가 체득되도록 해야 한다.

이 기간을 어떻게 보내면서 다음 학년을 준비하느냐에 따라 새 학년을 희망차게 맞이하고 자신 있게 생활할 수 있는지가 정해진다고 해도 과언이 아니다. 그러기 위해서는

(1) 부모님과 함께 알찬 봄방학 생활계획을 세운다.

(2) 새 학년 교과서를 전 교과별로 차례부터 끝까지 살펴본다.

(3) 특히 수학, 과학 교과서는 시간을 많이 할애하여 각 단원에서 목표로 하는 개념을 개괄적으로 이해한다.

(4) 국어, 사회 교과서는 이야기책을 읽듯이 보름 동안에 본문을 미리 읽어 둔다.

(5) 종합장, 일기장, 독서록, 과제장, 클리어화일, 크레파스, 색연필, 풀, 가위, 기본 학용품 등을 지난 학년에 사용한 부분을 떼어 내고 이어서 쓰거나 새 학년에 맞게 새로 준비한다.

(6) 새 학년 교실을 확인해 둔다.

(7) 새 학년에 사귀게 될 친구들을 머릿속에 그려 본다.

(8) 새 학년 목표를 세우고, 실천 가능한 실질적인 생활계획을

구상한다.

(9) 머리손질, 손톱 깎기, 시업식날 입고 갈 옷 등을 준비하여 단정한 몸차림을 한다.

(10) 마지막 주 주말에는 부모님과 테마가 있는 현장체험학습을 다녀옴으로써 생각을 충전하는 기회를 가지면 더욱 좋겠다.

04 3월에는

: 이런 행사가 있어요

새 학년 시작일이 3월 1일임에도 삼일절 국경일로 인해 대부분 시업식은 3월 2일에 한다. 3월 2일이 일요일인 경우에는 3월 3일에 하고 요즘은 1학년 입학식을 재학생들의 시업식을 마치고 이어서 하는 학교가 많다. 3월의 가장 큰 행사는 시업식과 신입생을 맞이하는 입학식이다.

각 학교교육과정 운영계획에 따라 차이가 있지만 대부분의 초등학교에서 학생들과 관련된 주요 행사 일정은 진단평가, 어린이회 임원 선출, 바른생활 지킴이 훈련, 특기적성부서 신청, 계발활동 부서 정하기, 학교방송 부원 선발, 청소년단체 신청, 고학년 극기 훈련, 학용품 점검, 교실환경 가꾸기 등이 있다.

학부모 관련 일정은 학교운영위원 선출, 학부모총회, 각종 지원 단체(녹색어머니회, 보람교사, 명예사서, 책 읽어 주기 지원단, 영어체험실 지원단, 예절교사, 청소년단체후원회, 급식모니터링 등) 희망 및 조직 등이 있다.

00년 3월 중 행사(예시)

일	요일	국가사회행사	학교행사	비고
1	토	3.1절		
2	일			
3	월	납세자의 날	시업식(10시), 입학식(11시), 학운위선출관리 위원회 구성, 기본생활지도기간(3.3~3.31), 녹색어머니회 조직 안내장 발송, 도서실, 어학실, 영어체험실 학급별 사전지도 기간(3.3~3.7)	재적확인 책걸상 조정 및 학급비품 점검(담임)
4	화		안전점검일	
5	수			교실환경정비 기간(5~21)
6	목	경칩(驚蟄)	학운위선거 공고	
7	금		방송부원 선발 학급어린이회 임원선출, 계발활동부서 조직	
8	토		토요휴업일	
9	일			
10	월		학습준비물 신청	
11	화		교과학습 진단평가	
12	수		학교운영위원회, 학운위 입후보 등록	
13	목			
14	금		전교어린이 임원 선출, 특기적성 1분기 안내장 발송	
15	토		학운위 선거 공보(15~18)	
16	일			
17	월			학용품 관리주간 (17~23)
18	화		학운위 교원위원 선출	환경점검의 날
19	수	상공의 날	학부모총회, 학운위 학부모위원 선출	
20	목	춘분(春分)	학운위 당선자 공고 및 결과홍보(20~24)	
21	금			학운위지역위원 추천(21~25)
22	토	물의 날	토요휴업일	
23	일	기상의 날		
24	월	세계 결핵의 날	바른생활 지킴이 교실 운영(24~31), 특기적성 1분기 개강	
25	화		기획위원회	
26	수		6학년 수학여행(26~29)	학운위지역위원 투표
27	목		5학년 극기훈련(27~28, 00수련원)	학운위지역위원 승낙요청(27~28)
28	금			
29	토			
30	일			
31	월		교무업무시스템 출석부 3월 마감	

05

7월에는

: 이런 행사가 있어요

7월은 1학기를 정리하고 마감하는 달로 주요 일정으로 1학기 말 평가, 수학 단계형 평가, 여름방학식 등이 있다.

6월 중순 이후에는 한 학기 동안 공부한 내용을 총정리하고 복습하여 7월에 있을 1학기 말 평가에 대비하고, 학습결손도 보충해야 한다. 또한 여름방학을 보람 있게 보내기 위해서 부모님과 함께 부족한 학습내용 보충, 테마가 있는 체험학습, 학교도서관에서 안내하는 권장도서 읽기, 소질과 특기계발(악기연주, 운동, 글쓰기, 만들기, 그리기, 꾸미기, 외국어⋯⋯) 등을 내용으로 하는 알찬 여름방학 계획을 세운다.

여름방학에는

: 이런 행사가 있어요

여름방학이 시작되자마자 과학동산, 각종 여름캠프(청소년단체, 영재반, 영어반, 독서반⋯⋯)가 있고 고학년의 경우 애교봉사활동을 신청한 학생은 1~2일 정도 학교에 나가서 봉사활동을 한다.

덥고 습한 날씨 탓에 공부하는 장소가 학교에서 가정으로 바뀌었을 뿐 방학이라고 해서 학습지도와 생활지도에 소홀해서는 안 된다. 따라서 가정에서도, 학교에서와 마찬가지로 계획에 의해 규칙적으로 생활하고 건강하고 안전한 생활을 할 수 있도록 많은 신경을 써야 한다.

00년 7월 중 행사(예시)

일	요일	국가사회행사	학교행사	비고
1	화			
2	수		여름방학 학교계획서 발표	
3	목		방학 중 학교도서관 운영계획 발표	
4	금		제1회 학업성취도 평가	안전점검일
5	토			
6	일			
7	월		특기적성 학부모 공개수업 기간(7.7~11)	
8	화			
9	수		친구사랑의 날(편지 쓰기)	
10	목			
11	금			
12	토			
13	일			
14	월		수학 단계형 평가(1~6년)	방학사전지도
15	화		찾아가는 교통안전교육(7.14~15)	
16	수			
17	목	제헌절		
18	금		교실정리정돈, 시건 점검 및 전기코드 점검	
19	토		여름방학식	통지표 배부
20	일			
21	월		독서캠프(7.21~22), 과학동산(7.21~22)	
22	화		영어캠프(7.22~25)	
23	수		영재학급 여름캠프(7.23~24 00천문대)	
24	목		스카우트 하계캠프(7.24~26)	
25	금			
26	토			
27	일			
28	월			
29	화			
30	수		RCY하계캠프(7.30~8.1)	
31	목			

부모님이나 친한 친구들, 사촌형제들과 함께 평소에 가 보지 못했던 곳들을 여행하는 기회를 많이 제공해야 한다.

07/ 9월에는

: 이런 행사가 있어요

여름방학이 끝나고 개학과 동시에 2학기 어린이회 임원 선출, 특기적성부서 희망 신청, 가을 대운동회, 학예회 등으로 바쁜 일정들이 진행된다. 학교에 따라 운동회와 학예회를 격년제로 추진하기도 한다. 운동회 연습을 하는 기간 동안에는 모자, 간편한 복장, 운동화를 착용하여 보내는 지혜가 필요하다.

학예회의 경우, 평소에 꾸준히 계발해 온 소질이나 특기를 발표하는 기회이므로 내 아이가 가지고 있는 특기를 자신 있게 발표할 수 있도록 준비하고 격려해 주어야 한다. 학예회는 자신의 끼를 더욱 발현·발전시킬 수 있는 진로탐색 및 진로설정의 중요한 계기가 될 수 있다.

08/ 12월에는

: 이런 행사가 있어요

2학기 학업성취도 평가, 수학단계형 평가, 특기적성부 학부모 공개수업, 겨울방학식 등의 주요 일정이 있다. 11월부터 2학기에 학습한 내용을 복습하고 정리하여 2학기 기말고사(2학기 학업성취도 평가)를 준비하도록 함으로써 시험에 대한 부담을 덜어 주고, 평소에 복습하고 예습하는 학습 습관이 형성될 수 있는 계기를 마련해 준다. 따라서 스스로 학습시간을 관리하고, 계획하며 실천하는 자기 주도적

태도는 물론 스스로의 행동을 통제하고 조절하는 자기조절 학습능력
또한 형성하고 신장할 수 있도록 한다.

6학년의 경우는 12월 초에 중학교 입학원서를 쓴다. 중학교
배정은 교육청에서 거주지 중심 학교들을 묶어서 추첨하는 방식으로
진행된다. 따라서 가고자 하는 중학교 학구에 거주지가 등록되어
있는지 확인하고 내 아이가 갈 수 있는 중학교들의 교통, 교육내용,
환경 등의 정보를 찾고, 홈페이지를 통해 점검하여 먼저 학교를 보낸
이웃들에게서 알아 두면 많은 도움이 된다.

또한 45일 정도 되는 긴 겨울방학 기간을 부모님이나 친구들의
의견을 들어서 소중한 시간들로 채우기 위한 방학계획을 세울 수
있도록 지도한다.

09/ 겨울방학에는

: 이런 행사가 있어요

학교마다 학교 도서관이 개방되고 각종 단체의 겨울캠프가
운영되므로 내 아이가 소속하고 있는 청소년 단체, 특기적성부서,
학교도서관 등에 신청하여 안전하고 소중한 경험을 쌓을 수 있는
기회로 삼으면 좋겠다. 또한 책 속에서 내가 원하는 많은 정보를 얻을
수 있음을 경험하여, 매일 책을 읽고 학교도서관을 이용하는 습관이
형성될 수 있도록 특별한 관심을 가지고 지도한다.

주의할 점은 눈이 와서 도로가 미끄럽고, 기온이 낮아 몸이 움츠려져
학교에 오고 가는 길이 위험하므로 주머니에 손을 넣고 다니지 말고
넘어지지 않을 수 있도록 각별한 안전지도가 꼭 뒤따라야 한다.

10 / 2월에는

: 이런 행사가 있어요

　2월 첫째 주나 둘째 주쯤에 학교별로 계획에 따라 개학을 한다. 일주일 정도 학교에 등교하는데, 그 기간 동안에 주로 이루어지는 교육활동은 방학 중 과제물 전시회, 한 학년의 정리, 새 학년을 맞이하는 준비, 졸업식, 종업식, 새 학년 학급 배치 등이다. 대부분의 학교에서는 생활통지표에 새 학년의 배치 학급을 기록하여 안내한다.

　이어서 봄방학이 삼일절인 3월 1일까지 실시되므로 봄방학 계획도 꼼꼼하게 세워서 부족한 학습을 보충하고, 독서하는 습관 형성, 테마 체험학습, 새 학년 준비 등을 할 수 있도록 안내하고 지도한다.

3 부

내 아이의 교육에 관한 부모 마인드

01
맹모삼천지교(孟母三遷之敎)

사람은 주변 환경의 지배를 받는 존재로 성장 과정에서는 주변 환경이 매우 중요하다. 맹모삼천지교(孟母三遷之敎)를 보면 묘지 근처로 이사 간 맹자는 늘 "아이고, 아이고……" 하며 죽은 사람 장례 치르는 흉내를 내었다. 맹자 어머니는 그것이 싫어 시장 옆으로 이사 갔더니 늘 장사꾼 흉내만 내었다. 그래서 학교 옆으로 이사 갔더니 공부하는 흉내를 내었고, 마침내 당대에 훌륭한 학자가 되었다.

오늘날 대부분의 아동 발달 학자들은 성숙요인(생물학적, 유전적 요인)과 학습요인(환경적, 경험적 요인)이 서로 상승적으로 작용하여 발달에 영향을 미친다고 말한다. 교육에서는 환경적 측면을 가장 중요하게 여긴다. 아기가 혼자 서게 되는 것은 다리 근육의 성숙이 선행되어야 하지만 가끔 어른이 손을 잡고, 서는 연습을 시키면 빨리 서게 된다.

블래모어와 미첼(1973)의 연구에 의하면, 고양이를 낳자마자 어두운 우리 속에 가두어 빛을 보지 못하게 하여 길렀더니 그 후 정상적인 환경에 돌아와서도 계속 시력장애를 보였다고 한다. 어린 시절에 부모와 따뜻하고 적절한 대인관계를 형성하지 못하면 발달 후기에도 원만한 대인관계를 형성하지 못해서 적응곤란을 야기한다. 사회적 접촉의 결여로 어린 시절에 정상적인 언어발달이 이루어지지 못하면 계속 언어장애를 갖게 되고, 심할 때는 자폐증적인 증후를 앓게 된다.

환경론적 입장에 대해 처음으로 명확하고 포괄적인 저술을 한 영국의 철학자 로크(1632~1704)는 아동들이 선천적으로 선하거나 악하지 않으며, 정신이 원래 백지상태(tabula rasa)여서 무엇이 될는지는 전적으로 학습과 경험의 결과라고 말하였다. 어떤 사람이 다른 사람보다 어떤 면에서 더 낫게 된다면 이것은 보다 유리한 환경 때문이라는 것이다. 특히 중요한 것은 어린 시절의 학습이다. 이 시기에 정신은 가장 많은 유연성을 갖고 있어서 우리가 원하는 방식대로 정신을 만들어 낼 수 있다. "세 살 버릇 여든 간다."는 속담과 같이 이렇게 만들어진 정신의 기본적 본성은 남은 일생 동안 고정된다.

그렇다면 환경은 어떻게 아동의 정신을 조성하는가?

첫째, 사고와 감정의 연합을 통해 발달한다. 한 아이가 특정한 방에서 불쾌한 경험을 맛본 적이 있다면, 그 아이는 그 방에 들어갈 때마다 자동적으로 안 좋은 감정을 경험하게 될 것이다.

둘째, 우리의 행동 중 많은 부분은 반복을 통해 발달한다. 양치질과 같이 거듭해서 어떤 일을 할 때, 자연적 습관이 되어 그것을 수행하지 못하면 불편함을 느끼게 된다.

셋째, 우리는 모방을 통해 학습한다. 텔레비전 소리가 크거나,

부부싸움을 자주 하는 가정환경에서 자라는 아이들은 학교에서 사소한 일에도 큰소리를 내고 싸우는 행동을 보인다. 부모님이 항상 책을 가까이하고 봉사하는 모습을 보고 자란 아이들이나 형제자매 간에 우애하고 서로 아끼고 사랑하는 가정환경에서 자란 아이들은 학교에서도 친구들을 배려하고 자기 일에 최선을 다하는 행동을 한다.

넷째, 가장 중요한 사실은 보상과 처벌을 통해 학습을 한다는 것이다. 사람은 자기에게 칭찬이나 보상을 주는 행동을 행하는 반면에 불쾌한 결과를 초래하는 행동은 피한다.

하인스 워드 어머니의 '맹모삼천지교'를 예를 들어 보자.

미국의 국기인 풋볼 MVP가 되어 금의환향한 혼혈인 하인스 워드. 그가 어머니의 나라이자, 자신이 태어났던 한국을 방문하면서 많은 일행이 그를 따라다니면서 그의 언행을 일일이 보도하고 있었는데, 기계가 아닌 하인스 워드는 결국 기진맥진해서 그날 이후의 일정을 대부분 취소해 버렸다고 한다. 하인스 워드는 한국인과 외국인 사이에서 태어난 이른바 혼혈인으로서 미국에서 가장 인기가 있다는 풋볼선수이지, 미국의 대통령이나 노벨상 수상자 등으로 금의환향한 것은 아니다.

그럼에도 그가 많은 사람들의 관심의 대상이 된 것은 단순히 미식축구의 MVP가 되었다는 업적에만 있는 게 아니다. 하인스 워드라는 혼혈 스포츠맨이 미식축구의 영웅이 되면서부터 국민적인 영웅으로 떠오른 것은 그가 단순히 한국계 스포츠맨으로서 크게 성공했다는 사실에만 있는 게 아니라, 자라 온 과정이 더 관심을 끌었기 때문이다.

하인스 워드는 그가 누누이 언급했듯이, 어머니에게서 엄한 교육을 받았었다. "남한테 의지할 생각은 말아라. 네 스스로 네 할 일을 개척해 나가라."고 반복적으로 가르쳤고, 절대로 버릇없이 구는 응석받이로 만들거나 방치하거나 하지 않고 엄격하게 길렀다. 그래서 하인스 워드는 나쁜 길로 나가지 않을 수 있었던 것이고 "몸집이 작고 빠르지도 못하다."는 등의 지적을 받으면서 더욱 열심히 노력해서 미식축구의 MVP가 될 수 있었기에 많은 사람들이 그의 성공 스토리에 열광하고 있는 것이다.

만일 하인스 워드의 어머니가 자기 혼자만 살겠다고 하인스 워드를 버렸다면 오늘날의 하인스 워드가 존재할 수 있었을까? 설령 다른 입양아들처럼 큰 성공을 했다 하더라도 분명한 것은 그들 입양아를 입양해 준 양부모 또한 좋은 모델로서의 부모라는 것이다.

사람들이 하인스 워드에게 열광하는 것은 하인스 워드 자신만이 아니라, 그를 그렇게 키워 준 어머니의 이른바 '맹모삼천지교'에 감동하는 것일 것이다. 아마도 1990년대 이후에 아이비리그 탐방을 하면서 아이비리그대학을 목표로 하는 수많은 조기유학생들과 자식을 위해 이민한 수많은 사람들의 경우도 마찬가지일 것이다.

위에서 살펴본 바와 같이 초등학교 시절에 부모는 사고와 좋은 감정을 연합할 수 있도록 환경을 조성하고, 좋은 행동은 반복하여 꾸준히 일관성 있게 지도하며, 다양한 경험과 좋은 모델을 볼 수 있는 환경에 노출하여 모방할 수 있게 해 주고, 발전적이고 바람직한 행동과 생각에는 칭찬과 격려를 아끼지 말고, 하지 않았으면 하는 행동과 생각에는 단호하게 벌을 주는 교육철학과 신념을 가지고 실천해야 한다. 엄격한 부모이되 따뜻한 가슴이 내 아이에게 부모로서 줄 수 있는 가장 좋은 환경인 것이다.

02 만들어지는 것과 기르는 것

교육(敎育)의 어원을 살펴보면 다음과 같다.

동양적 어원에서 敎는 아비가 채찍을 가지고 자식에게 방향을 제시하면서 엄격하게 가르치는 것이고, 育은 어미가 아들을 머리 위에 이고 정성을 다하여 기르는 모양을 형상화한 것으로 아비는 사람을 만들고 어미는 희생과 사랑을 주면서 기르는 것이 교육(敎育)이라는 것이다.

서양적 어원에서 Education의 어원은 라틴어의 Educare로서 (e)밖으로 +(ducare) 끄집어낸다는 것이다. 즉 인간의 타고난 잠재 가능성을 끄집어내어 주는 것이 교육이라는 것이다.

공통적인 것은 교육이란 내 아이가 가지고 있는 소질이 발현되도록 기다려 주고, 계발할 수 있도록 사랑과 정성을 다하여 도와주고 이끌어 주는 것이라는 것이다. 하지만 종종 내 아이를 내 의지대로 만들어 갈 수 있다고 여기는 부모의 모습을 만나곤 한다.

'만들다(make)'의 사전적 의미는 '무생물에 기술과 힘을 들여 목적하는 사물을 이루다, 지금까지 없었던 것을 새로 장만하여 내다.'이다.

만드는 것은 망치로 쇳덩이를 두드려서 칼을 만드는 것처럼 회초리를 들고 체벌하여 부모가 의도하는 모양새로 만들어 가는 행동이다. 또한 만든다는 것은 공장에서 다양한 모델로 자동차를 만들어 내고, 계절에 알맞은 여러 가지 디자인의 옷을 만들어 내는 것처럼 기술과 힘을 들여 목적하는 물건을 만들어서 지금까지 없었던 것을 세상에 새로 장만하여 내는 것이다.

내 아이는 공장에서 만들어 내는 물건이 아닌 하나의 인격체이고 생명체이다. 내가 좋아하는 식물에 잎이 안 났다고 해서 잎을 만들 수 있는가? 꽃을 억지로 피우게 할 수 있는가?

'기른다(cultivate, foster)'의 사전적 의미는 '동식물에 양분을 섭취시켜 자라게 하다, 사람을 보살피면서 가르쳐 키우다, 재배하다.'이다.

기른다는 것은 모판에 씨를 뿌리고, 그 씨가 자랄 수 있도록 비료를 주고, 물을 주는 것처럼 자연의 섭리에 따라 환경을 조성하여 주고 때에 맞추어 논밭에 모종을 심고, 풀을 뽑아 주는 김매기를 하고 거름을 주고 보살펴 주는 것이다. 나팔꽃이 잘 올라가게 하려면 줄을 매어 주어 스스로 줄을 타고 올라갈 수 있도록 해 주는 것처럼 내 아이가 잘 자랄 수 있도록 환경을 조성하여 줌으로써 자기조절(self-regulation)을 통해, 자신의 꿈을 키워 나갈 수 있도록 하는 것이다.

자식농사는 농부가 자연의 섭리에 따라 봄에 씨를 뿌리고, 여름에 김을 매 주고 거름을 주어, 가을에 추수를 하듯이 때를 기다려 주고 정성을 다하여 기르는 것이지 공장에서 원하는 물건을 만들어 내듯이 부모가 의도한 대로 만들어 내는 것이 아니다.

자식은 부모의 소유물이 아닌, 부모의 몸을 빌려서 태어난 소중한 생명이자 또 다른 객체이다. 절대로 부모가 만들었다고 착각하지 마라. 여러분의 자식을 만들려 하지 말고 길러라. 사람은 만들어지는 것이 아니고, 사람으로서 길러지는 것이다.

새옹지마(塞翁之馬)와 과유불급(過猶不及)

교육 현장에서 다양한 경험을 하면서 옛 성현들의 말씀이나 고사성어를 떠올릴 때가 많다. 특히 새옹지마와 과유불급이라는 단어가 그렇다.

사람의 일이란 도무지 헤아리기 어렵다는 비유로 인간만사 새옹지마(塞翁之馬)라고 한다. 북방의 오랑캐족과 경계선을 이루는 한 국경지역에 신통하게 점을 잘 치는 노인이 살고 있었다. 어느 날 소중하게 키우던 말이 오랑캐 땅으로 도망쳐 버렸다. 그러자 이 노인은 이것이 전화위복(轉禍爲福)이 될 수 있다며 별로 슬퍼하지 않았다.

마침내 도망쳤던 말이 오랑캐의 좋은 말 한 필을 데리고 돌아왔다. 이 말을 들은 동네 사람들이 몰려와 축하인사를 했다. 이때도 노인은 이것이 화가 되지 않는다고는 장담하지 못한다는 인사말을 했다.

아니나 다를까 오랑캐의 좋은 말을 타고 다니던 노인의 아들이 그만 낙마하여 발목을 분질러 절름발이가 되었다. 사람들이 또 위로하자 노인은 "이것이 오히려 복이 될 수 있지요." 하면서 조금도 슬퍼하는 기색을 나타내지 않았다.

그러다 전쟁이 일어났다. 마을의 모든 장정들이 징집되어 전쟁터에 나가 싸우다가 열 명 중 아홉 명이 전사하는 일이 생겼지만 노인의 아들만은 불구자로 판정되어 병역이 면제된 결과 전쟁터에 나가지 않았으므로 부자가 모두 생명을 보전하게 되었다. 이것은 너무나도 유명한 고사로서 지금도 많은 사람들이 적절하게 사용하는 말이다.

요즘 우리 경제와 교육 현장이 당면한 어려움도 새옹지마와 과유불급의 교훈을 간과한 결과이다. 환율폭등, 부동산 침체, 무분별한 영어 몰입교육, 조기유학, 기러기 가족, 부적응 귀국자녀 등은 지난 수년간 저금리와 글로벌시대, 세계화시대에 도취해 어려운 시절에 대한 준비 없는 우리의 행동에서 비롯된 것이다.

고평가된 원화 환율 덕에 해외 유학과 여행이 폭증했던 것이 불과 1년 전인데 이제 벌써 달러가 부족하고 원화가치가 폭락하여 쩔쩔매는 상황으로 내몰리고 있다. 영어교육이라도 확실히 해 두자는 심산으로 투자비용에 대한 산출비용은 생각할 겨를도 없이 없는 살림에 너도나도 앞다투어 영어권 나라로 아이들을 보냈다.

부동산을 지나치게 좋아하는 부동산 불패신화와 사교육에 대한 과잉 지출로 인해 과유불급의 시련을 겪고 있다. 금리가 그렇게 낮지 않았더라면 가계 부채가 이렇게 늘지는 않았을 것이고 자본수지가 계속 흑자가 아니었더라면 우리가 달러를 그렇게 홀대하지도 않았을 것이다. 그렇게 쉽게 내 아이를 해외로 보내지 못했을 것이다. 한때 우리를 황홀하게 했던 요인들이 이제 비수가 되어 한국 경제와 공교육을 위협하고 있으니 가히 인간만사 새옹지마라는 생각이 든다.

모두들 자녀들을 비싼 학원에 보내는데 우리 아이만 안 보낼 수는 없다. 지나친 영어 교육에 대한 불안감으로 비슷한 살림 규모의 이웃들이 필리핀, 태국, 캐나다, 미국, 호주, 뉴질랜드 등으로 자녀들을 유학 보내는데 나만 안 보낼 수는 없다. 모두들 똑같이 행동하려는 인간의 속성이 쏠림을 낳고 쏠림은 과잉을 유발하고 과잉은 불균형을 낳고 불균형은 현실의 왜곡을 낳았다. 다음 학년으로 진급할 수 있는 하한선인 수업일수의 1/3(약 68~75일) 이상 결석을 피하고자 석 달 정도 공교육에서 이루어지는 학습내용을 결손을 하면서 단기, 장기 어학연수를 다녀온 학생들의 폐해는 매우 심각하다. 여건이 마련되어 다행히 어머니의 생각대로 영어권 나라로 출국하여 보내면 조기유학 대열에 합류하여서 뿌듯했겠지만, 귀국하여 학생들이 겪는 학습 면, 정신적인 면, 생활 면 등에 대한 어려움은 매우 크다. 이 또한 새옹지마가 아니겠는가? 또한 우리 아이들의 발달 단계에서 저마다 겪는 어려움이나 뛰어난 노습에도 일희일비하시 말아야 한나. 때로는 그러한 일면들이 약이 되거나 독이 되기 때문이다. 우리 아이들에게도 생각한 대로 되지 않았다고 절망하거나 목표한 대로 모든 일이 잘되었다고 자만하거나 친구들에게 상처 주지 않을 수 있도록 지도해야 한다. 부모는 인간만사 새옹지마라는 지혜를 생활 속에 활용하면서 내 아이의 기특한 발달 모습을 기다릴 줄 알아야 한다.

제7차 교육과정에서는 초등학교 3학년부터 영어가 교과목으로 채택되어 영어 말하기 능력을 끌어올리기 위한 노력이 계속되어 왔다. 학교 교육에서 10여 년씩 영어를 공부하면서도 외국인을 만났을 때 자연스럽게 대화를 주고받을 수 없음이 영어교육을 말하기 중심으로 바뀌게 한 주된 원인이다. 어떤 회사에서는 심지어 '최소한의 영어 의사소통 능력'이 결여되면 다른 평가항목 성적이 아무리 우수해도 불합격시킬 만큼 영어회화 능력을 높이 평가하였다. 글로벌시대에 영어로 원활한 의사소통을 할 수 있는 인재가 많이 필요하다. 그러나 영어 말하기 능력을 키우기 위한 사교육비가 우수한 영어 의사소통 인재를 활용함으로써 얻는 이익보다 많이 든다. 영어 말하기 교육은 기존의 읽기나 듣기 중심의 교육과 달리 교육에 추가적인 비용이 많이 들어간다. 예를 들면 원어민 강사를 고용하는 영어유치원의 수강료는 일반 유치원보다 3~4배 더 비싸다. 영어로만 의사소통이 가능한 환경을 만들어 주기 위해 자녀를 해외로 보내는 경우에 추가되는 비용은 더욱 많다. 유학을 보낼 형편이 되지 않으면 방학을 이용하여 영어 어학연수를 가는데, 연간 2조 원 이상이 해외로 빠져나간다.

막대한 비용을 들여 한국의 인재들이 국제 경쟁력을 갖추고 국가 전체가 투자액 이상의 충분한 이익을 얻는다면, 영어교육 시스템에 대해 문제를 제기할 필요는 없을 것이다. 한국인의 영어 말하기 능력 향상을 통해 얻는 부가가치가 현재 투자하고 있는 비용보다 더 높다고 말할 수는 없다. 또한 말하기 능력 공부에 치중하다 보니 어휘를 익히고 영어 문장의 구조를 분석하는 능력이 상대적으로 부족하다. 우리나라의 말하기 중심 영어교육 현실을 지나침은 부족한 것만 못하다는 과유불급(過猶不及)으로 표현하면 무리일까?

내 아이를 기르는 과정에서 부모의 지나친 관심과 간섭, 도움은 과유불급이 될 수가 있다. 부모는 공자가 일찍이 말한 중용(中庸)의 미를 생활 속에서 실현함으로써 항상 적재적소에 필요한 만큼의 관심과 사랑을 주는 지혜를 가져야 한다.

04 / 패러다임(Paradigm)의 전환

패러다임은 그리스어에서 유래된 말로 이론, 지각, 준거(準據)를 등의 의미로 통용되고 있다. 일반적 의미에서 본다면 우리가 세상을 보는 '방식'을 말한다. 이때 '보는' 것은 눈으로 본다는 뜻이 아니라 지각하고 이해하고 해석하는 의미에서 이 세상을 '보는' 것을 말한다.

우리가 사물을 보는 방식은 사고하고 행동하는 방식의 근원이다. 사물을 볼 때 있는 그대로를 본다고 생각한다. 그러나 우리는 사물을 있는 그대로 보는 것이 아니라 자신의 주관적 입장에서 본다. 즉, 자기의 지각, 자기의 패러다임으로 보는 것이다. 자신의 패러다임과 경험의 영향을 명확히 인식할수록 자신의 패러다임에 더 큰 책임감을 느끼게 되어 다른 사람의 의견을 더 경청하고 개방적으로 받아들일 수 있어서 객관적인 견해를 갖게 된다.

역사는 수많은 패러다임의 전환을 통하여 발전해 왔다. 우리는 지구중심설에서 '태양중심설'로 패러다임의 전환을 가져온 코페르니쿠스를 이어서 갈릴레오, 뉴턴, 아인슈타인, 루터, 세종대왕, 장영실, 이율곡 등 셀 수 없이 많은 패러다임의 전환 사례를 들 수 있다.

원효대사의 예를 들어 보자.

원효대사는 세상의 헛된 명예를 버리고 참뜻을 깨우치기 위해 648년 황룡사에 들어가 스님이 되었다. 매일 불경을 공부하여 불교 서적을 모두 읽고 해석했다.

그러던 어느 날, 원효대사는 더 큰 배움을 위해 당나라 유학을 결심하고 의상대사와 함께 당나라로 향했다. 며칠을 걸어서 둘은 너무나 지쳐 더 이상 걸을 수 없게 되었고 근처 동굴에서 하룻밤을 묵기로 하였다. 잠을 자다가 목이 말라 옆에 있는 바가지에 담긴 물을 마셨다. 그 물이 그렇게 시원할 수가 없었다. 이튿날 잠에서 깨어난 원효대사는 소스라치게 놀랐다. 어젯밤에 그렇게 시원하고 맛있던 물은 해골에 담겨져 있던 물이었던 것이다. 그것을 알게 된 순간 심하게 구역질이 나고 역겨워 모두 토해 내고 말았다.

원효대사는 '해골물이 맛있다고 느껴진 것은 깨끗한 냉수라고 생각했기 때문이고, 구역질이 난 것은 그것이 해골에 담긴 물이라는 것을 알고 더럽다고 생각했기 때문'이라는 것을 깨달았다. 또한 '괴로움과 즐거움, 더럽고 깨끗한 것은 사람의 마음먹기에 달려 있다'는 것을 알게 되었다. 모두가 마음먹기에 달렸다는 진리를 깨우친 원효대사는 당나라까지 유학할 필요가 없다고 생각하고, 신라의 금성으로 돌아와 그 깨우침을 중생들에게 가르쳤다.

이렇듯 패러다임의 전환은 긍정적이든 부정적이든 우리가 세상을 보는 시각을 다른 방향으로 바꿔 주고 우리의 태도와 행동의 원천이 되어 대인관계의 근본이 되는 엄청난 위력을 갖는다.

스티븐 코비박사가 자주 사용하는 지각실험을 소개하고자 한다.

이 실험은 우리가 얼마나 조건화된 자신의 주관적 입장에서 세상을 보는지에 대하여 깨닫게 해 준다.

소개한 그림에서 한 여자를 보았는가?

그 여자의 나이는 어느 정도인가?

어떻게 생겼는가?

당신은 아마도 젊은 여자를 보았고, 예쁘고 우아한 모습을 지닌 패션 감각이 있는 아름다운 여성이라고 말할 것이다.

또 다른 사람은 슬픈 표정을 지닌 매부리코의 마귀할멈이나 노파라고 말할 것이다.

누구의 생각이 맞는가? 그림을 다시 한 번 더 살펴보라. 젊은 여자도 보이고, 노파도 보이는가? 여전히 보이지 않으면 좀 더 노력해 보라.

이번에는 자녀와 함께 아래 두 개의 그림을 보고 어떻게 보이는지 실험해 보고 생각의 차이를 이해하고 인정하는 연습을 해 보자.

위 그림을 보면 관점에 따라 다르게 보일 것이다. 수년 전 대학수학능력시험에도 출제되었던 그림이다. 한편으로는 꽃병으로 보이고, 또 다른 면에서는 두 사람이 얼굴을 맞대고 보고 있는 모습으로 보일 것이다.

그림의 왼쪽을 먼저 주목하고 오른쪽으로 가면서 관찰해 보라. 또 그 반대로 해 보라. 과연 그림이 다르게 보이는가? 보는 관점에 따라 오리 또는 토끼로도 보일 것이다.

위의 사례에서 보는 바와 같이 같은 그림을 보고 서로 의견이 달라도 두 사람 모두 옳을 수 있음을 인정할 수 있어야 한다. 사람은 각자 자기의 경험을 통해 사물을 본다. 다른 사람이 나의 생각에 동의하지 않는다는 것은 잘못된 것이 아니라 경험이 달라서 다르게 본다는 점을 알아야 한다.

마찬가지로 내 아이와 나의 경험도 다르기 때문에 똑같은 상황이나 사물에 대해서 다르게 생각하고 말할 수 있다. 그것은 잘못된 것이 아니라 생각의 차이라는 것을 이해하고 자녀의 말에 공감적 경청을 하고 받아들인다면 훨씬 행복한 내 아이의 초등학교 시절이 될 것이다. 그리고 지금까지 내 아이에게 가지고 있었던 생각과 행동의 원천인 부모로서의 패러다임을 보다 긍정적이고 객관적으로 변화시켜야 한다. 내 아이를 과거와 다르게 보기만 해도 변화는 자연스럽게 나타날 것이다.

05/ 호엘론의 교훈

호엘론은 칭기즈칸의 아버지가 정복한 땅에서 빼앗아 와 두 번째 아내로 삼은 칭기즈칸의 어머니의 이름이다.

어느 날 칭기즈칸의 아버지는 초원을 살피고 돌아오는 중에 들른 자신이 정복한 부족의 융숭한 대접으로, 차려 준 음식을 먹었다. 그러나 칭기즈칸의 아버지는 집에 돌아오자마자 아내 호엘론의 치마폭에 누워 온몸에 독이 퍼져 죽었다. 그 부족들이 차려 준 음식에는 독이 들어 있었던 것이다. 칭기즈칸의 아버지가 죽고 없는 칭기즈칸 가족들은 권력싸움에 밀려서 자기 부족들에 의해 울타리 밖으로 쫓겨났다.

쫓겨난 호엘론은 전 부인에게서 난 자식 두 명까지 데리고 살아가려면 모두가 힘을 합쳐야 할 필요를 느껴서 자식들을 모두 모아 놓고 다음과 같이 말하였다. "화살을 한 개씩 주면서 부러뜨려라."고 하니 모두가 한 번에 잘 부러뜨렸다. 이어서 칭기즈칸 형제들에게 "여러 개를 한 번에 부러뜨려라."고 하니 부러뜨리지 못하였다. 호엘론은 "화살처럼 너희 형제들이 힘을 합쳐서 살아가면 다른 사람들이 너희를 함부로 하지 못할 것이니 앞으로 모두 힘을 합쳐서 살아가도록 하여라."고 하였다.

그 뒤로 여러 가시 어려운 일들이 있었지만 징기즈칸 형제들은 어머니 호엘론의 교훈을 생각하며 살아갔다. 그 힘들이 유명한 10세기 초에서 중반까지 드넓은 초원을 재패할 수 있게 해 주었던 것이다.

부모는 내 아이가 어려움을 극복해 내고 문제를 해결해 낼 수 있는 무의식적이고 반사적으로 튀어나올 수 있는 지혜가 담긴 교훈을 대화를 통해 항상 나눌 수 있어야 한다. 그래서 자녀의 긍정적인 '인생대본 작가'로서의 역할을 해 주어야 한다.

06/ 내 아이가 살아가야 할 시대

미래학자인 앨빈 토플러(Alvin Toffler)는 그의 저서 「제3의 물결(The Third Wave)」에서 미래의 새로운 사회와 문화를 그려냄으로써 미래에 대한 종합적이며 도전적인 전망을 제시하였다. '제1의 물결' 이전 인간들은 소규모 이주 집단을 이루어 채집, 어업, 수렵, 목축을 하면서 살았다. '제1의 물결' 시대는 기원전 8,000년경에 농업혁명으로 시작되어 17세기 말까지 수천 년에 걸쳐 아무런 도전도 받지 않은 채 이 지구를 지배해 왔다. 산업혁명으로 시작된 '제2의 물결' 시대는 표준화, 동시화, 중앙집권화, 기술의 고도화, 도시의 대규모화, 수송수단의 고속화, 대중교육 등의 산업문명이 제2차 세계대전 후 수십 년 동안 절정에 달해 있다. 그러나 1955년 이후 아직 별로 알려지지 않았던 '제3의 물결'이 지구 위에 밀려와 그 물결이 닿는 곳마다 모든 것을 변혁시키기 시작했다. 오늘날에는 모든 고도기술 국가들이 '제3의 물결'과 낡고 껍질만 남은 '제2의 물결'의 경제, 제도 간의 충돌을 겪고 있다. 이 엄청난 변화와 힘의 범위를 사람들은 우주시대, 정보화시대, 전자공학시대, 지구촌시대라고 이야기한다.

내 아이가 살아가야 할 '제3의 물결' 시대의 특징을 요약해 보면 다음과 같이 정리할 수 있다.

첫째, 창조적 지식이 부가가치를 창출하는 지식기반사회이다.

사회중심가치가 자본으로부터 지식으로 이행된 탈산업사회로 변화하고 있다. 지식기반사회는 첨단과학 기술을 활용한 지식정보의 생산, 정리, 저장, 배분, 활용이 주된 산업이 되어 있는 사회를 말하며,

정치, 경제, 사회, 문화 등 모든 분야에서 정보의 가치가 우선시되는 그러한 사회이다. 지식정보량이 폭발적으로 증가하고, 정보통신기술이 급속히 발달하면서 인류역사에서 인간이 창출한 지식정보의 수명은 계속 단축되고 있다. 변화에 민감하지 못한 개인과 조직은 도태될 것이다. 그래서 우리 아이들은 많은 책과 다양한 체험, 여행, 컴퓨터교육 등을 통하여 질(質)중심, 문화중심의 세계관, 다양성과 조화를 중시하는 가지관에 재빨리 적응할 수 있도록 해야 한다.

둘째, 세계화, 국제화, 지구촌시대이다.

'제3의 물결' 시대에는 과학기술의 진보에 따른 교통, 통신, 컴퓨터의 발달과 산업금융자본의 거대화로 인한 경제활동 영역이 수많은 국가의 경제생활에 영향을 주고 세계가 하나의 지구촌으로 형성되고 있다. 세계화란 각 국가경제의 세계경제로의 통합을 의미한다. 상품, 서비스, 자본 등의 국제적 이동을 촉진시키는 생산, 금융, 정보 등의 새로운 거대한 조직이라고 볼 수 있다. 이른바 '국경 없는 세계'를 창출해 나가고 있다. 그러므로 우리 아이들에게 의사소통 중심의 영어교육이 중요한 문제로 대두되는 것이다. 부모는 학교교육, EBS 방송 영어프로그램, 영어마을 등을 활용하여 어려서부터 영어에 많은 노출을 시켜 거부감 없이 자연스럽게 영어를 사용할 수 있도록 여건을 조성하고 지원해 주어야 한다.

셋째, 지식, 정보의 폭발적 증가와 정보통신기술의 급속한 발전으로 인한 평생학습사회이다.

우리 아이들은 지식의 수명이 짧아지고, 변화하는 직업세계에 적응하기 위하여 평생에 걸쳐 학습이 지속되는 평생학습사회에 살게 된다. 부모와 교사의 역할은 아이들에게 스스로 계획하고 효율적으로 학습해 낼 수 있는 학습하는 방법, 자기조절 학습능력, 자기 주도적 학습력을 키워 주어야 한다.

넷째, 인간의 존재가치와 존엄성을 귀하게 여기는 인간존중 사회이다.

현대사회의 산업화와 과학화로 빚어진 인간소외나 인간경시에 대한 반성으로 '제3의 물결' 시대에는 인간존중의식을 크게 고양시키는 사회로 변화하고 있다. 자연을 보살피는 마음과 이웃을 사랑하고 배려하는 마음이 깃들어져 있어야 한다.

농경사회 시대에는 배우자를 구할 때 '일을 잘하나? 몸은 튼튼한가? 자녀교육을 잘하나? 부지런한 사람인가? 게으른 사람인가? 미인인가?' 등과 같은 질문을 했을 것이다.

산업사회 시대의 가정기능은 축소되어서 교육은 학교에, 환자치료는 병원 등으로 넘기었다. 결혼생활에서는 인생의 반려자, 따뜻함, 마음의 의지, 사랑, 섹스와 같은 정신적 기능이 중요해졌다.

장차 가내전자근무체제가 등장하는 미래사회에서 배우자에게 요구되는 것은 사랑, 성적, 정신적 만족감, 두뇌, 성실성, 책임감, 수양 등 직업과 관련된 덕목일 것이다. 가정의 기능이 다목적 사회단위로서의 기능을 하기 때문이다. 이러한 변화와 함께 우리 아이들의 배우자 선택의 기준과 사랑의 정의도 변하게 될 것이다.

따라서 부모는 내 아이에게 먼저 가정생활에서부터 환경을 보존하는 생활 자세를 습관화하고 실천하도록 하고, 지구촌 환경을 쾌적하게 보호하고자 하는 공동인식이 인격 속에 내면화되도록 해야 한다.

07/ 이 공간에 다녀가는 의미

우리가 이 공간에 다녀가는 의미는 무엇일까?

저마다 다른 의미를 가지고 살아가겠지만 공통적인 부분은 대부분 꿈의 실현을 위해 노력하고, 성장기를 거쳐 입지를 다지고, 자신에 맞는 배우자와 결혼을 하고 자식을 낳아 또 그렇게 살아가도록 기르고, 부모를 봉양하고 하늘나라에 보내드리고 자신도 이 공간을 떠나는 것이다. 그 중에서 가장 의미를 두는 부분은 아마도 자식을 길러서 품을 떠나보내는 일일 것이다.

자신의 의지와 상관없이 이 공간에 던져져서 나의 유전자를 받은 생명체를 남기는 일은 본능이고 삶의 원형질인 것이다. 내 아이에게 정성을 다하고 아름답고 행복하게 살아갈 수 있도록 비바람에 견딜 수 있는 힘을 키워 주고, 신선한 공기에 감사할 줄 아는 사람으로 길러서 세상을 헤쳐 나갈 수 있도록 해 주는 일이야말로 이 공간에 다녀가는 가장 소중한 의미가 아닌가 한다.

삶은 꿈과 희망을 먹고 산다

얼마 전 유명한 한 여배우의 자살 사건이 있었다. 이 사건으로 나를 포함한 여러 사람들이 많은 생각을 하였을 것이다. 모든 여성이 꿈꾸는 아름다운 미모와 배우로서의 재능, 명예, 부를 소유하고 더욱이 두 자녀를 두고 있음에도 스스로 생을 마감한 그녀를 생각하면 이해하기가 어려울 것이다. 나는 이 사건을 '사람은 부와 명예, 권력, 재능과 미모 같은 것으로 사는 것이 아니라 꿈과 희망을 먹고 산다'는 것을 확인시켜 준 한 사례로 들고 싶다.

역사 속에서 명멸해 간 수많은 영웅호걸, 미인, 부자, 권력자들의 말로에서 그 모든 것이 일장춘몽(一場春夢)이요, 설니홍조(雪泥鴻爪)임을 보는 경우가 많다. 그나마 역사 속에서 가치를 발하는 것은 명예(名譽)라고 할 수 있다.

꿈과 희망은 냉철한 현실 속에 뿌리를 두어야 의미가 있다

스톡데일 패러독스(Stockdale paradox)는 미국 경영학자 짐 콜린스가 위대한 기업으로 도약한 회사들에서 공통된 특징을 찾아내 '스톡데일 패러독스'라는 이름을 붙인 데서 유래한다. 역경에 처하게 됐을 때 그 현실을 외면하지 않고 정면 대응하면 살아남을 수 있는 반면, 조만간 일이 잘 풀릴 거라고 낙관만 하면 무너지고 만다는 '희망의 역설'을 뜻한다.

스톡데일은 베트남 전쟁 때 하노이 힐튼 포로수용소에 갇혔던 미군 중 최고위 장군이었다. 1965년부터 1973년까지 그는 수용소에 갇혀 있었던 8년 동안에 많은 고초를 겪으면서도 가능한 한 많은 포로들이 살아서 고향으로 돌아갈 수 있도록 만든 전쟁 영웅이다. 그의 말에 따르면, 수용소에서 살아남았던 사람들은 일반적인 통념과는 달리 낙관주의자들이 아니라 현실주의자들이었다고 한다. 낙관주의자들은 다가오는 크리스마스에는 미군이 승리하여 수용소에서 나갈 수 있을 것이라고 스스로와 주위 사람들에게 희망을 불어넣다가 크리스마스가 지나가 버리면 다시 다가오는 부활절에는 나갈 수 있을 것이라고 주장하는 등 같은 일을 반복하면서 결국에는 절망하다가 죽어 갔다고 한다. 반면, 현실주의자들은 크리스마스 때까지는 나가지 못할 것이라고 생각하면서도 동시에 언젠가는 나갈 수 있을 것이라는 믿음을 잃지 않았고 섣부른 희망과 낙관을 경계하며 결국 살아남을 수 있었다는 것이다.

스톡데일 패러독스는 아무리 어려워도 결국에는 성공할 것이라는 믿음을 잃지 않으면서 동시에 그것이 무엇이든 눈앞에 닥친 현실 속의 가장 냉혹한 사실들을 직시하는 것이 성공할 수 있는 근본적인 사고방식이라는 것을 가르치고 있다.

대부분의 부모들은 막연히 자식들이 크게 성공해서 부자가 되고 훌륭한 인격체로 자라나 가문을 일으키고 부모를 부양하기를 바란다. 자녀를 성공적으로 키우기 위해서는 어떻게 해야 할까? "태산이 높다 하되 하늘 아래 뫼이로다. 오르고 또 오르면 못 오를 리 없건마는 사람이 제 아니 오르고 뫼만 높다 하더라."는 양사언의 시조처럼 꿈과 희망을 주는 메시지도 현실을 직시하지 않으면 좌절과 절망의 씨앗이 된다.

반면에 "못 오를 나무는 쳐다보지도 마라."는 속담처럼 미리 낙담하여 좌절할 필요도 없다. 나와 자녀의 능력 이상으로 꿈꾸는 것은 모두에게 불행의 시작이다. 안분지족(安分知足)에 바탕을 두되 반드시 현실에서 한 계단 전진한다는 생각이 현명하다. 태산도 한 계단 한 계단이 쌓여서 오를 수 있는 것이고, 천릿길도 한 걸음 한 걸음이 모여서 마침내 이루어진다.

첫째, 가난이 반드시 대물림된다는 생각을 버려라. 대부분은 가난이 대물림된다. 이런 경우는 부모로부터 가난의 체념을 배우고,

아무런 변화의 노력도 없이 그 가난을 자식들이 답습하기 때문이다. 존경받는 부를 이룩한 사람들의 대부분이 자수성가형이라는 것은 노력 여하에 따라서 가난을 끊고 부자가 되는 사람이 실제로 많다는 것을 이야기해 주는 것이다.

둘째, 가난이 아름다운 것으로 가르치지 마라. 네덜란드 속담에 "돈으로 집을 살 순 있지만 가정은 살 수 없고, 돈으로 시계는 살 수 있어도 시간을 살 수 없다. 돈으로 침대는 살 수 있어도 잠은 살 수 없다. 돈으로 책은 살 수 있어도 지혜는 살 수 없다. 돈으로 피는 살 수 있어도 생명은 살 수 없다."는 말이 있다. 하지만 그래도 돈이 없어서 더 좋을 일은 없다. 돈이 없다면 훌륭한 가정을 이루기 위한 집도, 시간을 유용하게 잘 쓰기 위한 시계도, 잠을 푹 자기 위한 침대도, 그리고 마지막 죽어 가는 이의 목숨을 연장하기 위한 피도 살 수가 없을 테니 말이다.

셋째, "작은 부자는 근검이 내고 큰 부자는 하늘이 낸다."는 속담이 있다. 근검만으로도 누구나 작은 부자가 될 수 있다. 부모는 근검을 솔선수범해야 한다. 자식은 가르친다고 배우는 것이 아니라 부모를 보고 배우는 것이 더 많기 때문이다. 프로골퍼 박세리 선수의 코치가 반드시 박세리 선수보다 골프를 잘 쳐야만 되는 것은 아니다. 한석봉의 어머니는 떡을 써는 모습으로 아들이 공부를 더 열심히 해야겠다고 느끼게 했다. 자식을 잘 기르고 싶다면 지금이라도 열심히 근검한 삶의 모습들을 몸소 실천해야 한다.

시련은 꿈과 희망을 삶 속에 구현하는 소화과정이다

"잔잔한 바다에서는 좋은 뱃사람이 만들어지지 않는다."는 영국 속담이 있다. 우리는 오늘이 어제 같고 내일이 오늘 같은 일상 속에서 하루의 소중함과 변화를 잘 느끼지 못하지만, 백 년을 산다면 36,500일을 사는데 태어나서 죽음에 이르는 그 모든 변화를 생각해 보라. 그대들의 남은 인생을 날수로 계산해 보라. 남은 시간이 별로 없으며 하루의 변화가 얼마나 큰지를 느끼게 될 것이다. 대부분의 한 해 농사도 씨 뿌리고 수확하는 모든 것이 200일 안에 끝난다. 자식 농사도 중요한 일은 7,000일 정도에 모든 것이 끝난다.

필자도 청소년기에 한때는 자살을 꿈꾼 적이 있다. 꿈과 희망을 잃었기 때문이다. 그러나 가진 것도, 뛰어난 미모도, 남다른 재능도 별로 없던 나를 살아가게 한 것은 살아 있는 모든 것은 죽으려고 애쓰지 않아도 반드시 죽는다는 명제(命題)와 이 공간에 운이 좋아도 겨우 30,000일 정도 머무를 수밖에 없는 한시적(限時的)인 소풍객에 불과하다는 생각이 나를 말렸다.

앞에서 언급한 여배우에게 꿈과 희망이 있었다면 그녀가 겪고 있는 시련이 소화과정으로 용해되어 자녀를 훌륭하게 기르는 것으로 승화되었을 것이다. 모두가 행복한 인생을 꿈꾸지만 행복한 인생을 살아가기는 쉽지가 않다. 과연 행복이란 무엇일까? 소박하게나마 나는 욕망이라는 빈 잔이 가득 차서 넘칠 때 비로소 찰랑찰랑 느껴지는 감정이라고 본다. 천 년을 두고도 채우지 못할 만큼 큰 그릇을 들고는 백 년도 못 사는 일생 동안 그 큰 그릇을 채우기 위해 허덕이며 절망 속에 살아가는 것이 우리의 일상이라고 보면 오만일까?

"부자 3대 못 간다."는 속담이 있다. 내 아이들이 평생 놀고먹을 만큼의 많은 재산을 모아 자식들에게 물려줌으로써, 부모 재산으로 빈둥거리며 한량으로 사는 자식을 만드는 것이 인생의 목표가 될 수는 없다. 우리 아이들이 자라 각자의 꿈과 희망을 실현하면서 행복한 삶을 산 후에 늙어서, 마지막 소풍을 끝내고 돌아가는 날에 "부모님 덕분에 이 세상 구경 잘하고 갑니다."라고 말할 수 있다면 그 이상 바랄 게 없지 않을까?

풀잎에 이는 아침 이슬 한 방울에도 가득 찰 만큼 아주 작은 그릇을 준비하여 날마다 가득히 차오르는 행복을 느껴 봄은 어떨까? 채울 수 없는 큰 그릇보다는 채울 수 있는 보다 작은 그릇 여럿이 현명하지 않을까? 이제 우리 자녀를 위하여 각자의 타고난 재능과 능력에 맞고, 자신의 노력으로 채울 수 있는 꿈과 희망의 작은 그릇들을 마련해 보자.

08/ Similarity(닮은 점) & Complementariness(상보성)

"부부는 닮는다."는 속담이 있다. 행복한 가정생활을 하는 부부들을 관찰해 보면 끼리끼리 논다는 의미의 유유상종(類類相從, Birds of feather flock together, Like attracts like)과 보상(補償, compensation)심리를 읽을 수 있다. 사람들의 절반은 이성(異性)이다. 초등학령기에 남녀의 성(性) 역할이 바르게 형성된 성인 남녀의 경우에 남자는 어머니를 닮은 여자에게, 여자는 아버지를 닮은 남자에게 끌린다는 것이다.

Similarity의 사전적 의미는 유사점, 닮은 점이고, Complementari-ness의 사전적 의미는 서로 보충함, 상보성(相補性)의 뜻을 내포하고 있다.

초등학교 시절에 학생들의 성(性) 역할이 바르게 정착되는 것과 또래관계의 올바른 형성은 매우 중요하다. 좋아하는 배우자나 친구를 찾는 성향에는 두 가지 종류가 있다. 먼저 나와 비슷한 점이나 닮은 점이 많은 사람에게 관심이 가고 끌리는 경우인 유유상종과 내가 갖고 있지 않은 면을 가지고 있는 사람에게 마음이 끌리는 보상심리인 경우이다. 이는 친구뿐 아니라 나중에 성인이 되어 배우자를 선택하는 데도 지대한 영향을 미친다.

성(性) 역할과 대인관계는 중요한 사회성의 표현으로 어릴 때부터 잘 형성되어야 하고 이성과 동성 간에 잘 어울릴 줄 아는 원만한 사회생활을 하게 하는 중요한 요소이다. 초등학령기의 자녀를 둔 부모는 내 아이의 올바른 성(性) 역할의 정착과 친구관계, 학급에서의 사회성에 관심을 기울일 필요가 있다. 내 아이가 좋아하는 친구를 살펴보면 닮은 점을 많이 발견할 수 있을 것이다. 반면에 내 아이가 갖고 있지 않은 잘하는 특기나 성향도 발견할 수 있을 것이다.

운동화, 실내화, 구두 등의 신발의 예를 들어 보자.

운동화는 왼쪽과 오른쪽이 똑같아 보이지만 신는 방향이 180도로 완전히 다르다. 만약에 똑같기만 하다면 한 켤레의 운동화로서 기능을 못 할 것이고, 왼쪽과 오른쪽이 다른 점이 많다면 한 켤레가 아니고 다른 짝일 것이다.

가방이나 옷의 지퍼를 생각해 보자. 지퍼의 양쪽이 모양이나 구조는 닮았지만, 양쪽이 서로 암수가 어긋나게 상보적으로

맞물려야만 지퍼로서의 역할을 할 수 있다.

신발과 지퍼의 경우와 같이 내 아이의 친구관계도 이렇게 서로 비슷한 점이 있으면서 서로 도와 가는 상보적인 관계로, 우정을 쌓아 갈 수 있도록 Similarity & Complementariness의 의미를 알려 주고 지도해야 할 필요가 있다. 이는 농사에 비유하면 잡초를 제거하는 김매기나 해충을 방제하는 농약 주기에 해당한다. 가능한 한 자녀에게 좋은 영향을 줄 수 있는 또래관계 형성을 도와주어야 한다. 올바른 성(性) 역할의 정착과 사회성의 확립은 어려서부터 환경 속에서 반드시 길러져야 하는 것으로, 자녀들의 배우자 선택과 행복한 삶을 살아가는 데 있어서 가장 중요한 기술이다. 성(性) 역할과 사회성이 잘 형성된 아이들은 어른이 되어서도 배우자 선택과 결혼, 사회나 직장 동료 및 상사들과의 원활한 관계를 통한 행복하고 질 높은 삶을 영위할 수 있다.

09/ 나비 효과(Butterfly effect)

나비효과는 로렌츠의 이론이다. 그는 기상학자였고 대기의 변화를 일일이 체크하여 그가 만든 방정식에 그 수치를 넣고 실제와 비교한 결과 초기의 소수점 몇 자리 이하의 오차로 인해 방정식의 결과와 실제결과가 갈수록 차이가 나는 것을 보고 주장한 이론이다. 날씨로 비유하면 원래 평온한 날씨를 가져다줄 대기 상태였는데, 중국 북경에서 조그만 나비 한 마리가 펄럭이는 바람에 일본 동경에 폭풍이 불 수도 있다는 얘기이다. 이를테면 초기값의 아주 작은 차이가 전혀 다른 결과에 도달한다는 것이다. 나비효과와 비슷한 예로는 사격이나 활쏘기에서 총의 방아쇠나 활시위를 당길 때, 숨을 쉬었느냐, 멈췄느냐 또는 손을 떨었느냐, 떨지 않았느냐의 미세한 차이가 과녁의 중앙을 맞추느냐, 변두리를 맞추느냐를 결정한다. 이렇듯 사소한 변수가 결과에 큰 영향을 미친다는 말이다.

　교육적인 측면에서 보면, 초등학교 시절에 쉽게 간과한 사소하고 작은 차이가 대학시절이나 성인기에 커다란 차이와 결과로 나타날 수 있다는 것이다. 초등학교 과정에서 나비효과의 결과를 느낀다는 것은 매우 어렵다. 그래서 대부분 사람들은 초등학교 시절에 교과점수에 집중하기도 하지만, 여러분의 어린 시절 경험을 되돌아보라. 국어나 수학 한 문제 틀린 것을 가지고 밤새 속상해하고 그것이 전부인 양 고민해 본 적이 있는가? 당시에는 전부인 것 같았던 그 수학 문제 하나 틀린 것이 이제와 돌이켜 보면 사소한 일이라는 것을 깨닫게 될 것이다. 되돌아보면 수학문제 하나 맞고 틀린 것보다는 어머니의 사소한 칭찬 한 번이나 사랑의 매 한 번이 인생의 전환점이 된 경우를 느낄 수 있을 것이다.

눈여겨볼 것은 내 아이의 작은 학업 성적 향상이 아니라 생각하는 능력으로서의 지적 성장이라는 것으로, 더욱 멀리 보아야 한다. 초등학교 시절 조금의 관심과 정성이 당장은 여러분들이 보내고 싶은 특목고 입학, 가고 싶은 대학 입학에서 나타날 수도 있고, 또는 취업이나 결혼, 긴 인생을 살아가면서 좋은 결과로 나타날 수 있다.

따라서 눈앞에 바로 결과가 안 보인다고 해서 초조해하지 않아야 한다. 부모는 초등학교 시절에 약간의 주의와 노력만 기울여도 되는 일들을 습관이 형성되고 세월이 흐르고 난 뒤에 수정하고 고치려고 한다면, 수많은 노력과 비용이 필요하다는 것을 인지하여야 하며, 불가능해질지도 모른다는 사실을 명심해야 한다.

시작점에서의 아주 작은 차이가 결과에 매우 큰 영향을 주는 사소한 예를 들어 보자.

'초등학교 과정에서 한자나 영어교육을 시켰느냐, 안 시켰느냐? 일기 쓰기 지도를 하였느냐, 안 하였느냐? 매일 준비물을 스스로 챙기는 지도를 하였느냐, 안 하였느냐?, 친한 친구가 있는지, 없는지를 가끔 물어보았느냐, 물어보지 않았느냐? 가끔 부모와 함께 도서관에 갔느냐, 가지 않았느냐? 자녀를 엄격하게 다루었는가?' 등이 학자나 작가, 자신감 있는 사람이 될 수 있는 원초적 차이로 나타날 수 있고, 부모가 생각 못 하고 있는 내 아이의 40, 50대에 전혀 다른 삶을 살아갈 수 있게 하는 것이다.

부모의 역할이 바로 초기의 경험들을 제대로 할 수 있도록 도와주는 이 일에 있는 것이다. 초등학교 시절의 작은 차이가 인생을 전혀 다른 길로 가게 하는 단초일 수 있다면 유아기, 초등학령기에 부모가 해 주어야 할 일이 더욱 분명해진다.

덧붙여서 다음 몇 가지 사항에 유의해야 한다.

첫째, 부모의 이루지 못한 인생목표를 자녀에게 강요하지 말아야 한다. 여러분이 자라면서 부모에게 느꼈던 거리만큼이나 자녀들도 당신에게 거리감을 느낄 것이다. 이것은 세대 간에 필연적으로 느낄 수밖에 없는 거리이다. 신뢰를 전제로 한 진실한 대화를 통해 자식에게 주어진 끼를 찾아가며, 어떤 일을 할 때 가장 행복감을 느끼는지를 알고, 그들이 살고 싶은 삶을 살아갈 수 있도록 도와주면 되는 것이다.

다음으로, 자식은 당신의 몸을 빌려서 이 세상에 온 손님이다. 그 손님에게 잘해 주어야 한다. 자식으로 온 손님이 제 갈 길을 안전하게 떠날 때까지 관리해 주는 것이 부모인 당신이 할 일이다. 그 누구도 부인하지 못하는 중요한 부모의 역할은 독립하여 인생항로를 떠나는 자녀에게 인생의 선배로서 보다 안전하고 정확한 인생 지도를 안내해 주는 것이다. 왜냐하면 어린 시절의 아주 작은 차이가 전혀 다른 결과에 도달하게 하기 때문이다.

19/ 채움과 비움의 관계

"채우려면 먼저 마음을 비워라." 그릇은 비워 있어야 채울 수 있다.

북한산의 백운봉을 올라가 보자. 절벽처럼 가파른 길을 계속 올라가려면 움켜쥔 난간의 로프를 놓고 다음 로프를 잡아야 하고, 또다시 잡았던 로프를 놓아야 그 다음 로프를 잡을 수 있다. 이런 일을 반복적으로 포기하지 않고 앞으로 한발 한발 나아갈 때 비로소 북한산 정상에 오를 수 있는 것이다. 만일 두려움과 공포로 로프를 놓지 못하고 손을 비우지 않는다면 다음 로프는 영원히 잡을 수 없고, 북한산을 오르는 일은 이루지 못할 것이다. 움켜쥔 것을 놓아야 다음 것을 잡을 수 있고, 또 그것을 놓아야 그 다음 것을 잡을 수 있는 것이다.

우리가 흔히 듣는 말 중에 먹는 것이 남는 것이라는 이야기가 있다. 과연 먹는 것이 남기만 하는 것일까? 먹으면서 잃어버리는 것은 없는가? 한계효용체감의 법칙(限界效用遞減—法則: 일정한 기간에 소비되는 재화의 수량이 증가함에 따라 그 추가분에서 얻을 수 있는 한계 효용은 점차 감소한다.)을 고등학교에서 모두 배웠을 것이다.

집에 돌아와 배고픔에 허겁지겁 먹는 밥의 첫 순갈 맛과 맨 나중에 먹는 밥숟가락 놓기 전의 밥맛은 서로 다르다는 이야기다. 우리가 밥을 먹음으로써 얻는 것은 채움이 주는 행복감이다. 간과하지만 잃은 것이 있는데, 그것은 바로 밥을 먹고 싶은 욕망이다. 또 그가 밥을 먹으려면 그의 배를 비워야 하고, 채웠으면 열심히 활동을 하여 또 비워 놓아야 하는 것이다. 그래야 생존할 수 있는 것이다. 욕심 때문에 움켜쥔 것을 놓지 않는다면 더 좋은 것을 채울 기회가 왔을 때 그 기회를 놓치게 된다. 비움이 있어야 채움이 비로소 가능한 것이다. 필자 역시 부모에게서 재산을 물려받은 바 없지만 빈 주머니를 주신 데 대해 감사하며 살아왔다. 빈 주머니를 채울 수 있는 기쁨의 기회를 주신 데 대해 감사하면서!

필자가 남편을 만났을 때 남편이 다음 퀴즈를 내면서 하는 말이 자기는 이 문제를 못 풀었다면서 배우자는 이 문제를 푸는 사람이었으면 좋겠고, 이 문제를 푸는 사람은 행복할 수밖에 없다는 말을 하였다. 여러분도 풀어 보시면서 생각해 보시기를 바란다.

"어떤 총각이 말 네 마리를 가지고 강 건너에 사는 여자 친구를 만나서 밀월여행을 떠나려고 나루터에 도착하였다. 총각은 강을 건너려고 나루터에서 뱃사공과 뱃삯을 흥정하였다. 뱃사공은 말을 다 빼앗을 속셈으로 한 번 건널 때마다 말 한 필씩 뱃삯으로 달라고 하였다. 문제는 한 번에 한 마리만 싣고 갈 수 있는 배의 크기라는 것이다." 낭신이라면 몇 마리를 데리고 강을 건너갈 수 있겠는가? 가장 좋은 방법은 무엇일까? 어려운 일이 아니다. 여기에서 가장 중요한 핵심은 욕심을 버리는 것이다.

!!! !!! !!!

내 아이를 기를 때도 요즘 유행하는 존재하지도 않는 '엄친아(엄마 친구의 아들)', '엄친딸(엄마 친구의 딸)'을 욕심내면 안 된다. 내 아이의 적성과 재능, 능력에 맞는 적절한 욕심을 가져야 한다. 러시아의 교육학자인 비고스키가 말한 '근접발달영역', 즉 뛰어난 친구나 교사, 어른들의 약간의 도움과 지도가 뒤따를 시에 발휘할 수 있는 발달영역까지 끌어올려 자신의 타고난 능력을 다 발휘할 수 있으면 감사할 수 있어야 한다. 말 네 마리를 다 가지려고 욕심을 부리다가 한 마리도 못 가져가게 되듯이, 엄친아를 꿈꾸다가 내 아이의 행복을 빼앗는 부모가 되는 과오를 범하면 안 되겠다.

!!! !!! !!!

욕심을 버리면 방법은 간단하다. 한 마리씩 두 마리를 건네고 건너지 않은 두 마리를 뱃삯으로 주면, 두 마리는 정당하게 데리고 갈 수 있다. 네 마리를 모두 갖고자 욕심을 내면 그 사람은 한 마리도 말을 데리고 갈 수 없다.

따라서 가지고 있는 것에 대해서 소유하고자 너무 초조해하지 말고 잃는 것에 대해서 두려워하지 않아야 한다. 빈손이라는 것은 새로운 것을 잡을 수 있는 꿈과 희망의 빈손이 된다는 것이다. 내 아이 역시 부모의 소유물이 아니다. 단지 내 몸을 빌려서 이 공간에 소풍 온 손님인 것이다. 그러므로 자식을 소유하고자 할 때 갈등이 생긴다. 부모는 그들 각자의 꿈을 따라 훨훨 날아갈 수 있도록 마음을 비워 두는 연습을 많이 해야 할 필요가 있다.

11 / 교육에서의 앤트로피(Entropy)란?

이른바 열역학 학문에서 말하는 열역학 제1법칙은 "에너지의 총량은 변하지 않는다."는 '에너지 보존의 법칙'이다. 그리고 제2법칙이 바로 '엔트로피의 법칙'이다. 간단히 말하면 "외부로부터 에너지를 공급받지 않는 한 엔트로피는 언제나 증가하기만 한다."는 것으로 스스로는 언제나 비가역적이다. 즉, 물질과 에너지는 사용할 수 있는 것으로부터 사용할 수 없는 것으로, 또한 질서화된 것으로부터 무질서한 것으로 변화한다는 뜻이다. 그래서 학자들은 엔트로피를 비가역의 척도, 무질서의 척도라고 한다. 우리가 주목할 것은 모든 자연계의 반응은 엔트로피가 증가하는 방향으로 일어나고 스스로는 비가역성이라는 것이다.

예를 들어, 컵에 물을 담고, 잉크를 한 방울 떨어뜨리면 잉크가 퍼져 나간다. 퍼진 잉크는 스스로 다시 물속에서 한 방울의 잉크로 뭉쳐지지 않는다. 상자 안에 칸막이를 채워서 한쪽은 공기가 가득

차 있고, 다른 쪽은 진공일 때, 칸막이를 제거하면 한 쪽의 공기가 전체 상자 안으로 퍼져 나간다. 절대로 스스로 공기가 다시 상자의 반쪽만으로 쌓이고 나머지 공간이 진공으로 비워지는 일은 발생하지 않는다. 뜨거운 물체와 차가운 물체를 접촉시키면 뜨거운 물체에서 차가운 물체 쪽으로 열이 이동하면서 둘의 온도가 점점 같아진다. 절대 차가운 쪽에서 뜨거운 쪽으로 열을 주어서 뜨거운 쪽이 더 뜨거워지거나 차가운 쪽이 더 차가워지는 일은 발생하지 않는다. 가만히 있는데 물이 아래에서 위로 올라가고, 사람이 나이를 먹었다가 다시 젊어지고, 기계를 설계했는데 동력을 가하지 않아도 영원히 돌아가는 현실은 일어나지 않는다. 반드시 다음 예와 같이 어떤 외부적 힘이 가해져야만 가능하다.

위에서 아래로 떨어지는 물을 아래에서 위로 끌어올리기 위해서는 외부적 힘이 필요하고, 냉장고나 에어컨과 같이 높은 온도 환경에서 낮은 온도 환경을 만들려면 외부에너지인 모터를 돌려야 하는 것처럼 System을 가동시키는 Process가 존재해야 한다. 계곡에서 물이 흘러 바다로 흘러가 버리면 그만인데, 왜 계곡물은 또다시 계속해서 흘러 바다로 가는가? 그것은 태양이라는 외부의 힘이 작용하여 물을 수증기로 증발시켜 구름을 만들고 비로 내려 주기 때문이다. 만약 태양의 힘이 멈춰 버린다면 물의 순환은 일어나지 않을 것이고, 냉장고에 보관하는 신선한 생선도 모터를 돌려 주는 전기를 차단한다면 썩어서 쓸모없는 쓰레기가 되어 버릴 것이다.

위에서 살펴본 바와 같이 여러분의 자녀에게도 태양의 힘, 전기의 공급, 모터와 같은 외부의 힘과 프로세스인 부모의 사랑과 교육이라는 정성, 관심이 부단히 제공되어야 한다. 그것은 그저 밥이나 먹이고 때 찾아서 옷이나 입히고 학교나 보내면 되는 것이 아니다.

명검이 명검일 수 있는 것은 고통스러운 갈림을 당하는 연마과정이 뒤따라 주었을 때 가능하듯이 사람도 사람다운 사람일 수 있는 것은 번뇌와 시련과 연마를 통해서 이루어지는 것이다. 부모가 주어야 하는 외부적인 힘은 바로 깊은 사색과 번뇌를 통한 지적 성장을 할 수 있도록 환경을 제공해 주고, 숱한 시련을 이겨 낼 수 있는 의지와 인내심을 기를 수 있는 연마 Process를 통하여 Self-regulation을 할 수 있도록 해 주는 것이다.

자연계에서 물질과 에너지가 시간이 흐르면서 엔트로피가 증가하여 무질서해지고 사용할 수 없는 에너지가 되듯이, 여러분의 자녀도 교육이 가해지지 않으면 질서에서 멀어지고 가지고 있는 재능을 다 발휘하지 못하게 된다. 문전옥답도 씨 뿌려 가꾸지 않으면 잡초밭이 되듯이 시간이 흐르면 저절로 사회 속의 유용한 한 객체로서 자라나는 것이 아니라는 것이다.

부모는 '태양이 열을 가하여(엔트로피를 감소시킴으로써) 지구에 생명력이 생기게 하는 것처럼 부모의 신념과 철학이 담긴 교육적 환경이 성장 동력으로 작용하여(엔트로피를 감소시킴으로써) 내 아이의 꿈을 키워 가고 인생에 희망을 불어넣어 준다는 것'을 항상 염두에 두어야 한다.

12/
I am Sam

부성애를 잔잔하게 느끼게 해 주는 영화다.

7세 지능의 장애인 아빠가 딸을 사회보장기관에 뺏기지 않기 위해 노력하는 모습이 감동 있게 전개되는 영화이다.

지적 장애로 7실 지능밖에 갖지 못한 샘은 버스징류장 옆 커피 전문점에서 일한다. 그날, 황망하게 가게를 나온 샘은 병원으로 향하고 노숙자 레베카와의 사이에서 태어난 자신의 딸과 첫 대면을 하게 된다. 그러나 병원을 나서자 레베카는 "나는 하룻밤 잘 수 있는 공간이 필요했을 뿐이다."라고 독백하면서 샘과 딸을 두고 많은 사람들 사이로 사라져 버린다. 혼자 남겨진 샘은 좋아하는 가수 비틀즈의 노래에서 따온 루시 다이아몬드를 딸의 이름으로 짓고 둘만의 생활을 시작한다. 외출 공포증으로 집안에서 피아노만 연주하는 이웃집 애니, 샘과 같은 장애를 갖고 있으면서도 언제나 밝은 친구 이프티와 로버트 같은 주변의 따뜻하고 친절한 도움이 없었다면 루시가 그렇게 건강하고 밝게 자라기 힘들었을 것이다. 수요일에는 레스토랑에, 목요일에는 비디오 나이트에, 금요일에는 노래방에 함께 다니는 것이 이들 부녀의 작은 행복이었다. 남들이 보기에는 정상적이지 못하지만 그들은 가장 즐거운 시간을 함께하며 행복한 가정을 이루었다. 그런데 루시가 7살이 되면서 아빠의 지능을 추월해 버리는 것을 두려워한 나머지 학교 수업을 일부러 게을리하게 되고, 이로 인해 사회복지기관에서 샘의 가정을 방문한다. 그리고 샘은 아빠로서 양육 능력이 없다는 선고를 받게 된다. 결국 루시는

시설로 옮겨지고, 샘은 주 2회의 면회만을 허락받게 된다. 세상에서
가장 사랑하는 딸과의 행복한 날들을 빼앗기고 실의에 빠진 샘은
법정에서 싸워 루시를 되찾을 결심을 하고, 변호사 리타 해리슨의
사무실을 찾아간다. 리타 변호사는 무료로 샘의 변호를 맡았지만
샘에게 불리한 재판이었다. 샘이 훌륭한 아빠라는 것을 인정해 줄
친구들은 재판에서 증언조차 불가능한 장애를 가진 사람들이다. 외출
공포증을 극복하고 증언대에 선 애니 역시 상대 변호사의 추궁을
받으면서 답변을 하지 못하게 된다. 결국 루시는 양부모에게 입양되는
우여곡절을 겪게 되지만 아빠인 샘의 진실한 사랑으로 아빠와 같이
살게 된다.

"아빠는 남들하고 달라. 난 행운아인 걸. 다른 아이들은 아빠가
같이 공원에 가 주지 않아. 아빠는 날 사랑하잖아."

루시의 대사처럼 내 아이가 자라나는 데 가장 필요한 것은 부모의
사랑이다. 아이들이 바라는 부모는 능력도 자산도 아니다. 단지
일관성 있게 지켜봐 주는 것, 인내해 주는 것, 사랑하는 것, 바라봐
주고 기다려 주는 것이다. 그런 부모가 최고인 것이다. 그러나 그렇게
하는 것은 결코 쉬운 일이 아니다.

13/ 현대판 孟母 '기러기 가족'

한국의 교육열은 세계 최상위급이다. 따라서 교육의 수준은
높지만 사교육비 등 부수적인 지출과 아이들의 스트레스 또한 많은
문제점을 안고 있다. 이를 피해 자녀 교육을 위해 부모가 하던

일을 접고 외국으로 함께 이민을 가는 경우도 있다. 매년 열리는 '해외이주·이민 박람회'에는 몇 만 명의 인파가 몰린다. 조기유학의 실패 사례가 증가하고, 그에 따라 기러기 가족이 사회문제가 되고 있다. 게다가 선진교육 문화를 가족 모두가 체험하고 자녀의 교육을 위한 교육이민이 늘어나고 있다.

다음은 한국 부모의 교육열이 기러기 가족을 양산하고 있다면서 영어를 배우기 위해 해외로 떠나는 아이와 가족들의 이야기를 소개한 뉴욕타임지의 내용이다.

"'영어를 배우기 위해 한국의 어린이들은 아버지와 헤어지는 법을 배운다.'

이 신문은 해외에 나가 학교에 다니고 있는 한국 학생들이 4만 명을 넘어섰다는 것이 일반적인 분석이라면서 한국 내에서 아이를 조기유학 보내는 것이 선택의 문제가 아닌 필수적인 문제로 생각하는 부모들이 늘어나고 있다고 말했다. 부유층에서 시작된 조기유학이 중산층으로 확대되면서 유학대상 국가도 미국에서 비용이 상대적으로 적게 드는 뉴질랜드와 호주, 캐나다 등으로 확대되고 있다. 그러나 기러기 가족 대부분이 엄마가 아이와 함께 외국에 나가고 아버지는 남아서 돈을 버는 형태로 주로 남자가 외국에 나가는 국제이주의 패턴과 다른 양상을 보이면서 경제적으로 어려움을 겪는 가구도 늘어나고 있다."고 이 신문은 지적했다.

한국교육개발원이 내놓은 가장 최신 통계인 2006년 자료에 따르면 해외근무자 자녀나 이민자를 제외한 조기유학생은 29,511명으로 2004년에 비해 2배 정도 증가했으며, 2000년에 비해서는 7배나 급증했다. 한국 유학생은 미국에만 103,000명으로 미국 내 외국학생 가운데 가장 큰 집단을 형성하고 있으며 뉴질랜드에서는 중국에 이어 2위이다. 또한 다른 나라의 사례와는 달리 외국으로 나가는 초등학생들이 늘어나면서 뉴질랜드의 경우 한국에서 온 초중등학생이 6,579명으로 전체 외국학생의 38%에 달하고 있다.

뉴욕타임스는 교육에 대한 불만과 사교육비 부담, 사회적 성공에 대한 열망, 여성의 사회적 지위 향상, 경제 발전 등이 학생들의 해외유학 증가를 불러오고 있는 주요한 이유로 지목되고 있다면서 한국 내 사회문제가 되고 있는 저출산 현상도 교육에 대한 과도한 부담에 기인한다고 분석하였다.

기러기 가족, 조기유학 등이 우리 사회의 교육 위기와 연관되고, 유능한 인재들이 이민을 통해 국외로 나가며, 이 땅에서 희망을 가지고 살아가는 다수의 국민들에게 이질감을 줄 수도 있기 때문에 커다란 사회적인 문제인 것은 분명한 일이다.

따라서 부모로서 내 아이에게 어떻게 해 주는 것이 진정으로 도움이 되는 일인지를 심각하고 진지하게 고민해야 하는 부분이다. 자의가 아니라 부모의 의지에 따라 유학 가는 경우가 대부분이다. 그리고 조기유학의 주목적은 어학을 배우는 것이다. 문화적 차이가 분명히 존재하기 때문에 자율성과 문제인식 능력이 성립되지 않은 어린아이들의 경우, 문화 차이에서 오는 정체성 혼란을 느낄 수도 있다. 과연 어학연수를 위해서 그렇게 많은 비용과 노력을 들일 필요가 있는가? 우리나라 교육 내용도 제대로 경험하지 않고 외국의 교육 내용을 이해한다는 것이 그리 간단치는 않을 것이다. 그 비용과 노력의 몇 분의 일만 투자하면 우리나라에서의 성공적 학령기를 보낼 수 있다. 교육시스템, 교육내용, 교육복지 등이 비록 선진 국가들과 다르거나 못 미친다고 생각되는 부분이 있다고 할지라도 어린 나이에 가족을 떠나서 낯선 나라에서 적응하고 생활하는 일은 굳이 다 토로하지 않더라도 심적으로 매우 큰 충격일 것이다. 어머니가 따라가서 도와주는 기러기 가족의 경우라고 더 나을 것이 없다.

'가족이라는 것이 무엇인가?' 기쁠 때나 슬플 때나 서로 의지하고 부둥켜 안으며 시간과 공간을 함께 부대끼며 정을 나누고 세상 살아가는 법을 알고 익혀 가는 가정구성원이 아닌가? 영어를 잘 익히고 선진문화를 익혀 돌아왔다고 하자. 소중한 시절들을 함께 나누지 못한 데서 오는 공유하지 않은 경험들에 대한 가족끼리의 이해부족, 불신 등은 힘들고 어려운 문제에 직면하였을 때 강인하게 대처하지 못하고 쉽게 무너지게 할 것이다. 조기유학이나 기러기 가족을 고려하고 있는 부모들은 다음 물음에 대한 답을 생각해 볼 필요가 있다.

"과연 부모 자식 간, 부부 사이에 함께하지 못한 소중한 시간들을 보상받을 수 있을 만큼 In-put에 대한 Out-put 타산이 맞는 것인가?"

요즘은 방학 중 단기 어학연수, 교환유학, 영어마을, 영어캠프 등 다양한 어학프로그램이 개발되어 적용되고 있다. 이러한 프로그램들을 취사선택하여 잘 활용한다면 영어 의사소통 능력 함양을 위한 유학을 굳이 가지 않아도 된다. 공교육 신뢰회복

측면에서 학교경영마인드도 기업경영마인드를 벤치마킹하여 '학교교육과정의 브랜드화'로 학생과 학부모에 대한 고객만족도 제고를 위한 만족을 넘어선 감동을 주는 친절하고 질 높은 교육과정을 개발하여 적용하고자 부단히 노력하고 있다.

14/ 서산대사(西山大師)와 사명대사(泗溟大師)

서산대사를 일명 휴정이라고도 하는데 속세에서의 성은 최씨였다. 그의 제자인 사명당(泗溟堂)은 일명 송운유정이며 속세의 성은 임씨였다. 두 사람은 고승으로 유명하지만 사제지간으로도 더욱 유명하여 많은 일화가 남아 있다.

많은 일화 중에 교훈적인 몇 가지를 소개해 보고자 한다.

어느 날 금강산에서 도를 닦은 사명당이 이만하면 나도 서산대사를 능가하지 않을까라는 자신감으로 도술을 겨루려고 서산대사를 찾아갔다. 서산대사가 사명대사를 맞이하려 하는데 갑자기 사명당이 날아가는 참새 한 마리를 손으로 잡아 외쳤다. "대사님 지금 제 손엔 참새 한 마리가 있습니다. 이 새는 죽을까요, 살까요?" 피해 갈 수 없는 질문이었다. 새의 생명은 사명당의 손에 달려 있기 때문에 어느 쪽을 대답해도 틀릴 수 있는 것이다. 그러나 그 순간 서산대사는 뜻밖의 대답을 하였다.

"대사! 지금 내 한 발은 법당 안에 한 발은 문 밖에 있으니 지금 나는 들어갈까요, 나갈까요?" 이 또한 마찬가지 난감한 질문이었다. 허나 사명대사는 방문한 손님을 맞을 터이니 나오리라 생각하고 "그야

나오시겠지요."

"허허, 그대의 말이 맞소. 멀리서 수고스럽게 오신 손님인데 당연히 나가서 맞아야지요. 그리고 대사님같이 불도에 정진하시는 분이 살생이라니 그런 일은 없을 것입니다."

사명당은 이러한 서산대사의 인품에 크게 감동을 받아서 스승으로 모셨다고 한다. 어느 날 서산대사와 사명대사는 먼 길을 떠났다. 밤이 되고 허기가 져서 산속에 있는 허름한 오두막집을 찾아가서는 하룻밤 묵어가기를 청하였다. 흔쾌히 허락한 주인장은 아내에게 저녁준비를 하라고 하면서 오늘 저녁거리는 무엇이냐고 물었다. 아내는 밀가루가 조금 남아 있으니 국수를 준비하겠다고 말하였다. 주인장은 서산대사와 사명대사의 명성을 익히 알고 있던 터라 오늘 저녁거리를 맞출 수 있는지를 시험하였다. 그러자 사명당과 서산대사가 한참을 눈을 감고 생각에 빠져 있더니 먼저 사명당이 "蛇(뱀 사) 자가 보이므로 아마도 오늘 저녁은 국수를 먹을 것 같소."라고 하였다. 이어서 서산대사는 "으음 오늘 저녁에는 빈대떡을 먹게 될 것이오."라고 대답을 하였다. 주인장은 서산대사에게 "스님이 스승이지만 오늘은 사명대사가 더 잘 맞추었다."고 핀잔을 주었다.

잠시 후에 아내가 저녁상을 들여오자, 주인장과 사명당이 깜짝 놀라고 말았다. 저녁상에는 빈대떡이 차려져 온 것이다. 주인장은 아내에게 사연을 물었다. 그러자 아내는 조금 남은 밀가루 반죽의 물 조절을 잘못하여 반죽이 질어져서 할 수 없이 물을 더 붓고 빈대떡을 했노라고 답하였다. 분명히 뱀 사 자가 보였는데 어찌하여 빈대떡이 나왔는지 궁금해하는 사명당에게 서산대사는 "뱀은 낮에 기온이 높아서 길게 국수처럼 늘어져 있지만, 밤에는 기온이 내려가 보온을 위하여 빈대떡처럼 똬리(여자들이 물동이를 머리에 일 때 얹는 동그란 모양으로 된 물건)를 틀지요."라고 알려 주었다. 훗날 이 두 대사는 어려운 임진왜란의 전쟁에서 의병활동으로 큰 업적을 많이 남겼다고 한다. 때(When, Timing)의 중요성을 이야기한 교훈적인 이야기다.

지금의 학부모 세대가 유년기인 30여 년 전만 해도 흔한 농촌의 일상이던 이야기를 통해서 선순위(先順位)와 근검(勤儉)에 관한 교훈적인 이야기를 해 보고 싶다. 어느 시골동네에 날로 가세가 늘어 점점 부유해지는 집이 있었다. 이를 이상하게 여긴 아랫집 사람이 찾아와서는 "자네와 나는 물려받은 농토도 비슷하고 식구도 같아서 수입이나 지출이 비슷한데 어떻게 해마다 농토를 늘려만 갈 수 있는가? 비결 좀 알려 주세." 하고 부탁하였다. 이에 윗집 사람은 "특별한 것은 없네. 다만 우리는 휴지종이 한 장이라도 아껴서 두 번

쓰고 있네. 예를 들면 우리 아이들은 종이 한 장으로 코도 닦고, 밑도 닦는데 두 번씩이나 쓰네." 하고 이야기해 주었다. 이에 아랫집 사람은 옳거니 하고는 집에 돌아와서는 아이들을 모아 놓고 오늘부터는 휴지종이 한 장으로 코도 닦고 밑도 닦으라고 엄명을 내렸다. 그런데 그 후에도 휴지 사용량이 줄지 않아 살림에 도움이 되지 못하였다. 이를 이상하게 여긴 아랫집 사람이 이유를 알아보니 윗집 아이들은 먼저 코 푼 종이를 말려 두었다가 밑 닦는 종이로 사용하고 아랫집 아이들은 밑 닦은 종이를 말렸다가 코를 닦으려고 했다는 것이다.

한정된 자원을 갖고 언제 무엇을 먼저 할 것인지를 결정하는 선순위가 얼마나 중요한지를 알려 주는 교훈적인 이야기이다. 장기 같은 게임에서도 언제, 무엇을 먼저 움직일 것인가에 따라서 승부가 달라진다.

보이는 현상을 있는 그대로만 보지 말고 주변의 여러 가지 상황을 참고하여 종합적으로 사고하고 판단할 수 있는 능력을 길러 주어야 함을 깨닫게 하는 이야기들이다. 교육학자 블룸은 지적 사고능력을 지식, 이해, 적용, 분석, 종합, 평가하는 능력으로 나누었는데 오른쪽으로 갈수록 고등사고 능력이라고 하였다. 부모는 내 아이에게 하나의 현상을 가지고도 여러 가지 상황을 고려한 종합적 판단을 할 수 있는 고등사고능력을 기를 수 있도록 초등학교 시절부터 지도해야 한다.

학원에 보내어 국어, 수학 문제를 푸는 연습을 미리 선행 학습시키는 것은 중고등 학교에 갈 때까지는 효과가 있지만, 높은 사고력이 요구되는 대학입시나 사회생활을 성공적으로 수행하는 데 필요한 종합적인 사고력을 키우는 데는 큰 도움이 되지 못한다.

다양한 체험학습 경험이 오히려 창의적이고 종합적인 판단력을 키우는 데 도움이 된다. 예를 들면 간접 경험의 기회를 높여 주는 다양한 독서나 체험학습, 박물관 관람, 가족여행, 아르바이트, 퀴즈 풀이 등이 도움이 된다.

15/ 감자 · 달걀 · 커피

미국의 한 갑부에게는 어려움을 모르고 자란 딸이 있었다. 그녀는 아버지가 부자였기 때문에 마음먹은 일이나 하고 싶은 일은 무엇이든지 아무런 제약을 받지 않고 다 할 수 있었다. 어느 날 갑부의 딸은 돈이 필요하여 용돈을 받으러 아버지 회사에 갔다. 딸이 아무런 노력도 하지 않고 놀면서 지내는 모습에 걱정을 하고 있던 아버지는 딸의 버릇을 고쳐 주어야겠다는 생각을 하였다. 그는 비서에게 감자, 달걀, 커피, 끓는 물을 준비하라고 하였다. 그리고 딸을 빈 사무실로 데리고 들어가서 아버지와 함께 다음 실험을 하고 나면 용돈을 주겠노라고 하였다.

"애야, 먼저 감자를 만져 보거라. 달걀 한 개를 책상에 치고 그릇에 담아 보거라. 그리고 커피 알갱이를 만져 보거라." 딸은 아버지가 시키는 대로 모두 하였다.

이어서 "감자를 끓는 물에 넣고 10분 후에 불을 꺼라. 달걀도 끓는 물에 넣고 5분 후에 불을 꺼라. 커피에 끓는 물을 붓고 스푼으로 저어 보거라." 딸은 아버지가 또 하라는 대로 하였다.

부자 아버지는 딸에게 다음과 같이 물었다.

"애야, 끓는 물에 들어갔던 감자와 달걀을 만져 보거라. 커피는 또 어떻게 되었는지 말해 보거라." 딸은 있는 그대로 말하였다.

"예, 딱딱했던 감자는 부드러워졌고요. 달걀은 단단해졌고, 커피는 알갱이를 녹여서 사무실에 향을 가득 채워 주었어요."

"그렇단다. 너는 아버지를 잘 만나서 고생을 모르고 자랐지만, 너도 노력을 하면 감자와 달걀처럼 달라져서 세상 사람들에게 도움이 되는 사람이 될 수 있고, 커피처럼 온 세상에 너의 사랑을 가득 채울 수 있단다."

아버지의 진실된 사랑이 담긴 실험에서 크게 깨달음을 얻은 딸은 그 후로 열심히 노력하여 아버지의 회사를 이어받아 더욱 발전시키는 CEO가 되었다.

부모는 내 아이의 바람직하지 않은 행동을 고치고자 할 때 이렇듯 자세하고 알기 쉬운 방법으로 설득하는 기술을 익혀야 한다. 그러기 위해서 먼저 부모 스스로 가정생활 속에서 모범을 보여야 하고, 자녀교육 관련된 전문서적을 읽으면 성장기의 초등학교 아이들에게 많은 도움이 될 것이다.

16/ Self-regulation이란 무엇인가?

오늘날은 마우스 클릭 몇 번으로 세계의 다양한 정보를 국경 없이 접하게 되고, 정보와 지식이 홍수를 이루는 현실 속에서 자신이 필요로 하는 것이 무엇이며 그것의 가치는 무엇인지를 선별, 판단할 수 있는 능력을 필요로 하는 시대가 되었다. 결국 엄청난 지식의 양, 신속한 정보유통, 빠른 지식변화로 특징지어지는 이 시대에는 가치판단을 위한 know-how가 중요하게 되고, 평생을 통해 이루어져야 하는 일과 학습이 상호 밀접하게 관련돼 있는 사회에서 학습자로서의 삶을 주도하고 관리할 수 있는 능력이 요구된다.

Self-regulation이란 학습을 자기 주도적(self-regulated)이고, 자기 조직적(self-organized)이며, 자율적인(autonomous) 학습 환경에서 학습자 스스로 지식을 형성해 나가는 것으로 정의한다.

특정분야 지식의 암기와 전달은 더 이상 의미 있는 일이 되지 못하며 오히려 많은 양의 정보·지식을 어떻게 다룰 것인가, 그것으로부터 어떻게 새로운 지식을 창출하고 주어진 복잡한 문제를 해결할 것인가와 같은 지식의 필요성이 상대적으로 커지고 있다. 이러한 능력을 갖게 됨으로써 학습자들은 교육의 수혜자, 수요자에서 이 시대가 추구하는 '지식형성공동체'의 참여자가 되는 것이다.

여기서 아이를 가진 부모로서 중요한 것은 어떻게 내 아이를 자기 주도적(self-regulated)이고, 자기 조직적(self-organized)이며, 자율적인(autonomous) 아이로 키울 것인가 하는 것이다. 여러분을 포함하여 주변을 둘러보면 도박이나 불륜, 음주, 오락, 이혼, 폭력 등 자기통제에 실패한 사례를 흔히 볼 수 있을 것이다.

자동차를 예를 들어 보면 가장 핵심이 되는 것은 자동차를 앞으로 나가게 하는 엔진이다. 스스로 움직이는 엔진구조에는 되먹임(Feed-back)이라는 과정이 필수사항이다. 여기서 되먹임이라는 것은 어떤 결과를 얻어 내는 프로세스의 밖으로 나오는 출력의 일부를 입력으로 되돌림으로써 스스로 연속하여 동작하며 돌아가게 하는 원천이 되는 것이다. 한 번 시동을 걸어 놓으면 기름이 공급되는 한 정상적인 엔진이라면 계속 스스로 작동하게 된다.

자동차는 앞으로 나아가게 하는 것만으로 부족하다. 자동차를 안전하게 운행하는 데 있어 가장 중요한 부분은 브레이크라는 것이다. 이것은 엔진의 추진력에 반하는 힘으로 인생에서도 꿈과 희망을 통한 추진력 외에 이런 힘이 필요하다.

그러면 이 시동키를 돌려주고 기름을 넣어 주는 역할을 누가 할 것인가? 바로 내 아이의 부모인 당신인 것이다. 학교에 보내는 것만으로 저절로 시동이 걸리지는 않는다는 것이다.

고학년인 경우 Self-regulation이 잘되는 아이라면 스스로 잘 알아서 하기 때문에 부모의 지나친 간섭이 오히려 장애가 될 수도 있다. 이런 아이에게는 학원에 보내는 것보다는 막히는 부분에서만 문제를 해결해 줄 수 있는 가정교사나 부모가 효과적이다. 반면에 저학년이나 Self-regulation이 잘 안 되는 경우에는 부모나 교사 또는 외부에서 제공되는 규칙적인 통제와 틀이 오히려 도움이 된다.

17/ Self-regulation의 시작은 반성

뜬금없는 이야기 같지만 필자는 한때 "후회하는 삶을 살자."는 좌우명을 세운 적이 있다. 3학년이 되어 1학년 문제를 만나게 되면 매우 쉽다는 것을 느끼게 될 것이다. 그것은 2년 동안 그만큼 지적으로 성장했다는 반증(反證)이다. 후회하거나 반성할 수 있다는 것은 어떤 면에서 반성하거나 후회할 만큼 지적으로 성장했다는 뜻이다.

Self-regulation의 시작점은 되먹임(Feed-back)에 의한 반성이고 반성과 후회에 기초하여 새롭게 내일을 설계하는 토대를 마련해 주는 것으로 일기를 쓰는 일이 가장 좋다. 일기는 하루를 되돌아봄으로써 자연스럽게 스스로를 반성하고 내일을 계획할 수 있는 환경을 제공한다.

일기 쓰기가 시작되었으면 진정으로 하루를 되돌아보는 반성과 그 반성을 바탕으로 한 내일을 계획하는 내용이 반드시 되어야 한다. 일기는 하루를 뒤돌아보는 되먹임(Feed-back)의 단초를 제공하는 장을 마련하는 것으로, 스스로 내일을 계획하는 자기 주도적(self-regulated)인 성향을 기르는 기초가 된다.

일기 쓰기가 지루하지 않고 효율적으로 반복됨으로써 잘못된 하루 일과의 반성과 내일을 계획하는 과정을 통해서 자기 조직적(self-organized)이 되며, 자신의 의사 표현력의 향상과 성취감을 통해 일기가 주는 필요성과 중요함을 느낌으로써 부모가 강요하거나 지도하지 않아도 일기를 계속 쓰게 되는 자율적인(autonomous) 아이로 성장하게 된다.

어떤 분야에서 일가를 이룬 달인(達人)의 경지에 이르면 그 분야의 초보자나 성장의 중간 단계에 있는 사람들의 빈 구석이 보이기 마련이다. 장기나 바둑, 태권도처럼 급(級)이 있는 게임에서도 상급자는 하급자인 남들의 허점이 더욱 잘 보인다. 부모들 역시

세대를 이어 가며 하급 단계에 있는 자식들의 허점이 보일 것이다.

대개 남의 허점과 실수는 잘 보인다. 그러나 어제의 나에 대한 허점과 실수가 보이지 않는다면 하루 동안 지적(知的)으로 성장하지 않았다는 의미다. 지나간 자기 자신을 되돌아볼 때 역시, 자기 자신의 허점이 보이고 자신의 허점과 실수에 대한 반성과 후회가 없다면 어떤 의미에서는 지적 성장이 멈추어 있다고 할 수 있다. "냉수 먹고 이 쑤신다."는 속담이 있다. 자만과 체면 때문에 배고픔을 인정하지 않는다면 배고픈 그 입으로 밥이 들어가는 일은 결코 없을 것이다. 우리는 오늘과 내일을 살아가는 것이지 결코 어제인 과거를 살아가는 것이 아니기 때문에 지난 일에 대한 반성과 후회를 스스로 두려워할 필요는 없다.

"실패는 성공의 어머니"라는 격언은 누구나 알고 있지만 '실패가 반성을 만나지 못하면 결코 성공의 어머니가 될 수 없다'는 사실은 모두들 간과하고 있다. 지난 일이나 역사 속에서 우리가 얻어야 할 소중한 것은 되먹임(Feed-back)을 통한 반성과 후회이며 오늘과 미래에 대한 교훈인 것이다. 지난 일에 반성과 후회가 있다는 것은 그동안에 내가 과거의 잘못을 볼 수 있을 만큼 지적으로 성장했다는 뜻이며, 어제와 오늘의 잘못을 인정하는 순간 내일의 계획에 대한 답은 스스로 얻게 된다. 후회하는 삶을 살자는 것은 바로 지적으로 성장하는 삶을 살자는 역설적 표현이다. 이제 '실패는 반성과 후회라는 변환자(變換者)를 만났을 때 비로소 성공의 어머니가 된다.'고 고쳐 보자. 지적으로 성장하는 삶은 실패를 원료로 하고 반성과 후회로 요리된 음식을 먹고, 번뇌를 통해 소화시키면서 스스로 자라는 것이다.

18/ 외동아이

세 살 버릇 여든 간다는 말과 같이, 삶의 양식은 아주 어린 시기에 형성된다. 어릴 때 형성된 삶의 양식에 의거한 태도, 느낌 등은 어린 나이에 고정되고 습관화되기 때문에 후에 이것을 바꾸는 일은 어렵다. 애들러(Alfred Adler, 정신과 의사)는 어린이의 삶의 양식을 잘못되게 하는 부모의 양육방식에 대해 특별히 관심을 가졌다. 또한 어린이에 대한 그의 관심은 열등한 요소를 가진 어린이들, 버릇 나쁜 어린이들, 소홀히 키워지는 어린이들에 대한 것이었다. 신체적, 심리적으로 열등한 요소를 가진 어린이들은 무거운 짐을 갖고 있는 셈이며 생활해 나가는 동안 부딪히는 문제들을 해결하는 데 자신은 부적절한 존재라고 인식하게 된다. 만일 이러한 아이들이 이해심 있고 격려를 해 주는 부모와 살게 된다면 자신의 열등감을 보상해서 장점으로 바꿀 수 있다. 애들러는 자녀들을 지나치게 떠받드는 부모들의 태도를 매우 부정적으로 보았다. 자식의 응석을 받아 주는 일은 어린이에게 가장 불행한 일이며, 이러한 어린이들은 사회적 감각을 발전시킬 수 없기 때문에 사회가 자신의 소망을 채워 주기를 기대한다는 것이다. 반대로 부모에 의해 소홀히 다루어진 어린이들은 사회에 대한 적대감정을 갖게 될 수 있다고 말하였다.

따라서 신체적 열등요소, 응석 받아 주기, 거절의 세 가지 요소들은 세상에 대한 잘못된 개념을 발전시키는 원인이 되며 병적인 삶의 양식을 발생시킨다는 것이다.

응석을 받아 줄 확률이 높은 외동아이 부모들은 다음 내용에 주목할 필요가 있다.

외동아이가 된다는 것은 단점이 많은 것으로 생각되어 왔다(안동현, 2005). 외동아이는 부모의 관심을 독차지하게 되어 너무 지나치게 과보호를 받을 우려가 있고, 부모의 기대가 너무 크기 때문에 정서적인 불안이 클 수 있으며, 형제가 없기 때문에 아주 중요한 학습 경험인 경쟁 없이 부모의 사랑을 독차지함으로써 발생되는 사회성이 부족한 것으로 생각되어 왔다.

이런 생각에서 외동아이들이 자라서 이기적이고, 잘 적응하지 못하고 문제가 많은 어른으로 자라지 않을까 하는 우려가 많다. 최근 국내에서 출산율이 급격히 낮아져 OECD국가 가운데 가장 낮은 1.17명의 출산율을 보이자 많은 사람들이 경제 활동력을 가진 인구 비율의 저하에 의한 국가 경제력의 저하, 차세대에서 고령 인구에 대한 지나친 부담, 국방을 담당할 젊은 세대의 부족 등 여러 문제점뿐 아니라, 한편으로 외동아이로 자란 세대의 이기적인 성격이나 정신적인 문제에 대해 우려하고 있다. 과연 일반적으로 생각하고 있는 것처럼 외동아이들이 이기적이고, 정서불안이 많고, 문제가 많게 자랄 것인가?

이에 대해 Newman(2001)은 흔히 외동아이에 대한 잘못된 사회적 통념을 열한 가지를 열거하고 있다. 즉,

-외동아이들은 숫기가 없고, 공격적이고 으스댄다.
-외동아이는 혼자 있는 시간이 많기 때문에 혼자서 즐기는 비경쟁적인 오락을 선호한다.
-외동아이는 반사회적 경향이 있고, 외로움을 잘 탄다.
-외동아이는 안경 쓴 공부벌레에 괴짜 기질이 있는 신동이다.
-외동아이들은 외로움에 대한 보상심리로 상상 속의 친구들을

만든다.

-외동아이는 버릇이 없다.

-외동아이는 이기적이다.

-외동아이들은 뭐든 제 고집대로 하려 든다.

-외동아이들은 의존적이다.

-외동아이들은 너무 일찍 애늙은이가 된다.

-외동아이들은 정서적으로 문제가 많다. 그들은 환경에 적응하지 못하고 불안해하며 울적해한다.

그러나 이것은 잘못된 고정 관념이다. 혼자서 자라는 아이에게는 이로운 점이 많다. 부모의 사랑을 얻으려고 다른 형제, 자매와 경쟁할 필요가 없고, 자기가 원하는 것은 무엇이든지 가질 수 있다. 부모는 아이에게 세심한 주의를 기울일 수 있고 아이에게 바치는 시간이 많으며, 열정이나 경제력에서 좀 더 여유로울 수 있다. 이러한 긍정적인 관심과 배려로 인하여 부모에게 친밀감을 느끼고, 자신에 대한 만족도가 높으며 무엇이든지 잘할 수 있다는 자신감을 갖게 되어 인생에 대한 높은 성취 가능성을 갖는다. 따라서 부모가 외동자녀에게 신중하고 풍부한 사랑과 지원을 해 준다면 특별한 위치를 통해 얻을 수 있는 혜택을 모두 누리며 바람직하게 잘 성장할 수 있다.

다음은 인터넷 한국일보(2008. 5. 14)에 소개된 '외동아이 잘 키우기 7가지 원칙'이다.

첫째, 외동아이에 대한 편견을 버리고 아이를 대하라.

외동아이는 고집이 세고, 버릇없고, 자기중심적이라고 생각하기 쉽지만 아이의 태도나 마음은 오히려 부모의 양육 습관과 관계가 깊다. 외동아이라서 그런 것이 아니라 어린아이이기 때문에 자기중심적일 뿐이다. 형제가 있는 아이라도 제대로 훈육하지 않으면 버릇없기는 마찬가지이다. 외동아이라고 과잉보호를 하면 자신감 없고, 의존적인 아이로 만들 수 있다.

둘째, 친구처럼 동등한 관계의 부모 역할이 필요하다.

외동아이는 형제가 없기 때문에 양보할 기회가 상대적으로 적다. 그러므로 부모가 아이의 요구를 무조건 들어주거나 지시를 내리는 관계가 아니라, 아이의 양보를 구하기도 하고, 함께 공동의 작업을 하는 친구나 형제 같은 관계가 돼야 한다.

셋째, 스스로 하는 습관을 길러 줘라.

한 아이만 키우다 보면 지나치게 아이에게 집중하고 과잉보호하는 경우도 생긴다. 그러나 아이가 할 수 있는 일조차 부모가 해 주다 보면 고집이 세고 의존적인 아이가 되고 만다. 일상적인 일부터 학교 과제까지 아이가 스스로 할 수 있도록 격려하면서 스스로 할 수 있는 태도를 길러 주는 것이 중요하다.

넷째, 기다리는 법을 가르쳐라.

외동아이는 형제가 있는 아이들보다는 원하는 것을 쉽게 얻는다. 그러나 무분별하게 많은 것을 갖는 습성을 들이다 보면 물건의 소중함을 모르고 원하는 것을 얻기까지 노력하거나 기다리는 법도 배우지 못한다. 아이가 원하는 것이 있다면 함께 계획을 세워서 기다려 성취했을 때의 기쁨을 느끼게 해 주는 것이 필요하다.

다섯째, 나누는 기쁨을 가르쳐라.

형제가 있는 아이들도 자신의 물건을 양보하는 것은 괴로운 일이다. 나눔과 배려하는 마음의 가치는 중요한 덕목이므로 생활 속에서 자연스럽게 익히도록 해야 한다. 특히 지역 사회에서 소외된 사람들이 있음을 알려 주고, 그들을 위해 봉사하는 시간을 가져 공동체 의식을 느끼도록 해 보자.

여섯째, 아이에게 지나친 기대를 하지 마라.

아이가 하나인 가정의 경우 부모가 이루지 못한 꿈을 아이를 통해 이루려고 하는 모습이 목격되기도 한다. 아이에게 관심을 주는 것은 아이를 온정적이고 리더십 있는 아이로 성장하게 할 수 있지만 지나친 관심과 기대는 아이를 지치게 하고 의존적인 아이로 만들 수 있다. 더 나아가 부모의 기대에 미치지 못 할 때는 좌절감을 느끼고 무기력한 아이가 될 수도 있다.

일곱째, 친구모임을 만들어 줘라.

요즘은 외동아이 모임을 만들어 부모와 아이가 함께 어울리며 교육과 육아를 함께하는 경우가 늘고 있다. 꼭 외동아이끼리의 모임이 아니라도 형제가 있는 친구들과 어울리면 아이의 사회성 함양에 좋다. 엄마들끼리의 관계도 돈독해져서 육아 고민과 정보를 나누는 훌륭한 공간이 될 수 있다.

위에서 살펴본 바와 같이 외동아이의 가장 공통적인 우려는 부모의 지나친 관심이나 기대, 과잉보호 등에 의한 의존성이다. 스스로 설 수 있는 힘과 여럿이 더불어 살아갈 수 있는 사회성을 키워 주는 것이 외동아이의 부모의 가장 중요한 과업이다.

19 / 에덴의 동쪽(카인과 아벨 심리 극복)

"아담과 하와는 두 아들, 카인과 아벨을 낳았다. 아벨은 양을 치는 목자가 되었고, 카인은 밭을 가는 농부가 되었다(창세기 4장)."

하나님께서는 카인의 예물은 받지 않으시고 아벨의 예물을 받으신다. 카인은 화가 났고 결과는 아벨에게 미친다. 카인은 동생에 대한 질투와 시기심으로 아벨을 들로 데리고 나가서 쳐 죽였다. 이에 하나님은 카인을 에덴의 동쪽으로 추방하였다.

위 이야기는 형제자매 간의 갈등이 인간의 본성인 시기와 질투에서 비롯되는 결과임을 단적으로 보여 주는 장면이다. 즉, 카인과 아벨이 부모님(하나님)의 사랑을 놓고 경생과 갈등 구조를 겪게 되는 형제나 자매간의 갈등 심리를 상징적으로 보여 준다. 에덴의 동쪽이라는 소재는 소설, 영화, 드라마로 만들어져 우리에게는 친근한 단어가 되었다.

우리는 이 세상을 살아가면서 나의 형제간에, 자녀들 간에, 부모와의 관계, 친구와의 관계 등을 통하여 부모의 사랑을 두고 경쟁하는 카인과 아벨의 모습을 종종 목격할 수 있다. 흔히 듣는 "동생 탄다."는 말처럼 작게는 한 가족구조에서도 쉽게 사례를 찾을 수 있다. 자녀의 구조가 아들, 딸 남매인 경우에는 아들은 엄마, 딸은 아빠의 사랑을 분점하기 때문에 갈등이 덜하지만, 남자 형제 둘, 여자 자매 둘인 동성인 경우에는 갈등 구조가 두드러져 나타날 수 있다.

'경쟁과 갈등 구조'가 서로 Win-Win으로 작용할 경우에는 긍정적으로 시너지 효과를 발현할 수 있겠지만, 부정적으로 작용하는 경우에는 이러한 갈등이 평생을 두고 가족관계에서 어두운 그림자로 작용할 수 있다.

부모의 역할은 형, 언니, 동생이 있음으로 해서 복된 가족이라는 것, 앞으로 인생을 설계하고 살아가는 동안에 서로에게 도움이 되고, 꼭 필요한 우리 가족의 일원들임을 성장기에 의도적으로 가르치는

것이다. 꼭 지켜야 할 사항은 한 뱃속으로 나은 자식이라도 '서로 다르다는 것을 인정하고, 절대로 자녀들 간에 비교하지 않아야 한다'는 것이다.

특히 나이 차이가 별로 나지 않는 동성끼리의 형제, 자매의 비교는 득보다 실이 더욱 많다. 비교당하는 형이나 언니, 동생은 선의의 경쟁에서 오는 성취동기 에너지보다 상대적인 박탈감, 부모로부터 인정받지 못하는 절망감 등으로 비교우위 자녀에 대한 예기치 않은 미움과 원망, 나아가서는 부모에 대한 반항과 저항으로 발전된다.

반대로 부족한 형제를 두둔하기 위해서 매사에 보다 반듯한 자녀에게 소홀하거나 의기소침하게 하여 인생에 대한 좌절감을 맛보게 하는 경우도 있다. 상을 받아 와도 무덤덤하고 어떤 일을 잘해도 못하는 형이 알고 상처받을까 봐 '쉬쉬' 하는 것도 균형적인 양육방식이 아니다.

그러므로 부모는 동성 형제, 자매 자녀들에 대하여 말 한마디, 행동 하나하나에 신중을 기하고, 상처받지 않도록 주의해야 한다. 꼭 꾸중하고 지도해야 할 경우에는 각각 개인적으로 조용히 왜 그래야 하는지에 대한 이유를 알아듣기 쉽게 설명하는 습관을 가져야 한다. 잘하는 자녀에게는 그 자녀 나름대로 인정해 주고 칭찬을 아끼지 않아야 한다. 그러한 일면을 통하여 자녀들은 부모에게 존중받고 있음을 느낄 수 있고, 가족의 일원으로서 자존심을 지키며 자기의 역할을 깨달아 더욱 노력하고 열심히 하고자 하는 명분을 찾는다.

열 손가락도 한 몸에 있으면서 그 길이와 역할이 다르듯이, 아무리 한 몸에서 태어난 형제, 자매라 할지라도 저마다 타고난 능력과 개성이 다른 것은 당연한데, 똑같이 잘하라고 다그친다거나 잘못하는 자녀를 가슴 아파하며 두둔하는 것은 무리가 있다. 부모는 자녀들 각각의 소질과 특성을 이해하고 인정해 줌으로써 그들의 비전 형성에 도움이 되고, 꿈을 실현할 수 있는 정성 어린 진로지도에 노력을 기울여야 한다.

형제, 자매끼리의 우애와 사랑을 바탕으로 한 끈끈한 가족애를 형성하는 것은 초등학교 시절에 반드시 극복하고 가야 할 심리적인 과업이다. 만약에 성장기를 통하여 경쟁관계, 도움이 안 되는 단순한 비교 대상 등의 부정적인 형제, 자매관계인 채로 유지되어 간다면 평생을 두고 서로에게 도움이 안 되는 '카인과 아벨'이 되고 만다.

어른이 되어서 각자의 영역에서 입지를 세우고, 가정을 꾸려 부모를 봉양함에 있어서도 어린 시절의 형제, 자매간에 나누어 가졌던 부모의 사랑만큼이나 묘한 심리적 느낌이 그림자처럼 작용하면서 가족

구성원 모두를 어둡게 한다. 그러므로 부모는 자녀 모두에게 공평하고 사랑까지도 기회와 분배를 잘해야 한다.

부모가 "자식 중에 너는 첫째이니까, 아니 둘째이니까, 막내이므로 이렇게 해야 한다."와 같은 사고를 하면 안 된다. 자녀들 각각을 존중하고 개개인의 능력에 알맞게 가슴으로 교감하는 지원을 해 주어야 한다.

연전에 담임했던 J 군이 '독서골든벨대회'에서 4학년에 다니는 형의 수상 여부를 매우 궁금해하였다. 교사는 "그것이 그렇게 중요하냐?"고 되물었는데, J 군에게는 아주 중요한 일이라는 것을 뒤늦게 깨달았다. 형이 상을 받는데, J 군이 상을 못 받는다는 것은 견딜 수 없는 일이었다. 그날 J 군은 어머니에게 "형은 이렇게 상도 타 오고, 무슨 일이든지 잘하는데, 너는 말도 안 듣고 상도 못 타 오고 내가 너 때문에 창피해서 못 살겠다."는 말씀을 듣고 무척 슬펐고 엄마, 아빠는 형만 좋아하고 자기는 미워한다는 내용으로 일기장을 빼곡히 채워 썼다. 이후에 J 군은 자주 교과서도 안 가져오고, 모둠활동에도 소극적이고 매사에 흥미를 잃어 가기 시작했다. 교사는 '동생이 항상 형에게 치어서 걱정'이라고 아무렇지도 않게 말씀하시는 J 군의 어머니를 모셔서 긴 시간 동안 상담을 하였다.

"어머니, J를 도와주세요. J는 형이 아니고, J일 뿐이에요. 형과 절대로 비교하지 말아 주세요. J의 좋은 점, 잘하는 것을 보아 주세요. 잘못하면 더 안아 주시고, 어머니의 사랑을 확인시켜 주세요. 형도 사랑하고, J도 사랑함을 느끼게 해 주세요." 이처럼 부모의 사려 깊고 적절한 양육방식은 '카인과 아벨 심리 극복'에 매우 중요한 영향을 끼친다.

20 출생 순위와 형제 관계

출생 순위에 따른 부모의 태도가 의도하지 않은 가운데 내 아이의 어린 시절을 불행하게 하는 경우가 있다. 부모가 첫 아이에게는 관대한 반면에, 둘째 아이에게는 엄격하다거나, 첫 아이에게는 관심이 많은데, 둘째 아이에게는 소홀하다거나 하는 경우이다. 형이나 동생 한 명만을 편애하거나 비교하면, 다른 형제는 그로 인해 자신에 대해 부정적인 시각을 갖게 되고 미워하는 감정이 생기게 된다.

문제는 대다수의 부모들이 이런 점을 인지하지 못한 채 지나친다는 것이다. 내 아이의 행동양식과 감정 등은 초등학령기 동안의 이러한 부모에게서 받은 경험들로 인하여 큰 영향을 받는다. 성장기에 겪었던 시기, 질투, 분노와 같은 감정들이 풀리지 않은 채 자라면 내 아이의 성격, 학교생활, 직장생활, 인간관계에까지 영향을 미친다.

이러한 예는 조선시대 '왕자의 난'을 주도한 태종 이방원의 배다른 형제들에 대한 아버지 태조의 총애를 불안하게 여겨 형제를 죽여 천륜을 저버린 일, 비극 '햄릿'에서 질투심으로 인해 형을 죽이고 왕위를 찬탈한 동생의 최후 등의 역사적인 사례를 통하여 확인할 수 있다.

또한 많은 학자들이 출생 순위로 인한 아동들의 성격 형성에 미치는 영향에 대해 연구하여 발표하였다.

정신분석학자의 대부인 프로이드는 "가족 내에서 아이의 위치는 후에 그 아이의 인생을 형성하는 데 결정적인 역할을 하는 아주 중요한 요인이다."라고 말하였다. 그의 초기 제자인 Alfred

Adler(1870~1937)는 형제들 간의 관계와 가족 내의 위치에 특별한 주의를 기울였다. 특히 그는 맏이, 두 형제 중 둘째, 중간, 막내, 독자 등의 실제적 출생 순위보다는 가족 내에서 자신의 위치에 대한 생각과 느낌이 더 중요하다는 것에 주목하였다. 그리고 Adler(1958)는 출생 순위의 영향에 관하여 다음과 같이 말하였다.

첫째, 맏이는 일반적으로 많은 관심을 받는다. 동생이 태어나기 전에는 관심의 초점에 있으며 대개 어느 정도 응석받이로 행동한다. 의젓하며 열심히 일하고, 앞에 나서려고 한다. 동생이 태어나면 자신이 좋았던 위치에서 쫓겨났음을 알게 된다. 그는 더 이상 특별하거나 특수하지 않다. 그는 누리고 있던 사랑을 동생이 빼앗아 갔다고 생각한다.

둘째, 둘째 아이는 태어날 때부터 관심을 다른 사람과 나누어 갖는다. 전형적으로 둘째 아이는 경쟁하면서 살아가는 것처럼 행동하고, 항상 형이나 누나를 이기기 위해 노력해야 한다고 생각한다. 첫 아이와 둘째 아이의 경쟁적인 투쟁은 그들 삶의 나머지 경로에도 영향을 미친다. 나이가 어린 동생은 형의 약점을 찾는 요령을 알게 되고, 형이 실패한 것을 기회로 부모나 선생님으로부터 칭찬을 받기 위해 노력한다. 어떤 영역에서 한 자녀가 재능이 있으면 나머지 다른 자녀는 또 다른 능력을 발전시킴으로써 인정받으려고 노력한다. 그래서 대부분 둘째는 첫째와 반대적인 성향을 갖는다.

셋째, 중간의 아이는 대개 어려움을 많이 느낀다. 삶이란 불공평하다고 생각하기도 하며 속았다는 느낌을 갖기도 한다. 항상 스스로를 '불쌍한 나'라고 생각할 수 있으며 특별한 지도가 없으면 문제아로 자랄 수 있는 개연성이 있다.

넷째, 막내는 언제나 가족의 어린애이고, 가장 많은 관심을 받게 된다. 다른 형제들이 모두 자기보다 앞서 태어났기 때문에 그는 독특한 역할을 가지게 된다. 막내는 형제들이 자기 대신에 자기의 생활을 만들어 주기를 바라는 경향이 있다.

다섯째, 독자(독녀), 즉 외동아이도 문제가 있다. 그는 몇 가지 맏이의 특징을 가진다. 나누어 가지거나 다른 형제들과 협동하는 것을 배우지 못하지만, 어른들과 어떻게 지내야 하는지를 잘 배운다. 외동아이는 어머니의 과잉보호를 받기 쉽고 지나치게 의존적이 될 수 있다. 항상 무대의 중앙에 있기를 원하며 그 위치가 도전받으면 그것은 불공평하다고 느낀다. 어른이 되어 가면서 더 이상 관심의 중심이 아닐 때 많은 어려움을 가지는 경향이 있다.

대부분의 사람들은 한 가족 내의 형제, 자매들은 모두 똑같은 환경 속에서 자라는데, 왜 그렇게 서로 다른지 놀라워한다. 그 이유는 위에서 Adler가 지적한 바와 같이 비록 가족구성 전체로서는 공통점을 가지고 있지만, 출생 순위 때문에 느끼는 각자의 심리적 환경이 다른 형제들과 다르기 때문이다.

메리 윌러스(이혜경 역, 1999)는 그의 저서 '한배에서 나온 애가 왜 이렇게 다르지?'에서 다음과 같이 부모의 출생 순위에 대한 인식과 문제해결방법을 안내하고 있다.

"맏이로 자라는 것은 아이에게 상당히 긍정적이고 풍요로운 경험이 될 수 있다. 동생들과의 관계를 통하여 다른 사람을 사랑하는 것을 배우고, 사람을 양육하고 보호하는 것에 관해서도 많은 것을 배우게 된다. 책임감 있고 능력 있는 지도자가 될 자질을 계발할 수도 있다. 그러기 위해 부모는 아이의 말을 경청하고 감정을 이해하며 주장하는 법을 가르쳐 주고 공평한 대우를 하기 위해 노력해야 한다. 맏이는 자유롭게 성장하여 큰아이로 누릴 수 있는 혜택을 얻는 것은 물론, 동생이나 부모와 긍정적 관계를 만들어 나가게 된다.

둘째로 자라는 것은 아주 훌륭한 경험이 될 수 있다. 보고 배울 수 있는 형제, 자매가 있고, 그들이 보살펴 주기도 하며 보호해 주기도 한다. 이러한 관계를 통해 둘째 아이는 친구를 사귀는 방법을 배우기도 하지만 다른 한편에서는 힘들어 하는 심각한 문제가 있기도 하다. 그래서 부모는 문제점을 알아듣기 쉽게 설명해 주고, 아이를 이해해 주고, 문제 상황에 대처하는 방법을 가르쳐 주어야 한다. 그렇게 하면 둘째 아이는 자기의 관심사와 꿈을 가꾸어 가며 보다 행복한 삶을 살 수 있다.

첫째도 아니고 막내도 아니고 중간 아이로 자라는 것은 어려운 위치이다. 따라서 부모는 가운데 아이가 소외감을 느끼지 않고 스스로 특별한 존재라는 느낌이 들 수 있도록 해 주고, 자기 기분을 효과적으로 처리할 수 있는 방법을 찾을 수 있게 도와주어야 한다. 그러면 가운데 아이는 그 위치에서 누릴 수 있는 긍정적인 측면을 통해 잘 자랄 수 있다.

막내로 자라는 것은 응석받이가 되기 쉽다. 부모나 형제가 막내가 독립심을 키워주기보다는 해야 할 일을 서둘러 대신 해 주기 때문에 자기에게 닥친 문제를 제대로 처리할 수 없게 된다. 그러므로 부모는 막내의 말에 귀를 기울이고, 책임감을 키워 주며, 자기주장을 펴게 할 수 있도록 하고 가정 내의 규칙을 공평하게 적용하여야 한다.”

지금까지 살펴본 바와 같이 출생 순위와 가족 내 위치에 대한 해석은 어른이 되었을 때, 세상과의 상호 작용하는 방식에 큰 영향을 미친다. 아동기에 타인과 관계하는 독특한 스타일을 배워서 익히게 되면 그들이 성인이 되었을 때도 그 상호작용 양식에 따라 행동한다. 따라서 개인을 어떤 성격 유형으로 정형화하는 것은 조심해야 할 일이지만, 형제간의 경쟁 결과로 생겨난 성격 경향이 자녀들 간의 남은 삶을 통해서 재현될 수 있음을 유념해야 할 필요가 있다. 그러므로 부모는 위와 같은 출생 순위에 따라 저마다 느끼는 자녀들의 감정을 잘 헤아려서 배려하고 존중하며 길러야 한다. 아이늘 각자의 출생 순위에 따른 상황을 인식하고 문제가 생겼을 때, 자녀들을 더 깊이 이해하고 수용하도록 하기 위해 자녀들이 하는 문제행동의 원인을 알아보고, 그들의 말에 경청하는 방법을 배우며, 아동 스스로 자기의 행동 결과를 수용할 수 있도록 도와주고 격려하고 실천해야 한다. 그렇게 하면 내 아이의 인생에 변화를 주고 큰 도움이 될 것이다.

21/ '엄친아'와 '엄친딸'

최선을 다해도 안 되는 부분인 주어진 환경요소(Shall factor)에 대해서 다른 사람과 비교하는 것은 어린아이뿐만 아니라 어른이 되어서도 어찌할 수 없는 것에 대한 상대적인 박탈감과 좌절감을 동반하여 다시 회복할 수 없는 공황상태로까지 빠지게 하는 경우가 많다.

나는 '노력해도 안 돼, 그래서 나는 이 세상에 필요 없는 사람이야, 구제불능이야.' 하고 자신의 존재감을 찾지 못하게 된다. 그러므로 뚜렷한 기준이나 근거 없이 보이는 면만 가지고 자녀를, 남편을,

아내를 다른 사람과 비교하는 것은 대단히 위험하고 불행한 일이다. 무한한 가능성을 가지고 한참 성장하는 아이들에게는 더욱더 치명적일 수 있다.

요즘 유행하는 신조어 중에 이러한 면을 단적으로 대변해 주는 '엄친아와 엄친딸', '친엄마, 친아빠'라는 말을 공중파 방송 프로그램을 통해 접하고 웃은 적이 있다. 그 프로그램에서는 소위 좋은 대학이라고 일컫는 학벌과 미스코리아 선발전에서 당선된 미모를 가진 여자 탤런트를 가리켜서 '엄친딸'이라고 하였다. 지성과 미모를 겸비한 J양은 인터뷰 대상자들의 선망의 대상이었다. 이렇듯 꼭 누구라고 지칭하지는 않지만 엄마가 머릿속에 그리는 '내 자식에 대한 비전'이 '엄친딸이나 엄친아'로 형상화되어 자라나는 아이들을 괴롭히고 있다.

"엄마 친구 딸은, 엄마 친구 아들은 공부도 잘하고, 예의도 바르고 성격도 정말 좋더라. 너는 그게 뭐야. 좀 본받아 봐."

아이들도 '친엄마, 친아빠'로 항변하였다.

"친구 엄마는 젊고 예쁘고 능력도 대단한 커리어우먼이래요, 집도 엄청 크고 멋지대요. 내 친구를 데리고 외국여행도 자주 간대요."

"친구 아빠는 CEO라서 돈도 많이 벌고 친구가 원하는 것은 뭐든지 들어준대요."

부모들은 '엄친아, 엄친딸'이라는 신조어에서 "근거 없이 엄마의 생각대로 우리를 다른 사람과 비교하지 말아 주세요."라는 자녀들의 메시지를 읽을 수 있어야 한다.

Bernard Weiner는 '귀인이론(attribution theory)'에서 성공이나 실패의 원인을 무엇으로 귀인 하느냐에 따라 후속 행동과 정서적 경험이 영향을 받는다고 하였다. 그는 바람직한 귀인 유형으로 성공의 원인을 노력하면 이룰 수 있는 의지요소(Will factor)인 자기의 높은 열정에 두어 자긍심과 성공에 대한 기대가 증가하여 과제에 더욱 적극적으로 노력하는 유형과 실패의 원인을 자기의 노력 부족에 두어 죄책감과 노력만 하면 잘해 낼 수 있다는 기대감으로 과제에 지속적이고 적극적인 참여와 노력을 하여 마침내 성공할 수 있다고 설명하였다.

주어진 환경요소(Shall factor)

의지요소(Will factor)를 제외한 모든 것이 환경요소라 할 수 있다. 예를 들면 유전적으로 주어진 키나 외모, 천재가 아닌 머리, 신체적인 결함, 부자가 아닌 부모님, 농사를 짓는 일에 비유하면 주어진 농지의 척박함이나 날씨 같은 것을 예로 들 수 있다. 농사 망친 것이 땅의 척박함 때문이요, 날씨가 나쁜 탓이라고 핑계만 대고 있다면 그 농부가 가을에 무엇을 추수할 수 있겠는가?

의지요소(Will factor)

노력하면 극복할 수 있는 요소로 몸무게, 비만, 공부, 등 자력으로 극복이 가능한 요소로 농사를 짓는 일에 비유하면 때에 맞추어 모를 심고, 비료를 주고, 김매기를 하는 것을 예로 들 수 있다. 땅이 척박하면 땅을 기름지게 객토를 하거나 퇴비를 흩어 주어야 하고, 가뭄이 들어 벼를 심을 수 없으면 다른 대체 작물을 심어야 가을에 추수할 양식을 얻을 수 있는 것이 아닌가?

바람직하지 않은 귀인 유형으로 성공과 실패의 원인을 스스로 어떻게 해 볼 수 없는 주어진 환경요소(Shall factor)인 주변 사람이나, 주변 환경, 운이 좋고 나쁜 탓으로 돌리면서, 노력하지 않고 과제에 대해 소극적이고 지구력 부족 행동으로 표현되는 경우로 설명하였다.

부모의 역할은 초등학령기 동안에 자신을 스스로 통제하고, 학습하고, 의지요소(Will factor)를 강화하는 전략을 사용하게 하여 바람직한 귀인 유형을 형성할 수 있도록 도와주어야 한다.

예를 들면, 수학 문제를 잘 풀지 못하는 아이에게 "네가 하는 게 항상 그렇지 뭐, 포기하자, 넌 머리가 나빠서 이 문제를 풀 수 없어."라고 말하는 대신 "좀 더 열심히 하자, 새로운 방법으로 풀어 보자, 넌 할 수 있어."라고 생각할 수 있도록 동기유발을 해 주는 것이다.

'엄친아, 엄친딸'과 같이 내 아이하고 전혀 관련이 없는 친구 아들과 딸을 내 기분에 따라 비교하거나 원망하거나 본인이 극복할 수 없는 주어진 환경요소(Shall factor)를 가지고 몰아세운다면 아이에게 상처만 줄 뿐 아이의 바람직한 성장과 꿈의 실현에는 전혀 도움이 안 된다.

따라서 부모는 있는 그대로의 주어진 환경요소(Shall factor)의 내 아이를 인정해 주고, 주어진 환경요소(Shall factor)인 가진 끼와 꼴을 바탕으로 하여 이루고자 하는 꿈을 실현할 수 있도록 보다 활용성 있는 정보를 생산하고 가공하여 공유해 나갈 수 있는 데 에너지를 사용하여야 한다.

22 꿈과 희망노트 만들기

가 을 에 무 엇 을 추 수 할 것 인 지 는 봄 에 결 정 된 다

배우자를 선택하고, 결혼을 한다는 것은 부모로부터 독립하여 새로운 가정을 이루고, 이제부터는 자식 농사를 짓는 농부가 되는 것을 의미한다. 결혼과 동시에 자식농사를 설계하고 실천해야 한다. 농부(Who)는 봄철에 무엇을(What), 언제(When), 어디에(Where), 왜(Why), 어떻게(how) 파종할 것인가를 결정해야 한다. 다른 것들은 선택의 여지가 적은 Shall 요소가 대부분이지만 언제(When) 무엇(What)을 할 것인지는 명백한 Will 요소가 된다. 파종할 시기를 놓치면 그해 농사를 망쳐 버리듯이 내 아이의 초등학령기에 '어린 시절에는 놀아 가면서 커야 한다'는 막연한 교육 방식으로 부모의 뚜렷한 교육관과 신념 없이 제대로 씨를 뿌려 가꾸어 주지 못하면 자식 농사는 망치는 것이다.

뒤늦게 깨달아 3월을 훌쩍 넘겨 6월에 볍씨를 뿌렸다고 하자. 뿌린 씨는 비를 맞고 햇볕을 받아 자라기는 하겠지만 과연 10월에 벼를 수확할 수 있는가? 때를 놓치면 그뿐이다. 다시 되돌릴 수는 없는 것이다.

초등학령기 자녀를 둔 부모님들은 "인생은 비가역(非可逆)적이다."라는 문장을 의미심장하게 받아들여야 한다. 내 아이 인생의 파종기에 나는 부모로서 어떻게 해야 하는가? 농부는 올해에 때를 놓치거나 잡초를 뽑아 주지 않거나 비료를 주지 않아서, 가뭄이 들어서, 홍수가 나서 농사를 잘못 지었다고 할지라도, 내년에는 이러한 경험을 바탕으로 잘 지어 추수할 수 있다. 그러나 내 아이는 다시 1학년을 또는 2학년을, 3학년을 다닐 수 없는 일이다. 그러므로 부모가 되면서부터 내 아이를 위해 어떠한 마음으로 무엇을 준비하고 알아야 하는지를 깊이 생각해야 한다.

그에 대한 해답은 '인생은 비가역적'라는 것을 항상 마음에 두고 내 아이의 인생을 길게 바라보며, 발달 단계에 알맞은 심리적인 이해를 바탕으로 아이의 특성에 알맞은 다양하고 적절한 지원을 아끼지 않아야 하고, 스스로 계획하고 결정하고 헤쳐 나갈 수 있는 안목을 지닌 자율성을 키울 수 있도록 해야 한다.

내 아이에게 주어진 능력에 맞는 '꿈과 희망'을 갖도록 하자

꿈과 희망이 없는 사람은 단 하루도 살아야 할 이유를 느끼지 못한다. 아침에 깨어나 하루를 시작하는 힘이 생기는 것은 저녁에 온 가족이 다시 모여 행복한 시간을 가질 수 있다는 희망이 있기

때문이다. 선남선녀가 만나서 결혼을 하는 것은 행복할 수 있다는 꿈과 희망이 있기 때문이고, 일터에서 힘겨움을 견디어 낼 수 있는 것은 내 작은 집을 가질 수 있다는 꿈과 희망이 있기 때문이다. 불확실하지만 다가올 내일의 꿈이 있기 때문에 열심히 노력하고 삶의 의미를 둘 수 있는 것이다. 암환자가 굳은 의지로 투병생활을 할 수 있는 것도 살 수 있다는 꿈이 있기 때문이다.

하물며 자라나는 초등학령기의 어린이들에게 꿈이 없다면 말이 되겠는가? 부모가 초등학령기에 내 아이에게 해 주어야 할 가장 크고 중요한 일은 '능력에 맞는 꿈과 희망을 심어 주는 일'이다. 꿈은 자라면서 무수히 변할 수 있다. 하지만 매일매일 내 아이는 그가 심어 놓은 꿈을 먹고 살아감을 결코 잊어서는 안 된다.

그래서 필자는 꿈을 가꾸는 방법 중의 하나로 '꿈 노트일기' 만들기를 제안한다. 내 아이에게 꿈을 적어 가는 '꿈 노트일기'를 한 권 선물하고 첫 페이지, 첫 줄에 그의 꿈을 적도록 한다. 꿈을 실현하기 위해서 할 일을 그 아래에 생각나는 대로 모두 적게 하여 작은 일이라도 실천하도록 지도한다. 꿈이 달라지거나 또 하나 생기면 그 다음 페이지에 꿈을 적고 실천 방법을 적도록 하여 '꿈 노트일기'와 함께 계속 꿈을 가꾸어 나가도록 한다. 어려운 문제에 부딪혔을 때 꿈 노트는 내 아이를 다시 일어나게 할 수 있는 힘을 준다.

또 꾸준히 쓰는 일기장은 중요한 힘을 발휘한다. 초등학교 1학년의 그림일기 지도에서부터 3, 4학년 정도까지는 부모가 의도적으로 일기지도를 할 필요가 있다. 5, 6학년이 되면 굳이 부모나 교사가 일기지도를 하지 않아도 스스로 마음을 정리하거나 정선하고자 할 때 일기를 쓰는 습관이 생활화된다. 어른이 되어서도 마찬가지이다.

일기는 카타르시스를 느끼게 해 주고 반성과 마음을 다스릴 수 있는 힘을 주기 때문이다.

이제 부모가 해야 할 일은 그 꿈을 실현할 수 있도록 정성스럽게 환경을 조성해 주고 격려하며 지원해 주는 것이다. 지원 방법은 3부에서 소개한 부모로서 가져야 하는 마인드를 바탕으로 4부에서 전개하는 학년마다 다른 비료와 김매기가 무엇인지, 5부의 내 아이를 위해 알아 두어야 할 각 발달 단계별 학습심리, 6부의 심리이론을 교육에 적용하는 교육심리 이론을 알고 이해해서 자식 농사를 지으면서 필요한 적절한 양의 비료와 물, 햇볕을 쪼이게 해 주면서 잘 가꾸고 길러 가는 것이다.

23/ 자신을 성찰하고, 관리하라

부모 스스로 리더가 되자

정보혁명으로 인한 제3의 물결 정보화 시대의 화두는 다양화, 특성화, 자율화이다. 다양화 시대에는 모든 사람 각자가 리더가 되어야 한다. 각자가 자신의 특성에 따라 스스로 지도하는 슈퍼리더십을 발휘해야 한다. 부모 또한 스스로 내 아이에 대해서 리더십을 발휘해야 한다. 그러기 위해서 부모는 다음과 같은 소양을 갖춰야 한다.

먼저 자신을 성찰해야 한다

"콩 심은 데 콩 나고 팥 심은 데 팥 난다."는 속담이 있다. 부모는 자녀 성장의 시작이자 끝이다. "어린이는 어른의 거울이다."는 말에서 느끼는 것처럼 아이들은 부모의 지도를 받는 것이 아니고 부모를 받아들인다. 부모는 자녀에게 소중한 존재이다. 부모는 아이가 성장하는 데 있어서 독립할 때까지 없어서는 안 될 지대한 영향을 미치는 꼭 필요한 사람이다. 그러므로 건강관리, 자기관리를 잘하여 아이에 대한 책임을 다해야 한다.

부모는 아이의 인생 판단의 잣대이다. 해결하기 어려운 일이 생겼을 때 성장기 동안에 부모로부터 물려받은 사고들이 판단해 내는 중요한 잣대가 된다. 그 잣대가 얼마나 잘 닦고 연마된 사고이냐에 따라 보다 정확하고 명쾌한 해결을 해 낼 수 있는 것이다. 그러므로 부모는 아이의 성장기 동안에 옳고 그름과 많은 위인들의 삶의 방식을 안내하여 아이들의 머릿속에 자동반사적으로 튀어나올 수 있는 정확한 사고의 잣대를 심어 주어야 한다.

부모는 건강관리, 표정관리, 자기 생애관리, 가정경제 관리, 가족 관리, 대인관계 관리 등을 통하여 가정과 스스로를 잘 다스려야 한다. 그러기 위해서는 매사에 신중을 기하고, 다른 사람의 말을 끝까지 들어 주고, 편견을 버리고, 부모로서 또는 인생 선배로서 지속적으로 배움에 정진해야 하고, 대세의 흐름에 따르기보다는 대의에 따르는 자세이어야 한다.

자신을 관리하라

내리 사랑이라는 말이 있다. 자녀가 할 일을 대신 해 주는 것이 아니라, 부모로서 해야 할 일을 모두 챙겨서 한다는 뜻이다.

교육방식이 잘못되었거나, 가정, 건강의 관리를 잘못하고 있음을 깨닫게 되면 곧바로 수정하고 효과적으로 해 낼 수 있는 방안을 고려하며 실천하도록 노력해야 한다. 이를테면, 아버지의 흡연과 과음이 가족은 물론 자신의 건강에 해롭다면 끊거나 줄이도록 해야 한다. 부모 자신 스스로 부정적인 자기 인식에서 벗어나야 한다. 부모는 자신과 세상에 대한 효능감을 높여야 한다. 부모가 손을 먼저 내밀어 악수를 청하고 자식의 손이 나올 때까지 끝까지 내밀고 기다릴 수 있어야 한다. 그리고 항상 진실을 추구하고 최선을 다하는 부모의 자세를 보여 줄 때 당신은 진정 부모로서 슈퍼리더이다.

무지한 어머니는 아이가 울면 허둥대며 젖부터 물리고 본다. 운다고 젖부터 주는 어머니가 되지 마라. 떼쓰는 아이를 무조건 들어주어 기르면 40, 50대에 이르러서도 부모에게 손 벌리고 떼쓰는 자녀를 당신의 70대에 만나게 될 것이다.

23/ 뿌리를 알게 하고 새로운 줄기가 되어라

사람은 살아가면서 자식인 동시에 부모가 된다. 세대 사이에 강한 유대관계를 가지고 있는 가족은 힘들 때 이겨 낼 수 있는 자랑스러운 집안 전통과 강한 자부심을 갖는다. 다시 말해서 서로 친하게 사는 우호적인 가족은 구성원들로 하여금 자신의 존재와 소속, 전통에 대해 긍지를 갖게 해 준다. 자기 가족과 친척에 대하여 소속감을 갖고, 친지들이 비록 전국 각지에 흩어져 산다고 할지라도 자기에게 관심을 가져 주고 있음을 느낀다는 것은 성장기 아이들에게 큰 도움이 된다.

손자, 손녀들에게 관심을 보이는 조부모들은 이 세상에서 가장 소중한 분들이다. 할아버지, 할머니가 어떻게 살아오셨고, 아버지, 어머니가 어떤 삶을 살았는지 알고 자라는 아이들은 그리 많지 않다. 사랑의 편지, 사랑의 대화를 통해 할머니가 손자에게, 어머니가 자식에게 "나는 너를 사랑하고 네가 자랑스러운 아들, 딸임을 감사하게 생각한다."라고 말해 주는 것은 후손들에게 자신감을 심어 주고 뿌리에 대한 확신을 갖게 해 줄 것이다. 이렇듯 세대 간에 유대감을 갖도록 하기 위해서는 부모 세대가 다리 역할을 해 주어야 한다.

또한 부모 세대들이 어릴 때 경험했던 일들을 내 아이에게도 똑같이 대하지 마라. 연구에 의하면 많은 부모들이 의식하지 못한 가운데 그들의 부모들이 자기에게 했던 대로 행동한다고 한다. 수많은 세대를 거치면서 가족에게 대물림으로 내려온 버릇이 당신 세대에서는 새로이 달라져서 할아버지, 할머니라는 뿌리를 통하여 흡수한 전통을 부모인 당신의 새로워진 줄기로 전달받아 아름답고 튼실한 열매로 맺을 수 있어야 한다.

따라서 부모인 당신은 내 아이를 위해서 세대 간의 진한 유대를 갖고 과거와 미래를 연결시켜 주는 지혜로운 변환자(變換者)여야 하며 당신으로 인해 수많은 후손들이 좋은 영향을 받을 수 있도록 해야 한다.

4 부

학년마다 주는 비료와 김매기가 달라요

초등학교의 시절에는 내 아이의 학습과 일상생활에 필요한 기초 능력 배양과 기본 생활 습관을 형성하는 데 중점을 두어야 한다.

그러기 위해서는 부모는 다음과 같은 목표를 항상 염두에 두고 내 아이를 길러야 하겠다.

첫째, 몸과 마음이 균형 있게 자랄 수 있는 다양한 경험을 갖도록 하고,

둘째, 일생생활의 문제를 인식하고, 해결하는 기초능력을 기르고, 자신의 생각과 느낌을 다양하게 표현하는 경험을 갖도록 하며,

셋째, 다양한 일의 세계를 이해할 수 있는 폭넓은 학습 경험을 갖게 하고,

넷째, 우리의 전통과 문화를 이해하고 애호하는 태도를 갖게 하며,

다섯째, 일상생활에 필요한 기본 생활 습관을 기르고, 이웃과 나라를 사랑하는 마음씨를 갖게 한다.

01
초등학교의 각 교과별 강조점

현재 우리나라 교육과정은 1학년에서 10학년(초 1~고 1)까지 10년 동안에 국민공통기본 교육과정을 편성하여 운영하고 있는데, 이 기간 동안 국어를 비롯한 10개 교과활동, 재량활동, 특별활동 영역으로 나누어 교육 내용과 방법을 다양화하여 편성하여 운영하고 있다.

초등학교에서는 각 교과별로 어떤 면에 강조점을 두어 가르치고 있는지 그 성격을 간단하게 소개하면 다음과 같다.

〈 국 어 교 과 〉

국어를 정확하고 효과적으로 표현하고 이해하는 능력과 국어 활동을 통한 사고력과 상상력을 기르는 데 중점을 둔다. 또 국어에 대한 관심을 가지고, 국어 활동을 즐기며 국어를 존중하는 태도를 강조한다.

〈 도 덕 교 과 〉

3~10학년의 '도덕'은 초등학교의 통합교과인 1~2학년의 '바른생활'을 통해 학습한 내용을 심화하여 인간의 삶에 필요한 도덕규범과 예절을 익히고, 자신뿐만 아니라 사회와 관련된 도덕 문제를 주체적으로 성찰하고 실천하도록 하여 자신의 삶을 바람직하게 영위하도록 하며, 나아가 우리 사회와 세계의 발전에 기여할 수 있도록 도와주는 교과이다.

〈 사 회 교 과 〉

초등학교 어린이들이 주변의 사회적 사실과 현상에 대하여 관심과 흥미를 가지며, 생활과 관련된 기본적 지식과 능력을 습득하고, 창의적인 자세로 일상생활을 할 수 있도록 한다. 이를 위하여 어린이들은 사회적 사실과 현상을 이해하는 데 필요한 기본적인 사실과 개념을 배우고, 이를 자신의 주변 환경이나 문제에 적용할 수 있는 사고력을 지녀야 한다. 또, 이러한 지식과 사고를 사회적 행동으로 실천할 수 있는 적극적인 태도를 기르도록 도와주는 교과이다.

〈 수 학 교 과 〉

수학 교과는 수학적 개념, 원리, 법칙을 이해하고 논리적으로 사고하며, 여러 가지 현상을 수학적으로 관찰하고 해석하는 능력을 기르고, 여러 가지 문제를 수학적인 방법을 사용하여 합리적으로 해결하는 능력과 태도를 기르는 교과이다. 초등학교 수학과 내용은 '수와 연산', '도형', '측정', '확률과 통계', '규칙성과 문제 해결'의 5개 영역으로 구성된다. '수와 연산' 영역에서는 자연수, 분수, 소수의 개념과 사칙계산을, '도형' 영역에서는 평면도형과 입체도형의 개념과 성질을, '측정' 영역에서는 길이, 시간, 들이, 무게, 각도, 넓이, 부피의 개념과 활용을, '확률과 통계' 영역에서는 규칙 찾기, 비와 비례, 문자의 사용, 간단한 방정식, 정비례와 반비례, 여러 가지 문제 해결 방법을 다룬다.

〈 과 학 교 과 〉

과학은 3~10학년까지 학습하는 교과로서 과학의 기본 개념을
이해하고 과학적 탐구능력과 태도를 함양하여 일상생활의 문제를
창의적이고 합리적으로 해결하는 데 필요한 과학적 소양을 기르기
위한 교과이다. 1, 2학년의 슬기로운 생활 과목과 긴밀한 연계를
가지도록 구성되었다.

〈 실 과 교 과 〉

5~6학년의 실과, 7~10학년의 기술·가정을 포함한 교과로 6년간
연계를 가지고 이수하도록 하고 있다. 실과는 어린이의 경험과
실생활에서의 유용성을 중시하며, 급변하는 가정생활과 산업 기술
환경에서 학습자가 주도적인 삶을 영위하는 데 필요한 가치관과
다양한 능력을 기르는 데 도움을 주는 실천 교과이다. 5~6학년의
실과는 개인과 가족의 생활에 필요한 일의 의미와 상호 관련성을
이해하고 이에 대한 기초 지식과 기능에 대한 체험활동을 통하여
건전한 생활 태도를 내면화하게 한다. 실과에서 제공하는 교육적
경험은 학습자의 통합적인 지적 능력을 증진시키고 인내심과 협동심을
길러 주며 자신과 타인, 환경, 사물과의 관계를 긍정적으로 인식하고
관리하는 능력, 삶에 대한 이해력, 통찰력, 감수성과 적응력 등
전인적인 인간으로 성장하는 데 필요한 기본적인 생활 능력을 길러
주는 데 도움을 준다.

〈 체 육   교 과 〉

체육과는 '신체활동'을 통하여 자신 및 세계를 이해하며, 건강하고 활기찬 삶에 필요한 능력을 기르고, 바람직한 품성과 사회성을 갖추며, 체육 문화를 창조적으로 계승·발전시킬 수 있는 자질을 함양하는 교과이다. 초등학교 체육(3, 4, 5, 6학년)은 '신체활동 가치의 기초 교육'을 담당하기 위해 올바른 건강 생활 습관 형성, 기초 체력 증진, 운동 기본 능력과 표현 능력의 향상, 바람직한 운동 질서 및 규범의 형성, 활기찬 여가 생활 태도 형성을 도와주는 교과이다.

〈 음 악   교 과 〉

음악은 사랑의 느낌과 생각을 소리를 통해 표현하고 향수하는 예술로, 예부터 인간의 삶에 큰 영향을 끼쳐 왔다. 사람은 음악 활동을 통하여 미적 경험과 즐거움을 얻고 잠재된 음악성과 창의성을 계발하며 음악의 사회적 역할과 가치를 인식함으로써 자아실현의 가능성과 삶에 관한 이해의 폭을 넓히게 된다. 어린이에게 다양한 음악적 경험을 제공하고 음악활동에 필요한 기본적인 능력과 음악성을 기르며 풍부한 음악적 정서를 함양하도록 체계적으로 도와줌으로써 음악을 생활화할 수 있는 바탕을 마련하는 교과이다. 그러므로 음악을 느끼게 하고, 음악의 기본 감각과 기초 기능을 기르며, 음악 경험의 질적 향상과 다양화를 위해 탐구하고 연마하도록 하는 한편, 창의력을 발휘하면서 능동적으로 표현하고 수용하도록 지도하는 데 중점을 둔다.

〈미 술 교 과〉

미술은 느낌과 생각을 시각적으로 표현하고, 시각 이미지를 통해 다른 사람과 소통하여, 자신과 세계를 이해하는 예술의 한 영역이다. 또, 미술은 그 시대의 문화를 기록하고 반영하기 때문에 우리는 미술 문화를 통해서 과거와 현재를 이해하고, 나아가 문화의 창조와 발전에 공헌할 수 있다. 미술 교과 교육은 미적 감수성과 직관을 대상을 이해하고 시각적 조형물이 가진 아름다움을 느끼며 누릴 수 있는 심미적 태도와 표현력, 상상력, 창의성, 비판적 사고력을 길러 주는 것을 도와준다. 따라서 미술의 다양한 체험, 표현, 감상 활동을 통하여 창의적으로 나타내며 미술 문화를 이해하고 계승, 발전시킬 수 있는 전인적인 인간을 육성하는 데 목적이 있다.

〈영 어 교 과〉

초등학교 영어는 일상생활에서 사용하는 기초적인 영어를 이해하고 표현하는 능력을 길러 주는 교과로서, 의사소통의 바탕이 되는 언어 기능 교육, 음성언어 교육이 주가 된다. 문자 언어 교육은 쉽고 간단한 내용의 글을 읽고 쓸 수 있는 내용으로 하되, 음성언어와 연계하여 내용을 구성한다. 초등학교에서의 영어교육은 초등학교 어린이의 특성을 고려하여야 한다. 초등학교 어린이는 호기심이 강하며, 실생활에서 자신이 겪는 감각과 경험이 사고와 행동에 깊이 작용한다. 그러므로 영어 교과에서의 교수·학습 활동은 실생활에서 겪할 수 있는 감각 및 놀이 활동을 주로 하고, 체험 학습을 통하여 발견의 즐거움을 경험할 수 있도록 하는 것이 효과적이다.

〈 바른생활 교과 〉

바른생활은 개인 생활과 사회생활을 하는 데 필요한 기본적인 생활 습관, 예절, 규범을 알고 익히도록 하는 체험과 실천을 중심으로 구성된 통합교과이다. 이를 위해 민주시민의 자질을 함양하도록 일상생활에서 반드시 지켜야 할 기본적인 생활 습관, 예절, 규범을 어린이의 생활 경험과 관련하여 학습 내용으로 선정하였다. 또, 초등학교 1, 2학년 어린이의 발달특성을 고려하여 기본적인 생활 습관, 예절, 규범 등을 익히고 바른생활 태도가 내면화될 수 있도록 구체적인 체험과 실천을 강조한다.

〈 슬기로운 생활 교과 〉

슬기로운 생활 교과는 자신과 주위의 구체적인 사회 현상 및 자연 현상을 서로 관련지어 이해하고, 일상생활에서 부딪히는 문제를 여러 가지 방법으로 해결하도록 하는 탐구 활동 중심의 통합교과이다. 초등학교 1, 2학년 어린이들은 가정, 학교, 이웃, 마을 등 일상생활 장에서 사회 현상과 자연 현상을 구분하지 않고 통합적으로 경험하게 된다. 그러므로 이 시기의 어린이들은 사회 현상이나 자연 현상을 따로 학습하기보다는 통합하여 학습하는 것이 바람직하다. 슬기로운 생활 교과는 어린이들이 구체적인 경험을 통하여 살펴보기, 무리 짓기, 재어 보기, 조사·발표하기, 만들기, 놀이하기 등의 기초 탐구 활동을 할 수 있도록 내용을 구성하고, 자신과 자신을 둘러싸고 있는 사회 현상 및 자연 현상의 상호관계를 통합적으로 이해하도록 도와주는 교과이다. 또, 일상생활에서 부딪히는 문제를 해결하기 위하여 여러 가지 방법을 궁리하게 하며, 바르게 판단하고 슬기롭게 살아가는 기본 능력과 태도를 기르게 해 주는 교과이다.

〈 즐 거 운 생 활 교 과 〉

즐거운 생활은 건강한 몸과 마음을 기르며 창의적인 표현 능력과 감상능력, 심미적인 태도를 함양하기 위해 다양하고 즐거운 놀이와 활동을 중심으로 구성된 통합 교과이다. 이 교과는 초등학교 1, 2학년 어린이들의 발달 특성을 고려하여 즐겁고 명랑한 학교생활을 할 수 있도록 어린이들의 경험을 바탕으로 신체활동과 표현활동 등을 통합하여 구성한 교과이다. 어린이들은 즐거운 생활 교과에서 제시된 놀이와 활동에 참여함으로써 신체적, 정서적 활동에 대한 왕성한 욕구를 충족하고, 창의적인 표현능력과 감상능력, 심미적인 태도를 습득할 수 있다.

〈 우 리 들 은 1 학 년 교 과 〉

'우리들은 1학년'은 입학 초기 한 달 동안 새로운 학교생활에 적응하는 것을 돕기 위해 생활 중심으로 구성된 통합 교과이다. 초등학교에 입학한 1학년 어린이들은 학교라는 테두리 속에서 공동생활을 하게 되고 새로운 환경에 적응해야 한다. 이러한 과정에서 신입생들은 긴장이나 불안 등을 느끼게 된다. '우리들은 1학년'은 취학 전 생활 경험과 초등학교 생활을 자연스럽게 이어 가게 하고, 즐거운 학교, 친근한 선생님, 정다운 친구, 재미있는 공부라는 인식과 생활의 경험을 하기 위한 통합 교과이다. 이 교과의 주요 특성은 다음과 같다. 첫째, 학교생활의 원만한 시작과 적응을 돕는 교과이다. 둘째, 초등학교 입학 초기의 한 달 동안 학습할 내용을 담은 교과이다. 셋째, 학습과 일상생활에 필요한 기본 생활 습관 및 가치 형성을 돕는 교과이다. 넷째, 학생들의 생활 영역을 가정에서 학교로 넓혀 주는 교과이다. 다섯째, 신입생들이 학교생활에 관심과 흥미를 가질 수 있도록 다양한 학습 경험의 기회를 제공하는 교과이다.

지금까지 10개 교과, 1학년의 '우리들은 1학년', 1, 2학년의 바른생활, 슬기로운 생활, 즐거운 생활 통합교과에서 이루어지는 학습 내용과 강조점을 살펴봄으로 해서 내 아이가 미래를 준비하고 보다 질적인 삶을 영위하기 위해서 학교에서 무엇을 공부하는지에 대한 부모들의 이해를 도모하고자 하였다. 가정에서도 마찬가지로 초등학교에서 길러 주고자 하는 학습과 일생생활에 필요한 기초 능력과 기본 생활 습관 형성을 위해 일관성을 가지고 지도되어야 한다.

그 외에도 학교에서 의도적으로 계획하고 지도하는 표면적 교육과정이나, 학교생활을 하는 동안에 의도하지 않은 가운데 이루어지는 잠재적 교육과정과 구별되는, 세상을 살아가는 데 꼭 필요함에도 불구하고 시대적인 흐름에 따라가지 못하거나 시설, 여건, 지도적인 보완이 이루어지지 못하여 가르쳐야 할 내용을 가르치지 못하는 영역이나 내용 부분인 영교육과정을 지도할 수 있기 위하여 학교마다 차별화하여 계획 운영하는 재량활동 부분이 있고, 어린이들의 소질과 특성을 계발하고 지도할 수 있도록 하기 위한 특별활동 부분이 있다.

02/ 발달 단계별 특징

부모의 자녀 양육에 보다 실제적으로 도움을 주고자 초등학생(6세
~11세)의 발달 특징을 발달 단계에 따른 학자들의 이론을 중심으로
간단하게 살펴보고, 각 단계별 특징에 따라 부모들이 어떻게 대처하고
지원해야 하는지 학습 면, 도덕성 측면에서 생각해 보자.

03/ 피아제의 심리 인지발달 단계 이론

스위스 출생의 프랑스인으로 박사학위를 취득한 피아제(Piaget,
1896~1979)는 자신의 세 자녀의 행동을 관찰, 기록한 결과를 토대로
인지발달이론을 정립하였다.

피아제에 의하면 인간은 태어나면서 환경과의 적극적인 상호작용을
통하여 끊임없이 자신의 인지구조를 재구성하고 확대해 나간다고
한다. 그러한 적응과정을 인지발달이라고 하였는데, 여기에는 두 개의
하위과정으로 동화와 조절이 있다.

동화(Assimilation)는 새로운 것을 인지할 때, 기존의 인지구조
(사고방식)에 맞추어서 해석하는 것이다. 예를 들면, 어머니에게
그림책을 보면서 네 발과 털이 있는 동물을 '멍멍이'라고 배운
어린아이가 동물원에 가서 사슴을 보고도 '멍멍이'라고 말하는
경우이다.

네 발로 걸어 다니고 털이 있는 것은 '멍멍이'라고 하는 기존의 인지구조에 맞추어 보았을 때 '사슴'은 분명 '멍멍이'인 것이다. 그러나 엄마가 다시 "비록 네 발과 털이 있어도 뿔이 있고, 좀 더 덩치가 클 때는 사슴이라고 하는 거란다."라고 가르쳐 주면, 이번에는 가지고 있던 인지구조를 엄마가 가르쳐 준 대로 수정하여 '멍멍이'가 아니고 '사슴'이라고 말할 수 있는 것이다. 이러한 과정을 조절(Accommodation)이라고 한다. 네 발 달리고 털이 있는 짐승에는 멍멍이뿐만 아니라 고양이, 소, 돼지 등도 있다는 것을 받아들이는 것이다. 이렇게 사고가 균형을 이루게 되는데 이것을 평형화(Equilibration)라고 한다. 인간 사고의 실질적인 변화는 평형화를 통해서 발달한다.

피아제는 인지발달을 설명하기 위하여 크게 4단계로 다음과 같이 설명하였다.

1단계(0~2세): 감각·운동기

- 감각행동을 시작하면서 환경을 느끼고 식물을 지각하게 됨.
- 대상과 자기 자신을 의식, 물체를 잡거나 움직이며 행동을 모방함.
- 2세경에는 가지고 놀던 공이 자기 눈앞에서 사라져도 그 공을 계속 찾는 대상연속성이 생김.

2단계(2~7세): 전조작기

- 지적 발달 특히 언어발달이 촉진됨.
- 나무막대기로 기관총 흉내를 낸다거나 세 발 자전거로 자동차 놀이를 하는 것과 같은 표상행동을 함.

-모든 사물이 살았다고 생각하거나 생명이 없는 대상에게 생명과 감정을 부여하는 물활론적 사고를 함.
-한 아이는 강아지 이야기를 하고 또 다른 아이는 비행기 이야기를 하면서 남의 이야기를 들으려 하지 않는 집단독백을 하는 등 자기중심적 사고가 점차 강조됨.
-사물의 양은 모양을 바꾸어도 변하지 않는다는 것을 알지 못하는 비가역적 사고를 함.

3단계(7~11세): 구체적 조작기

-아이가 직접 관찰한 구체적 사물을 통한 '논리적 사고'가 가능함.
-자기중심성이 약해지고, 다른 사람의 생각도 할 수 있게 되며, 언어도 사회화되어 감.
-수, 길이, 부피 등에 대한 보존개념을 갖게 됨.
-생각을 거꾸로 진행하는 가역적 사고를 하게 됨.
-개념을 형성하게 되고, 분류화 능력이 생김.

4단계(12세 이상): 형식적 조작기

-가장 성숙한 인지적 조작능력을 갖게 되어 구체적, 실제적 상황을 넘어서는 문제를 다룰 수 있게 됨.
-탈중심적 가역적 추상적 사고가 충분히 발달함.
-하나의 문제가 발생했을 때, 모든 가능한 해결책을 논리적으로 모색하여 결국에 문제를 해결하는 조합적 사고가 발달함.
-가설 검증력, 연역적 사고가 가능하게 됨.
-추리력과 적용력이 발달하여 사물의 인과관계를 터득하게 됨.
-형식적 조작기의 어린이는 전형적으로 어른과 비슷한 인지도를 가짐.

위 단계 중에서 전조작기 후기, 구체적 조작기 그리고 형식적 조작기 초기 단계가 초등학교 학생에게 해당되는 인지발달 단계이다. 이 단계별 특징을 참고하여 초등학령기 자녀에게 적용할 수 있는 전략을 알아보자.

저학년(1, 2학년)

- 가능한 구체적 소품과 시각적 자료를 제공하기.
- 말과 함께 행동을 사용하여 짧게 설명하기.
- 개념과 언어의 토대를 형성하기 위한 많은 경험을 제공하기.

중학년(3, 4학년)

- 대상을 조작하거나 실험하는 기회를 계속 제공하기.
- 짧고 잘 조직화된 책을 볼 수 있도록 독서 지도하기.
- 복잡한 아이디어 설명을 위해 자녀에게 친숙한 예를 사용하기.
- 논리적, 분석적 사고를 요하는 문제 제시하기.

고학년(5, 6학년, 중 1, 2년)

- 구체적 조작단계의 수업전략과 자료를 계속해서 사용하기.
- 많은 가설적 문제를 탐색할 수 있는 기회 제공하기.
- 문제해결력과 과학적 추리를 훈련할 수 있는 기회 제공하기.

04 프로이드의 심리 성적 발달 단계 이론

프로이드(Sigmund Freud, 1856~1939)는 비엔나에서 권위적 아버지의 장남으로 태어났다. 그는 자신의 꿈의 의미를 탐색함으로써 성격발달의 역동에 대한 통찰을 얻었는데, 그의 어린 시절에 대한 기억과 경험을 탐색하면서 아버지에게 강한 적대감을 느꼈다는 사실을 알게 된다. 또 매력적이고 사랑스럽고 정이 많은 어머니에게 좋은 감정을 느낀 사실도 회상해 냈다. 후에 환자들의 심리 치료에서 발견한 사실들과 자기 문제 분석에서 발견한 사실이 같음을 보고 임상적으로 자신의 이론을 형성해 나갔다.

프로이드는 마음을 빙산에 비유하여 물 위에 떠 있는 작은 부분이 의식이라며, 물속의 훨씬 더 큰 부분을 무의식으로 보았다. 그는 이 무의식의 영역에서 인간의 본능적인 추진력, 정열, 억압된 감정 등을 찾으려고 시도했으며, 이것이 인간의 사고와 행위를 통제하는 보이지 않는 힘이라고 하였다.

그리고 인간의 정신세계를 다음과 같이 의식, 전의식, 무의식으로 나누어서 설명하였다

첫째, 의식이란 자신의 주의를 기울이는 순간에 곧 알아차릴 수 있는 정신생활의 부분을 말한다. 대부분의 자아가 여기에 포함된다.

둘째, 전의식이란 주의를 집중하고 노력하면 의식이 될 수 있는 정신생활의 일부분으로 주로 자아영역에 위치한다.

셋째, 무의식이란 전적으로 의식 밖에 있기 때문에 자신이 전혀 자각하지 못하는 정신생활의 부분으로서, 그 내용을 자신이 영원히

알지 못할 수도 있으며 가끔 일부가 전의식으로 넘어가 거기서 의식되는 경우도 있다. 무의식의 내용은 인간의 행동과 사고를 좌우한다.

프로이드는 성적 본능 에너지를 '리비도'라고 하고 이 리비도는 일생을 통하여 정해진 일정한 순서에 따라 다른 신체 부위에 집중되어 간다고 하였는데, 이를 '성감대'라고 하였다. 그리고 이러한 성감대의 연령적 변화에 따라 발달 단계를 나누어 다음과 같이 설명하였다.

1단계(생후 1년간): 구강기

이 시기 유아는 어머니의 젖을 빠는 데서 음식과 쾌락에 대한 욕구를 만족시킨다. 자신에게 만족을 주는 인물에게 애착을 가지게 된다. 유아는 기본적 양육을 필요로 하며, 그렇지 못하면 후에 탐욕이나 욕심이 생겨나기도 한다. 유아기에 구강만족이 되지 못하면 구강 고착이 생긴다. 후의 인격문제들은 타인에 대한 불신, 타인의 사랑에 대한 거절, 긴밀한 관계를 형성하는 데 대한 공포로 나타날 수 있다.

2단계(1~3세): 항문기

이 시기는 배변물을 보유하거나 배출하는 데에서 쾌감을 얻는다고 한다. 생의 둘째 시기인 이 시기에는 대소변 가리기 훈련이 시작되는데, 이때 유아는 처음으로 그의 본능적 충동을 외부로부터 통제받는 경험을 하게 된다. 부모가 너무 엄격하게 배변 훈련을 시키면 고착현상이 일어나는데, 결벽성, 수전노와 같은 인색함이 성격 특성이 될 수 있기도 하다. 반면에 부모가 배변 훈련을 적절히 해 주면, 유아는 용변을 보는 신체활동이 이 시기에는 대단히 중요한 행위라는 생각을 갖게 되어 성장해서 창의성과 생산성을 발달시킬 수 있는 바탕이 된다고 한다.

3단계(3~6세): 남근기

프로이드는 남근기 동안에 나타나는 가장 중요한 국면을 남자 유아가 '외디프스 콤플렉스'를 가지게 되는 것이라고 했다. 외디프스 콤플렉스란 아이들이 이성 부모에 대한 성적인 애정과 접근하려는 욕망을 느끼는 것을 말한다. 남아는 이 시기에 자기 엄마에게 성적으로 애착을 느끼게 되며, 아버지를 엄마의 애정쟁탈의 경쟁자로 생각하여 적대감을 가지게 된다고 한다. 어머니에 대한 이러한 욕망과 아버지에 대한 적대감은 아버지와의 사이에 갈등을 야기한다. 이 시기의 유아는 이러한 갈등을 억압하며 아버지의 남성다움을 갖기 위해 아버지에 대한 '동일시'를 하게 된다.

'동일시'는 아이가 아버지(엄마)와 같다고 생각하여 아버지(엄마)처럼 행동하거나 부모의 태도, 사고, 가치를 자기 것으로 내면화하는 노력으로 표현된다. 이러한 동일시 과정을 통하여 남아는 엄마에 대한 좋아하는 감정을 간접적으로 해결하며, 아버지로부터 엄마의 사랑을 빼앗기는 것에 대한 불안도 동시에 해결하게 된다. 그 결과, 남아는 적절한 남성적 역할을 습득하게 되어 아버지의 도덕률과 가치체계를 내면화하게 된다.

프로이드는 위와 같은 심리적 현상이 여자 유아에게도 마찬가지로 나타난다고 생각했는데, 여자 유아가 아버지에 대해 가지는 애착을

엘렉트라 콤플렉스라고 불렀다.

이 단계에서 부모의 언어적, 비언어적 반응 방식은 어린이의 성격에 영향을 끼쳐서 '남근기적 성격'이 형성되게 된다. 적극적인 남근기적 성격은 과시적이고 거만하고 공격적이며 방종스러운 것이 특징이고, 소극적인 남근기적 성격은 오만하면서도 겸손한 것이 특징이다.

4단계(6~12세): 잠복기

외디프스 콤플렉스(엘렉트라 콤플렉스)를 극복한 후에 아이는 '평온한 시기'라고 할 수 있는 잠복기에 들어선다. 이 잠복기는 대개 6세에서부터 11세까지 초등학령기 동안 지속된다.

프로이드에 의하면, 이 시기의 아이는 성적 욕구가 철저히 억압되므로 앞의 세 단계에서 가졌던 욕구들을 거의 잊게 된다고 한다. 따라서 위험한 충동이나 환상이 잠재되어 버리기 때문에 비교적 조용한 시기라고 할 수 있다.

그러나 이 시기는 초등학교에 들어가는 시기인데, 심리학적 발달 면에서는 잠복기로서 비교적 평온한 상태이지만, 인지적 발달 면에서는 결코 소극적인 시기가 아니다. 주위 환경에 대한 탐색과 지적 탐색이 활발한 매우 활동적 시기이며, 운동이나 게임, 지적 활동과 같은 사회적으로 용납되는 행동에 에너지를 투여하게 된다. 성적 관심이 학교, 놀이친구, 운동, 새로운 활동들에의 관심으로 바뀐다. 이것은 어린이가 외부로 향하고 타인과 관계를 형성하는 사회화의 시기이다.

5단계(12~18세): 생식기(청년기)

사춘기가 시작되면서 생식에너지가 분출되어 이전 시기에 억압되었던 충동이 무의식에서 의식세계로 뚫고 들어오게 된다. 이 시기에 이르면 이성에 대한 진정한 관심을 가지고 성숙한 사랑을 할 수 있게 된다.

이 시기의 젊은이들은 사회적 억압과 금기사항들이 있지만, 우정을 형성하고 예술이나 스포츠에 종사하며 직업을 준비하는 것과 같은 사회적으로 받아들여질 수 있는 여러 가지 활동들에 성적에너지를 투자함으로써 그것을 처리할 수 있게 된다.

05/ 에릭슨의 심리 사회적 발달 단계 이론

에릭슨은 독일 태생으로 학위가 없음에도 불구하고 하버드대학 교수가 되었던 정신분석학자였다. 그는 프로이드 이론을 바탕으로 인간의 발달과정을 분석하고 이론화하여 새로운 이론을 전개한 그의 저서 「아동기와 사회」에서 '생애 발달의 8단계'를 다음과 같이 제시하였다.

1단계(생후 1년간): 기본적 신뢰감 대 불신감 단계

에릭슨은 이 시기를 인생에서 가장 중요한 시기로 보았는데, 이 시기에 신뢰감을 형성하게 되면 생의 후기에 맺게 되는 모든 사회관계에서의 성공적인 적응과 밀접한 관련이 있기 때문이다.

중요한 사람이 기본적 물리적 정서적 요구를 충족시켜 주면 유아는 신뢰감이 생긴다. 아기가 일단 엄마에 대한 기본적 신뢰감을 형성하게 되면, 다른 상황에서도 신뢰적인 태도를 가질 수 있게 된다고 한다. 예를 들면 엄마가 아기 옆을 잠시 떠나도 불안해하거나 울지 않고 다시 올 것이라고 믿고 기다린다는 것이다. 그러나 기본적 욕구가 충족되지 않으면, 세상에 대한 불신 특히 대인관계에 대한 불신이 생긴다.

2단계(1~3세, 초기 아동기): 자율성 대 수치심과 의심 단계

이 단계의 유아는 근육발달로 인하여 대소변 통제가 가능하게 되며, 자기 발로 서서 걷게 되면서부터 자기 주위를 혼자서 열심히 탐색하게 되고, 음식도 남의 도움을 받지 않고 자신의 힘으로 먹으려고 한다. 에릭슨은 이것을 자율성을 가지려고 한다고 하였다.

부모는 용변 훈련을 통하여 유아에게 때와 장소를 가릴 줄 알도록 하게 된다. 만일 용변 훈련이나 자율적인 행동에서 기대에 못 미치고 실수를 하게 되면 유아는 수치심이나 자신이 강한 존재가 아니라는 의심을 하게 된다.

어린이는 탐색하면서 실수도 하고 자신의 한계도 느껴 보아야 한다. 부모가 과보호를 하게 되면 아이의 자율감은 저해되고, 세상을 다룰 능력을 방해받게 된다.

3단계(3~6세, 초등학령 이전기): 주도성 대 죄책감 단계

이 시기의 기본적 과제는 유능감과 솔선감의 획득이다. 어린이에게 개인적으로 의미 있는 행동들을 선택할 자유가 주어지면, 그들은 자신에 대한 긍정적 시각을 발달시키고 자신의 계획에 따라 행동하는 경향이 생긴다. 자신이 결정하는 것을 허락받지 못하면, 그들은 솔선적으로 행동하는 것에 대한 죄책감을 느끼게 된다. 그렇게 되면 그들은 능동적인 자세를 취하지 못하고 타인이 그들을 위해 선택해 주도록 기다리게 된다.

4단계(6~12세, 초등학령기): 근면성 대 열등감 단계

에릭슨은 이 시기를 자아성장의 결정적인 시기라고 보았다. 이 시기의 어린이는 가족의 범주를 벗어나 더 넓은 사회에서 통용되고 유용한 기술들을 열심히 배우고자 하며 이를 숙달하고자 한다. 예를 들면 학교에 들어가서 읽기, 쓰기, 셈하기를 배우고, 또래와 같이 놀고 일하는 것을 배우게 된다. 이 시기의 기본적 과제는 개인적 목표를 세우고 성취하는 근면성을 획득하는 것이다.

만일 이 시기에 순조롭게 근면성이 발달하지 못하고 실수나 실패를 거듭하게 되면, 아이는 열등감을 갖게 된다. 이러한 열등감은 전 단계에서 성공적으로 갈등을 극복하지 못했을 때나 학교 또는 사회에서 어린이에 대한 편견적 태도를 취할 때 발달되기 쉽다.

5단계(12~18세, 청년기): 정체감 대 역할 혼미 단계

청년기에는 급격한 신체적 변화와 사회적 압력과 요구에 부딪히게 된다. 아동기에서 성인기로 이행하는 시기이다. 한계를 검토하고 의존적 관계를 끊고 새로운 정체감을 확립하는 시기, 주요 갈등은 자기 정체감, 삶의 목표, 삶의 의미를 명료화하는 데 집중된다. 정체감을 획득하지 못하면 역할 혼미가 생긴다. 그리고 다음 단계에서도 방황이 계속되고 때로는 부정적 정체감을 형성하게 된다.

6단계(18~35세, 성인 초기): 친밀감 대 고립감 단계

이 시기의 발달적 과제는 친밀한 관계를 형성하는 것이다. 친밀감을 획득하는 데 실패하면, 소외와 고립감이 생긴다.

7단계(35~60세, 중년기): 생산성 대 침체성 단계

자기와 현재 가족뿐만 아니라 다음 세대를 위한 일에 관심을 가진다. 자신의 꿈과 자신의 실제적 성취 사이의 불일치를 조정하는 시기이다. 생산감을 이루지 못하면 때로 심리적 침체감이 생긴다.

8단계(60세 이후, 노년기): 자아통합 대 절망감 단계

별 후회 없이 생을 뒤돌아보고 개인적으로 보람을 느끼며 자아 통합이 생긴다. 자아 통합을 이루지 못하면 좌절감, 절망감, 죄책감, 분노, 자기 부정이 생긴다.

지금까지 피아제의 심리 인지발달 단계, 프로이드 심리 성적 발달 단계, 에릭슨의 심리 사회성 발달 단계 이론을 간략하고 알기 쉽게 설명해 보았다.

부모는 위에서 열거한 각 발달 단계별로 이루어야 할 과업들을 잘 익혀서 내 아이의 바람직한 성장, 발달을 위해 지원할 비료와 도움을 지혜롭게 시기를 놓치지 않고 주어야 한다.

06 부모의 양육행동

우리는 부모로서 자녀를 키우면서 여러 가지 문제나 사건에 한 번씩은 부딪히고 이때마다 많은 어려움을 경험한다. 현대의 부모들은 아동의 발달과 부모 역할에 관한 정보를 매스컴이나, 책을 통하여 접하고 있지만 실제로 어떤 부모의 역할이 자녀들에게 적절한 것인지 잘 알지 못한다.

일반적으로 부모의 양육행동을 크게 민주적 양육방식과 제한적·독단적 양육방식 두 가지로 나눈다.

민주적인 양육행동을 하는 부모들은 대체로 자녀와 많은 대화를 나누고 잘 놀아 준다. 특히 아이가 혼자 할 수 있는 일에는 도움을 유보함으로써 아이의 자율성을 격려한다. 가족이 지켜야 할 일을 정할 때 자녀의 의견도 소중한 의견으로 받아들여지고, 정해진 규칙이나 규율에 대해서는 책임과 의무를 강조한다.

이와 같은 부모를 둔 자녀들은 유아교육 기관에서도 매우 긍정적인 반응을 보인다. 다른 아동들과의 관계에서 지도적인 역할을 하고, 놀이행동에 적극적으로 참여하며, 협동심이 강하고, 사회환경에도 잘 적응한다. 또한 이런 아동들은 사회적으로 책임 있는 행동을 하고, 독립심이 강하며, 다른 아동들과 상호작용을 할 때 두려워하거나 움츠러들지 않고 적극적이며, 사회생활의 성숙된 행동을 보인다.

반대로 제한적·독단적인 부모들의 경우는, 아동이 시끄럽게 하거나 더러운 곳이나 물건 등을 만지거나 옷을 더럽게 하거나 어른들을 방해할 때, 아이가 이러한 행동을 왜 해서는 안 되는지 이유를 설명하지 않고, 무조건적으로 못 하게만 한다. 이러한 부모의 제한적 양육행동은 아동의 발달에 부정적인 영향을 주는데, 외부세계에 대한 아동의 호기심이 많아지는 5세가 되었을 때 더욱 심해진다. 아동이 5~6세가 되면 발달적으로 가족 외에 또래 친구에 대한 흥미와 관심이 높아진다. 연구에 따르면 제한적인 부모의 아동은 복종적이거나 지나치게 수줍어하고, 어떠한 목적을 성취하는 데 집요하지 않으며 남의 감정을 이해하는 능력이 부족하다고 한다.

부모가 제한적이면서 공격적으로 매를 사용하는 경우 아동에게 미치는 영향은 더욱 심각한데, 이 아동들은 또래 친구들에게 따돌림을 받거나 정상적인 사회적 관계를 형성하는 데 어려움이 많다고 한다. 따라서 부모는 아동의 행동을 필요한 경우에 제한하되 행동 제지에 대하여 간단명료하게 지적한 후 그 이유의 설명과 부모의 정확한 행동표본을 제시하여 아동이 충분히 이해하도록 하는 것이 적합한 가르침이다.

이러한 부모의 자녀에게 나타나는 행동특성은 남의 감정을 이해하는 능력이 낮고, 자아 존중감이 낮으며, 자율적인 도덕성이 낮아서 외부의 보상이나 벌에 따라 행동하려는 경향이 강하다. 그리고 정서상태가 우울하고 친구들에게 거절당하는 경우가 많으며 사회적 책임감이 높지 않다.

위의 두 가지 민주적, 제한적 양육방식을 참고하여 '가정에서 어떻게 아이 기르는 것이 지혜로운 부모의 자세인지'를 생각해 보자.

첫째, 일관성 있는 요구와 자녀와 합의하여 규칙을 정한다.

부모는 아동이 지켜야 할 규칙이나 규범에 대하여 일관성 있게 요구하며 아동이 잘 지키지 않았을 때 이해하거나 수용하거나 동조해서는 안 된다. 부모가 일관성 있는 원칙과 기준으로 자녀를 기르면 다음과 같은 성향이 형성된다.

- 자신의 공격적인 성격을 조절할 줄 알고 반항적이지 않다.
- 지나친 행동은 삼가되 매사에 적극적이 된다.
- 자신에 대한 높은 기대를 가지며 자아 존중감을 가진다.
- 정서적 안정감을 가지고 사회생활에 쉽게 적응한다.

둘째, 적절한 기대를 가지고 훈련시키기.

부모가 자녀에게 거는 기대수준은 부모에 따라 다르다. 실증적 연구에 따르면 부모의 기대수준에 따라 자녀의 행동 발달에 차이가 있다. 부모가 높은 수준의 기대를 했을 때 아동은 공격심이 낮았고, 이기적이기보다는 이타적이었으며, 높은 사회성 발달을 보였다.

반면에 부모가 자녀에게 낮은 기대를 했을 때 자녀는 높은 공격성을 보였고, 자신의 충동을 조절하는 데 어려움이 있었고, 사회적으로 미성숙한 행동을 나타내었다고 한다.

이와 같은 연구결과는 부모가 자녀에게 성숙한 행동을 기대하거나 어떠한 의무를 부여하는 것이 자녀에게 긍정적인 효과가 있음을 보여 준다.

따라서 어릴 적부터 자녀에 대한 적절한 기대를 가지며 일찍 포기하지 않는 부모의 태도가 중요하다. 이러한 훈련기술의 발달을 통해 집에서뿐만 아니라 집 밖에서도 부모의 기대에 맞는 행동을 기억하여 반복할 것이며 궁극적으로 아이의 독립심이 발달될 것이다.

지금까지 부모의 양육행동을 살펴보았는데, 부모들은 대표적인 양육행동을 인식하고, 양육형태에 따라 자녀들의 발달에 커다란 차이가 있음을 이해해야 한다. 그리하여 자녀에게 바람직한

양육행동을 택하여 실행하고, 좋은 부모가 되기 위해 끊임없이
자신을 성찰해야 한다.

07/ 초등학령기의 부모 역할

초등학령기 학생은 신체적, 심리적으로 의존하던 상태에서 서서히
벗어나기 시작한다. 부모-자녀 사이의 상호관계의 형태가 가족
구성원이 변함에 따라 점차로 변화한다. 초등학령기는 상호관계가
안정성을 갖는다는 점에서 매우 중요하다. 이 시기에는 인성이
안정적으로 형성되어 성인기와 비슷한 인성을 갖게 된다. 또한 다양한
능력이 급속도로 발달하는 시기이기도 하다.

초등학교에 입학하면 자녀의 역량과 독립심이 발달하면서 부모를
따르는 것이 점차 줄어들고 또래와의 관계가 깊어진다. 실제로 또래와
동조하고 반사회적인 행동을 하는 것은 초등학교 3학년에서부터 점차
증가하다가 일정 시기 이후로는 줄어드는 경향이다.

학교는 학생에게 보상을 주는 곳이기도 하지만 교사와 또래와의
상호작용 과정에서 불안을 느끼기도 한다. 이러한 상황에서 아동은
무력감, 실패, 친구로부터의 거부를 경험하기도 한다. 이 시기에
부모가 격려를 해 주는 것은 행동을 고치는 데 가장 영향력이 있다.
격려자 역할이 부모와 자녀 사이의 상호작용이 점차 신체적인 것에서
심리적인 것으로 바뀌어 가는 초등학령기에 가장 중요하게 요구되는
부모의 역할이다.

08 1학년에 주는 주요 비료와 김매기

〈 학 습 면 에 주 는 비 료 〉

1학년에 지원되어야 할 학습 면의 수준과 범위를 각 영역별로 구체적으로 소개해 보면 다음과 같다. 내 아이는 이러한 기준에 비추어 어느 정도의 수준이며, 비료를 잘 주고 있는지 점검해 보고, 아직 부족하다고 생각되는 부분은 지원해 주고 잘못 형성된 부분은 김을 매 주어야 한다.

▶ 듣 기 수 준 과 범 위

- 일상생활에서 들은 여러 가지 소리를 흉내 내기
- 어린이의 일상생활을 소재로 한 짧은 이야기 듣기
- 말의 재미를 느끼면서 시나 노래 듣기
- 등장인물의 행동이나 모습이 뚜렷하게 나타나는 의인화된 동물 이야기, 위인전, 옛날이야기 듣기

▶ 말 하 기 수 준 과 범 위

- 일상생활에서 간편하게 자신을 소개할 줄 알기
- 일상생활에서 친구, 가족, 친지, 교사와 주고받는 간단한 인사말 하기
- 일상생활에서 자신의 감정을 표현하는 간단한 대화하기
- 일이 일어난 차례에 따라 이야기를 간단하게 정리하여 말하기

▶ 글 읽기 수준과 범위

-우리말 자음과 모음으로 구성된 문장이나 짧은 글 읽기
-띄어 읽기에 주의를 요하는 문장이나 짧은 글 정확하게 소리 내어
  읽기
-일상생활에서 사물에 관한 글을 읽고 대강의 내용을 이해하기
-일상생활의 경험을 담은 일기나 동화 읽기

▶ 쓰기의 수준과 범위

-친숙하고 쉬운 낱말이나 문장 바르게 쓰기
-대상의 특징이 드러나게 소개하는 글쓰기
-주변에서 일어난 일에 대하여 자신의 생각을 글로 쓰기
-인상 깊었던 일을 정리하여 그림일기 쓰기

▶ 언어 자료의 수준과 범위

-한글 자음자와 모음자 이름과 소리 알기
-문장부호 이름과 쓰임 알기

▶ 독서 수준과 범위

-운율이 잘 드러나는 짧은 표현이나 시 낭송
-재미있는 표현이 드러나는 글이나 작품 독서
-상상이나 환상의 세계를 담은 작품 독서

-더한다, 합한다, ~보다 ~큰 수, 뺀다, 덜어 낸다, 차, ~보다 ~작은
  수 등의 일상적 용어를 사용하여 덧셈과 뺄셈 개념에 친숙하게
  한다.
-받아올림이나 받아내림이 없는 두 자리 수끼리의 덧셈, 뺄셈을 여러
  가지 방법으로 알아보고, 암산으로 해결할 수 있다.

▶ 도 형

-상자 모양, 둥근 기둥 모양, 공 모양 등의 일상적 용어를 사용하여
  기본적 입체도형에 친숙하게 한다.
-네모, 세모, 동그라미 등의 일상적 용어를 사용하여 기본적인 평면
  도형에 친숙하게 한다.

▶ 측 정

-구체물의 길이, 들이, 무게, 넓이를 비교하여 각각 길다, 짧다, 많다,
  적다, 무겁다, 가볍다, 넓다, 좁다 등의 말로 나타내고 구별할 수
  있게 한다.
-시계를 보고 몇 시, 몇 시 몇 분까지 시각을 읽게 한다.

▶ 확 률과 통 계

-분류의 기준이 되는 특징을 분명하고 간단한 것으로 한다.

▶ 규칙성과 문제 해결

-100까지 수 배열표에서 수의 규칙을 찾을 수 있게 한다.
-문제 해결에 관한 기초 경험 단계이므로 자신감과 흥미를 갖도록
한다.

〈 도덕성 김매기 〉

▶ 내 일 스스로 하기

-몸 깨끗이 하기
-자세 바르게 하기
-스스로 준비하기

▶ 예절 지키기

-바르게 인사하기
-바르게 식사하기
-다른 사람 배려하기
-친구와 사이좋게 지내기
-여럿이 함께 쓰는 물건 소중히 다루기
-환경 보호하기

▶ 질서 지키기

-차례 지키기
-규칙 지키기
-나라 사랑하기(태극기, 애국가, 무궁화)

09/ 2학년에 주는 주요 비료와 김매기

〈 학 습 면 에 주 는 비 료 〉

2학년에 지원되어야 할 학습 면의 수준과 범위를 각 영역별로 구체적으로 소개해 보면 다음과 같다. 내 아이는 이러한 기준에 비추어 어느 정도 수준이며, 비료를 잘 주고 있는지 점검해 보고, 부족하다고 생각되는 부분은 지원해 주고 잘못 형성된 부분은 김을 매 주어야 하겠다.

▶ 듣기 수준과 범위

- 여러 가지 대상을 설명하는 말을 듣고 추측할 줄 알기
- 칭찬이나 충고 듣고 말하는 사람의 마음을 헤아리기
- 교실이나 놀이 공간에서 친구들과 대화하기
- 이야기를 바탕으로 꾸민 인형극 보고 느낄 줄 알기

▶ 말하기 수준과 범위

- 자신이 알고 있는 내용이나 조사한 내용에 대해서 설명하기
- 이야기 속 인물에게 자신의 생각을 조리 있게 말하기
- 스무고개, 수수께끼, 끝말 이어 가기 등의 말놀이
- 어린이를 위한 이야기, 드라마, 영화 등에 등장하는 인물의 말 전하기

▶ 글 읽기 수준과 범위

-글의 목적이나 글의 분위기를 살려서 읽기
-일상생활에서 접할 수 있는 대상을 쉽게 설명하는 글 읽기
-재미있는 이야기나 생활문, 웃음을 유발하는 이야기 읽기
-즐거움, 기쁨, 슬픔, 분노 등의 가정을 표현한 글 읽기

▶ 쓰기의 수준과 범위

-다양한 매체를 통해서 알게 된 내용을 요약하는 글쓰기
-주변 인물에게 요청하는 내용을 쓴 글쓰기
-주변 인물에게 어떤 일을 제안할 목적으로 쪽지 쓰기
-겪은 일이 잘 드러나게 일기 쓰기

▶ 언어 자료의 수준과 범위

-소리를 혼동하기 쉬운 낱말을 정확하게 발음하기
-표기와 소리가 다른 낱말을 정확하게 표기하기
-의미관계를 나타내는 낱말 이해하기

▶ 독서 수준과 범위

-운율이 잘 드러나는 짧은 표현이나 시 낭송
-친숙한 인물이 등장하는 시나 노래, 극, 이야기, 수필 읽기
-상상이나 환상의 세계를 담은 작품 읽기
-창의적인 발상이나 재미있는 표현이 드러나는 작품 읽기

▶ 수 와 연 산

-합이 1,000 미만인 범위에서 세 자리수의 덧셈을 한다.
-두 자리 수의 범위에서 받아올림이 있는 덧셈과 받아내림이 있는 뺄셈을 한다.
-곱셈구구를 이해하고 한 자리수의 곱셈을 한다.

▶ 도 형

-선분, 직선, 삼각형, 사각형, 원을 이해하고 그 모양을 그리거나 만든다.
-주어진 쌓기나무로 여러 가지 입체도형을 만든다.

▶ 측 정

-1시간은 60분, 1일, 1주일, 1개월, 1년 사이의 관계를 이해한다.
-1㎝, 1m 단위를 알고 길이를 잴 수 있다.

▶ 확 률 과 통 계

-조사된 자료를 간단한 그래프로 나타내어 자료크기를 비교한다.
-표나 그래프를 이용한 크기 비교방법의 편리성을 알게 한다.

▶ 규 칙 성 과 문 제 해 결

-곱셈표에서 여러 가지 규칙을 찾고 설명한다.
-여러 가지 방법으로 미지수를 구한다.
-간단한 사칙계산으로 어떤 수를 구할 수 있다.

〈 도 덕 성   김 매 기 〉

▶   내 일   스 스 로   하 기

-몸차림 단정히 하기
-물건을 아끼고 정리, 정돈하기
-자기 일을 스스로 계획하고 실천하기

▶   예 절   지 키 기

-바르고 고운 말 쓰기
-가족끼리 서로 돕고 화목하게 지내기
-다른 사람 배려하고 약속 지키기
-이웃과 다정하게 지내기
-생명을 보호하기

▶   질 서   지 키 기

-교통질서와 규칙 지키기
-공공장소에서 질서 지키기

▶   나 라   사 랑 하 기

-우리나라의 자랑거리 소중히 하기
-통일에 대하여 관심 가지기

10/ 3학년에 주는 주요 비료와 김매기

〈 학 습 면 에 주 는 비 료 〉

3학년에 지원해 주어야 할 학습 면의 수준과 범위를 각 영역별로 구체적으로 소개해 보면 다음과 같다. 내 아이는 이러한 기준에 비추어 어느 정도의 수준이며, 비료를 잘 주고 있는지 점검해 보고, 아직 부족하다고 생각되는 부분은 지원해 주고 잘못 형성된 부분은 김을 매 주어야 하겠다.

▶ 듣 기 수 준 과 범 위

- 학교나 공공장소에서 안내하는 말 듣고 내용 알기
- 일상생활에서 들을 수 있는 훈화에 담긴 교훈 알기
- 친구 또는 웃어른과 주고받는 전화를 예의바르게 받고 대화하기
- 다양한 반언어적·비언어적 표현이 드러나는 애니메이션을 보고 이해하기

▶ 말 하 기 수 준 과 범 위

- 길을 묻는 사람에게 길을 자세하게 안내하기
- 이야기나 속담을 활용하여 주장하는 말하기
- 안부를 주고받는 간단한 전화 대화하기
- 사건의 전개 과정이 인과 관계로 잘 연결된 경험담 말하기

▶ 글 읽 기 수 준 과 범 위

- 대상을 자세하게 설명한 글 읽기
- 물건의 사용 절차와 방법에 대한 설명서 읽고 이해하기
- 글쓴이의 생각과 느낌이 분명하게 드러나는 독서 감상문 읽기
- 인물의 성격이 잘 표현된 만화나 애니메이션 읽기

▶ 쓰 기 의 수 준 과 범 위

- 일의 절차, 방법 등을 설명하는 글쓰기
- 생활 경험을 바탕으로 하여 자신의 의견을 제시하는 글쓰기
- 주위 사람에게 감사하는 마음을 전하는 글쓰기
- 생각과 느낌을 표현하는 감상문 쓰기

▶ 언 어 자 료 의 수 준 과 범 위

- 국어사전에서 낱말 찾는 방법 알기
- 동음이의어와 다의어가 들어 있는 단어 구별하여 이해하기
- 평서문, 의문문, 청유문, 명령문, 감탄문 등 여러 종류의 문장

▶ 독 서 수 준 과 범 위

- 운율, 이미지 등이 잘 드러나는 시, 노래 낭송
- 위인전기문 읽기
- 친숙한 세계, 상상적인 세계를 배경으로 하는 작품 읽기

▶ 수와 연산

- 일, 십, 백, 천의 자릿값의 의미를 이해하고, 만까지의 수를 읽고 쓸 수 있다.
- 곱셈, 나눗셈, 분수, 소수를 이해하고 크기를 비교할 수 있다.

▶ 도형

- 각, 직각, 직각삼각형, 직사각형, 정사각형, 원의 중심, 반지름, 지름을 알고, 그들 사이의 관계를 이해한다.
- 컴퍼스를 이용하여 여러 가지 모양을 그릴 수 있다.

▶ 측정

- 1분이 60초임을 알고, 시간과 시각의 의미를 안다.
- 1mm, 1km, 1ℓ, 1㎖, 1g, 1kg의 단위를 알고 그 관계를 이해한다.

▶ 확률과 통계

  - 여러 가지 자료를 수집하여 표, 막대그래프, 간단한 그림그래프로 나타낼 수 있다.

▶ 규칙성과 문제 해결

- 규칙을 정하여 한 가지 도형으로 여러 가지 무늬를 꾸밀 수 있다.
- 표 만들기, 예상, 확인 등의 방법으로 문제를 해결할 수 있다.

〈도덕성 김매기〉

▶ 도덕적 주체로서의 나

자신을 소중히 여기는 것의 의미와 중요성을 이해하고 자신을 소중히 여기는 사람이 되려고 노력하는 태도를 지니도록 한다.

▶ 우리·타인·사회와의 관계

화목한 가정생활의 중요성을 이해하고 화목한 가정을 이루기 위해 부모님께 효도하고 형제자매 간에 우애 있게 지내는 태도를 지니도록 한다.

▶ 자연·초월적 존재와의 관계

생명의 신비와 생명의 소중함을 알고 생명 존중의 태도를 실천할 수 있는 능력을 지니도록 한다.

11 / 4학년에 주는 주요 비료와 김매기

▶ 듣기 수준과 범위

- 설명하는 말을 듣고 중요한 내용 이해하기
- 일상생활에서 발생하는 문제나 시사적인 문제를 논제로 토의하기
- 소개하는 말을 듣고 능동적으로 반응하기
- 주제가 분명하게 드러난 교훈적 이야기, 우화, 창작이야기 듣기

▶ 말 하 기 수 준 과 범 위

- 자신이 알고 있는 내용, 조사한 내용을 친구들 앞에서 발표하기
- 회의 절차, 방법 알고 참여하기
- 일상생활에서 하는 부탁, 거절, 위로의 말하기
- 문학작품에서 받은 감동을 적절한 표현을 하여 말하기

▶ 글 읽 기 수 준 과 범 위

- 국어사전, 백과사전 읽는 방법 알기
- 맥락에 적절한 어휘 선택하여 사용하기
- 여정과 감상이 잘 나타난 기행문 읽기

▶ 쓰 기 의 수 준 과 범 위

- 생활 경험을 바탕으로 하여 읽는 이에게 제안하는 글쓰기
- 가까운 사람과 편지글 쓰기
- 인상 깊었던 일을 글과 그림으로 표현하여 책 만들기

▶ 언 어 자 료 의 수 준 과 범 위

- 표준어, 방언을 적절하게 사용하기
- 국어의 높임법을 이해하기
- 문장을 구성하는 성분을 분석하기

▶ 독 서 수 준 과 범 위

- 좋아하는 시를 분위기 살려 암송하기

- 영웅, 위인 등장 이야기, 글 읽기
- 문학작품을 읽고 감동을 정리하고 표현하기

▶ 수와 연산

- 덧셈, 뺄셈, 곱셈, 나눗셈이 섞여 있는 계산 문제를 해결할 수 있다.
- 진분수, 가분수, 대분수의 이해와 분수끼리의 덧셈, 뺄셈을 할 수 있다.

▶ 도형

- 이등변삼각형, 정삼각형을 이해한다.
- 예각, 둔각의 뜻을 이해한다.
- 수직, 평행관계 이해하고, 사다리꼴, 평행사변형, 마름모, 직사각형, 정사각형의 개념을 알고 이해한다.

▶ 측정

- 각도기를 이용하여 각의 크기를 측정할 수 있다.
- 직사각형, 정사각형의 넓이를 구하는 방법을 이해하고, 구할 수 있다.
- 반올림, 올림, 버림의 의미를 알고 실생활에서 활용할 수 있다.

▶ 확률과 통계

- 연속적인 변량에 대한 자료를 수집하여 꺾은선그래프로 나타낼 수 있다.

▶ 규 칙 성 과 문 제 해 결

-규칙을 추측하고 말이나 글로 표현할 수 있다.
-단순화, 논리적 추론 등의 여러 가지 방법으로 문제를 해결할 수
있다.

〈 도 덕 성 김 매 기 〉

▶ 도 덕 적 주 체 로 서 의 나

-정직의 중요성을 알고 항상 자신과 남을 속이지 않는 태도를 길러
다른 사람에게 믿음을 줄 수 있는 사람이 되려는 자세를 지니도록
한다.
-자신이 할 일을 스스로 하는 태도의 중요성을 알고, 자기 일을
스스로 생각하고 행동하는 자세를 지니도록 한다.

▶ 우 리 · 타 인 · 사 회 와 의 관 계

약속의 중요성을 이해하고, 약속을 잘 지키려는 태도를 지닌다.
현대 지식 정보사회에서 대두되고 있는 인터넷 활용상의 문제점과
개인과 사회에 미치는 영향을 바르게 인식하고, 바람직한 인터넷
예절을 익히고 실천하려는 태도를 지니도록 한다.

▶ 자 연 · 초 월 적 존 재 와 의 관 계

나와 자연과의 관계에 대한 올바른 이해를 바탕으로 환경 보호의
중요성을 깨닫고, 환경보호 활동을 생활화하는 태도를 지니도록 한다.

12/ 5학년에 주는 주요 비료와 김매기

▶ 듣 기 수 준 과 범 위

-발표 목적과 내용 파악하기
-토론에서 상대의 주장과 근거가 적절한시 판난하기
-친구들 간에 온라인 대화하기
-비언어적 표현을 다양하게 활용한 개인 경험담 듣기

▶ 말 하 기 수 준 과 범 위

-수업, 학급회의, 방송 등 공식적 상황에서 발표하기
-규칙을 지키면서 토론하기
-여러 가지 사회적 관계에 따른 칭찬이나 사과의 말하기
-학교 안팎에서 일어나는 일을 소재로 하여 촌극 하기

▶ 글 읽 기 수 준 과 범 위

-사건의 전개과정과 인과관계가 분명하게 드러난 서사문, 역사서
 읽기
-신문, 텔레비전, 라디오, 인터넷 등에 나오는 광고 의도 파악하기
-책에 대한 정보와 평가가 담긴 글 읽기
-전기문을 읽고 인물의 가치관, 신념, 삶의 모습 평가하기

▶ 쓰기의 수준과 범위

-학교, 지역사회에서 일어난 일을 육하원칙에 따라 기사문 작성하기
-학교에서 제기되는 쟁점에 대하여 찬성, 반대하는 글쓰기
-상대방의 마음을 헤아리면서 사과하는 글쓰기
-재미있는 사건을 상상하여 글쓰기

▶ 언어 자료의 수준과 범위

-반어적 표현을 효과적으로 사용하여 의사소통하기
-문장, 글에서 단어의 의미 해석하기
-과거, 현재, 미래의 시감표현 방식 이해하기

▶ 독서 수준과 범위

-사건 전개가 분명한 작품 독서하기
-인물이나 배경 묘사가 구체적인 작품 독서하기
-주제가 분명하게 드러나는 작품 독서하기

▶ 수와 연산

-약수, 공약수, 최대공약수의 의미를 알고, 이를 구할 수 있다.
-배수, 공배수, 최소공배수의 의미를 알고 이를 구할 수 있다.
-약분, 통분, 소수끼리의 곱셈, 나눗셈을 할 수 있다.

▶ 도형

-직육면체, 정육면체 전개도, 겨냥도를 그릴 수 있다.

-도형의 합동 선대칭도형과 점대칭도형의 의미를 알고 그릴 수 있다.

▶ 측 정

-1㎠, 1㎡ 단위를 알고 평면도형의 넓이를 구할 수 있다.

▶ 확 률 과 통 계

-평균의 의미를 알고 주어진 자료의 평균을 구할 수 있다.

▶ 규 칙 성 과 문 제 해 결

-비율을 여러 가지 방법으로 나타낼 수 있다.
-하나의 문제를 여러 가지 방법으로 해결하고 방법을 비교할 수 있다.

〈 도 덕 성 김 매 기 〉

▶ 도 덕 적 주 체 로 서 의 나

-자신의 일에 최선을 다하는 생활의 중요성을 알고, 이를 생활
 속에서 실천하려는 태도와 의지를 지니도록 한다.
-분노, 좌절, 흥분 등 다양한 감정이 발생하는 원인을 알고, 자신의
 감정표현이 가져오는 결과들을 합리적으로 예측하여, 때와 장소 및
 상대에 적절한 바람직한 감정 표현방식을 배우도록 한다.

▶ 우 리 · 타 인 · 사 회 와 의 관 계

-이웃 간 예절의 중요성을 이해하고, 다양한 일상생활 장면에서

지켜야 할 예절을 실천하며, 이웃들과 다정하고 화목하게 지내려는 태도를 지니도록 한다.

- 다른 사람들과 함께 성공적으로 일을 하고 조화롭게 살아가기 위해서는 서로 돕는 태도가 중요함을 이해하고, 일상생활 속에서 협동하려는 자세를 지니도록 한다.

- 일상생활에서 발생하는 다양한 도덕적 갈등의 원인과 대화의 중요성을 인식하여 도덕적 갈등을 대화를 통해 평화적으로 해결하려는 태도를 지니도록 한다.

- 인터넷 게임 중독의 위해성을 정확하게 인식하고, 인터넷 게임을 바르게 이용하는 태도를 지니도록 한다.

▶ 자연·초월적 존재와의 관계

참된 아름다움이란 외면적 아름다움뿐만 아니라 내면적 아름다움, 즉 착한 마음을 포함하는 것임을 인식하고, 각자가 아름다운 마음을 기르도록 노력하는 태도를 지니도록 한다.

13/ 6학년에 주는 주요 비료와 김매기

▶ 듣기 수준과 범위

- 뉴스를 듣고 정보에 관점이 반영됨을 알기
- 선거유세를 듣고 주장하는 말의 적절성 판단하기
- 인사말에 영향을 끼치는 사회적 맥락을 이해하기
- 어린이 생활 소재로 한 텔레비전 드라마 보고 내용 추측하기

▶ 말 하 기 수 준 과 범 위

- 면담의 절차와 방법을 알고 효과적으로 면담하기
- 학습상황, 일상생활에서 제기되는 문제 토의하기
- 공식적, 비공식적 상황에서 사회적 관계를 고려한 적절한 인사말 하기
- 감정 이입하여 연극을 실감나게 표현하기

▶ 글 읽 기 수 준 과 범 위

- 글쓴이의 관점, 의도 파악하기
- 논설문을 읽고 타당서과 적절성을 평가하기
- 호소력 있는 표현을 활용한 공동 참여를 요구하는 글 읽기
- 웃음을 유발하는 글 읽고 표현의 익살스러움과 재미를 느끼기

▶ 쓰 기 의 수 준 과 범 위

- 다양한 매체에서 조사한 내용을 요약하는 글쓰기
- 자신의 관점이 드러나게 연설문 쓰기
- 읽는 이의 마음을 고려한 축하글 쓰기
- 여정, 견문, 감상이 잘 드러난 기행문 쓰기

▶ 언 어 자 료 의 수 준 과 범 위

- 고유어, 한자어, 외래어, 외국어의 개념을 알고 국어어휘 특징 이해하기
- 동 문장 연결 관계 이해하기
- 한글의 의의를 알고 우수성 설명하기

-자신이 좋아하는 문학 작품을 들고 그 이유를 설명한다.
-문학작품에 나타난 비유적 표현 특성과 효과를 이해한다.
-문학작품에 나타난 인물 간의 갈등을 이해한다.

▶ 수 와 연 산

-간단한 분수와 소수의 혼합계산을 할 수 있다.

▶ 도 형

-각기둥과 각뿔의 성질을 이해하고 전개도를 그릴 수 있다.
-원기둥과 원뿔을 이해하고 전개도를 그릴 수 있다.

▶ 측 정

-원주율과 원의 넓이를 구하는 방법을 이해하고, 구할 수 있다.
-정육면체, 직육면체의 겉넓이, 부피를 구할 수 있다.

▶ 확 률 과 통 계

-띠그래프, 원그래프의 의미를 알고 이를 활용할 수 있다.
-경우의 수의 뜻을 알고 이를 구할 수 있다.

▶ 규 칙 성 과 문 제 해 결

-미지수를 x로 나타내고 등식의 성질을 이용하여 간단한 방정식을 풀

수 있다.

- 정비례, 반비례 관계를 활용하여 실생활 문제를 해결할 수 있다.

〈 도 덕 성 김 매 기 〉

▶ 도 덕 적 주 체 로 서 의 나

- 자긍심이 자신의 삶에 미치는 중요성을 알고, 자긍심을 가지고 자기 삶의 목표를 세우고 이를 성취하기 위해 노력하는 태도를 지니도록 한다.
- 맡은 일에 책임을 다하는 것의 의미와 중요성을 알고, 결과에 대해 책임을 지는 태도를 지니도록 한다.

▶ 우 리 · 타 인 · 사 회 와 의 관 계

- 질서 있고 안전한 사회생활을 영위하기 위해 법과 규칙을 지키는 것이 중요함을 이해하고, 이를 잘 지키는 태도를 지니도록 한다.
- 다른 사람과 갈등을 줄이고 조화롭게 살아가기 위해 공정하게 행동하는 것이 중요함을 인식하고, 공정하게 행동하는 태도를 지니도록 한다.
- 나와 함께 살아가는 주위 사람들에 대해 관심을 가지고, 그들의 삶에 공감하며, 그들을 위해 배려하고 봉사하는 태도를 지니도록 한다.

▶ 자 연 · 초 월 적 존 재 와 의 관 계

- 성인들의 가르침과 근본정신을 알고, 그 핵심이 사랑과 인 및 자비의 실천에 있음을 이해하며, 일상생활 속에서 이를 잘 실천한 사람을 본받는 태도를 지니도록 한다.

5 부

도대체 학습이론이 뭐야

부모의 가장 중요한 역할은 아이가 건강하고 바람직하게 자라는 것을 도와주는 것이다. 그 가운데 학습하는 것을 도와주기 위해서 학습에 관련된 이론들을 살펴보고자 한다. 교육심리학자들은 심리학적 이론과 연구로부터 학습에 적용할 수 있는 일반적 학습원리를 얻기 위하여 노력해 왔다. 그리하여 서로 다른 관점에서 다른 연구방법론을 이용하여 학습에 대해 연구한 결과 부모나 교사가 아이들의 학습을 어떻게 도와주어야 하는가에 대해 행동주의 학습이론, 인지주의 학습이론, 인본주의적 이론 등 서로 다른 이론을 발표하였다. 이와 같은 다양한 학습이론에 대한 이해와 현명한 판단은 부모의 가정교육에 많은 도움을 줄 것이다.

01/ 학습은 행동을 달라지게 하는 것(행동주의 학습이론)

"나에게 건강한 아이 몇 명을 준다면, 나는 그들의 재능, 취미, 적성, 인종에 상관없이 예술가, 의사, 법률가, 도둑 등 당신이 선택하는 것 중의 하나가 되도록 아이들을 훈련시킬 수 있습니다."

존 왓슨(John Watson)은 위와 같이 환경을 조성하고 적절한 강화를 주면 어떤 행동도 학습시킬 수 있다고 주장하였다. 그가 이렇게 자신 있게 주장하는 것은 모든 행동이 강화와 보상으로 형성 또는 소거될 수 있다는 생각에서 비롯한다. 행동주의자들은 학습을 행동의 변화라고 가정하고 행동과 관찰 가능한 반응에만 초점을 맞추고, 내적 정신과정은 관찰될 수 없고, 과학적으로 연구될 수 없다는 이유로 철저히 학습에서 배제하였다. 행동주의적 관점은 학교현장에서 수업을 진행해 나가는 데 바람직한 학생행동을 격려하고 좋지 못한 행동을 억제하는 데 사용할 수 있는 매우 효과적인 이론으로 인정받고 있다.

여러 행동주의 학자들의 연구내용과 이론을 간단하게 살펴보면 다음과 같다.

첫째, 손다이크(Thorndike)의 시행착오설

손다이크는 미로를 만들어 출발점에 쥐를 놓고 이 쥐가 먹이를 찾아 출구까지 어떻게 찾아가는가를 관찰하여 성공할 때까지의 행동과 소요되는 시간에 대한 실험을 하였다. 그 실험을 통하여 유기체는 자극에 대하여 시행착오적으로 반응을 반복하면서 효과의 법칙에 따라 실패한 반응은 약화되고, 성공적 반응은 강화됨으로써 학습이 성립된다고 생각하였다. 그리고 학습에 관련된 효과의 법칙, 연습의 법칙, 준비성의 법칙을 발견하였다. 먼저 효과의 법칙은 행동의 결과에 따른 만족과 불만족이 학습을 적극적인 방향 또는 소극적인 방향으로 강화시킨다는 법칙이다. 예를 들면 쥐가 미로를 통과했을 때, 먹이를 주면 다음에 그 행동이 다시 반복되었고, 때리면 다시는 시행하려고 하지 않았다. 연습의 법칙은 어떤 뜻을 가지고 자꾸만 반복해서 시행하면 결국 완전한 것이 된다는 법칙이다. 예를 들면, 30번 미로를 통과한 쥐는 50번 시행을 한 쥐보다 미로를 통과하는 시간이 더 걸리는 경우이다. 준비성의 법칙은 새로운 지식을 습득할 준비가 충분하게 되어 있을수록 결합이 용이하게 된다는 법칙이다. 예를 들면 쥐가 배가 고파야 미로를 통과하려고 학습할 것이며, 지적으로 시행을 많이 한 쥐가 준비도가 높다는 것이다.

둘째, 파블로프(Pavlov)의 고전적 조건 형성이론

파블로프는 개에게 음식을 줌과 동시에 종소리를 울려 주는 과정을 여러 번 계속한 후에 음식을 주지 않고 종소리만 들려주어도 침을 흘리게 된다는 '개의 타액분비' 실험을 하였다. 다음과 같은 4가지 학습 원리를 찾아내어 발표하였다. 먼저 종을 치고 먹이를 줘야 한다는 시간성의 원리, 전 자극보다 후속 자극이 강하거나 같은 강도이어야 반응이 효과적이라는 강도의 원리, 조건자극은 일관된 자극물을 사용해야 한다는 일관성의 원리, 여러 번 종을 치고 먹이를 줄수록 조건화가 잘 이루어진다는 계속성의 원리 등이다.

셋째, 스키너(Skinner)의 도구적 조건형성이론

스키너는 방음장치가 된 상자의 벽에 어떤 표적을 설치해 놓고 이 표적을 쪼면 먹이가 나오도록 하는 실험을 통하여 비둘기에게 표적을 쪼는 반응을 학습시키게 된다. 그는 이러한 절차로 학습하는 과정을 '작동적 조건화'라고 하였다. 비둘기가 먼저 반응을 보이면 먹이를 먹을 수 있는 점이 종이 울린 뒤에 침이 분비되어 먹이를 받는 파블로프의 고전적 조건형성이론과 다른 점이다. 부모가 내 아이에게 형성시키고자 하는 행동이 있다면, 아이가 그러한 행동을 했을 때마다 칭찬을 해 준다. 칭찬을 받은 아이는 행동이 학습되어 습관화된다는 것을 알고 생활 속에서 실천할 수 있다. 행동주의 학습이론에서 주목해야 할 것은 잘못했을 때도 "괜찮아, 조금만 하면 할 수 있어."라고 칭찬하면서 희망을 주는 '칭찬의 원리'와 강화와 벌은 반응 즉시 주어야 한다는 '즉시 강화의 원리'이다.

부모가 가정에서 행동주의 학습이론을 교육적으로 적용하려면 어떻게 해야 할까?

-학습하고자 하는 과제나 목표를 세부적으로 설정하고,

-학습하고자 하는 과제에 대한 아이의 출발점 행동을 확인하고,

-아이의 학습동기를 유발시키고,

-외적으로 표현되는 행동을 계속 반복적으로 학습하도록 한다.

02/ 학습은 생각을 달라지게 하는 것(인지주의 학습이론)

인지주의 학습이론은 인간의 내적 사고과정 그 자체를 연구하여 인간행동에 관해서 설명한다. 학습은 '행동의 변화'가 아니라 '인지구조의 변화'라는 것이다. 인지론의 특징은 행동주의가 다루지 않았던 인간의 의식을 연구대상으로 삼고 있으며, 인간을 알고 생각하고 느끼며 바라고 스스로 판단할 수 있는 독특한 존재라고 믿으며, 구조화된 전체 장면과 즉시적인 이해학습인 통찰학습을 강조한다.

여러 인지주의 학자들의 연구내용과 이론을 간단하게 살펴보면 다음과 같다.

첫째, 쾰러(W. Koheler)의 통찰의 아하현상(a-ha phenomenon)

쾰러는 천장 위에 바나나를 매달아 놓고 크기가 다른 나무 상자 몇 개를 넣어 둔 방안에 침팬지를 들어가게 하였다. 그리고 침팬지가 바나나를 따 먹는 과정을 관찰하였다. 침팬지는 시행착오나 조건반사 과정을 거치지 않고 바나나를 중심으로 방안 전체를 둘러보고 한참만에야 상자를 쌓아 놓고 올라가 바나나를 따 먹는 것이었다. 이 실험을 통하여 쾰러는 '학습은 반복을 필요로 하지 않는 통찰에

의하여 전체적인 관계를 파악'함으로써 이루어진다고 말하고, 이러한 통찰을 아하현상(a-ha phenomenon)이라고 하였다. 통찰은 적절한 과거의 경험에 의하여 이루어지고, 한 번 통찰이 이루어지면 새로운 장면에서도 이것을 적용하게 된다. 그러므로 부모는 아이들에게 다양한 경험을 쌓을 수 있는 체험기회를 제공하여, 통찰을 잘할 수 있도록 지원해 주어야 한다.

둘째, 레빈(K. Lewin)의 장(Field, 생활공간)이론

레빈은 학습의 역동성, 전체성을 중심으로 장이론을 설명한다. 그는 학습이란 생활공간에 대한 인지구조의 변화라고 보았다. 즉, 학습은 내 아이와 처해진 환경과 상황 속에서 일어나는 인지의 구조화와 재구조화가 일어나는 과정이라는 것이다.

알기 쉽게 공식으로 표현하면, '내 아이의 행동=내 아이의 개인적 성향*주어진 환경'이다. 이것은 학습자의 행동이 일어난 당시의 처해진 장(상황)의 기능을 보고, 학습자와 환경과의 심리상태를 수학적으로 표현한 것이다.

따라서 부모는 내 아이의 요구, 기대, 능력 등에 알맞은 개인차에 따른 마인드로 지도해야 하며, 내 아이가 왜 그렇게 행동하는지를 아이의 표현된 행동만을 한정해서 판단하지 말고 상황을 정확히 읽고 종합적으로 판단하여, 내 아이의 행동을 존중해 주어야 한다.

셋째, 톨만(E. C. Tolman)의 잠재학습이론

톨만은 두 집단의 쥐를 미로상자에 넣고 목적지점에 도착하는 실험을 하였다. A집단의 쥐에게는 목적지점에 도착할 때마다 먹이를 주어서 강화하고, B집단의 쥐에게는 목적지점에 도착하여도 강화를 하지 않았다. 이 조건하에서는 A집단의 쥐가 목적지점에 도착하는

것이 우수하였다. 그러나 실험이 시작된 지 10일 후에 B집단의 쥐에게도 목적지점에 도착할 때 먹이를 주었다. 그런데 단 하루 먹이를 주었는데도 A집단보다 더 우수한 효과를 나타내었다. 여기에서 B집단은 처음 10일간은 A집단보다 못했으나 분명히 잠재적인 학습을 하고 있었다. 톨만은 이때에 학습되는 것을 외적 행동이 아니라 '내적인 인지지도'라고 하였다.

톨만의 잠재학습의 경우, 미로를 통과하면 먹이를 주는 과정(조건화 과정)이 없이도 학습이 가능하다는 것을 보여 준다. 이것은 쥐가 비록 보상(먹이)이 없더라도 나름대로 미로통과에 대한 인지지도를 형성했기 때문에 일어나는 학습현상이다. 따라서 부모는 내 아이가 가정과 학교생활에서 쌓아 가는 경험 속에서 꾸준히 인지를 구조화하고 또 재구조화해 나가면서 사고를 형성해 나감을 인식하여야 한다. 그리고 보다 바람직한 경험을 할 수 있도록 환경을 지원해 주고, 많은 노력을 기울여야 한다.

03/ 학습은 따뜻한 마음으로 세상을 널리 이롭게 하는 것(인본주의 학습이론)

부모나 교사는 심리치료사와 같이 내 아이나 학생들의 잘못을 지적하기보다는 그들을 있는 그대로 수용하여 느낌과 생각을 이해함으로써 학습을 동기화시키거나 문제행동을 줄일 수 있다고 보는 것이 인본주의 학습이론 입장이다. 따라서 부모는 상담에서 인간중심 치료자가 하는 것처럼 유능감, 자기존중감, 자율성,

자아실현을 격려해 주는 지지적 환경을 만들도록 노력해야 한다.

인본주의 교육의 목적은 아이가 스스로에 대해서 더 잘 깨닫고 자신을 수용할 수 있도록 도와주며 다른 사람과의 관계를 배우는 것이다. 자아실현적인 아이를 길러 내기 위한 인본주의 교육 원리에 대해 구체적으로 설명하면 다음과 같다.

첫째, 학생들이 스스로 학습의 내용을 계획, 결정하고, 학습을 신행하며 학습결과에 대한 평가를 하는 학습자 중심 학습인 자기주도적 학습력이다.

둘째, 아이가 스스로 동기화되도록 하고, 변화하는 환경 속에서도 새로운 학습을 계속할 능력이 있는 학습방법에 대한 학습을 하는 것이다.

셋째, 아이가 자신과 자신의 미래에 대해서 진정으로 책임을 가질 수 있게 되는 것은 어떤 기준이 자신에게 중요하며, 자신은 어떤 목표를 추구하고 있으며, 어느 정도까지 이 목표를 성취하였는지를 스스로 평가하는 자기평가를 하는 것이다.

넷째, 인본주의 교육자들은 학습과정에서 지식 못지않게 감성의 중요성을 주장한다. 그들은 지식을 주입시키기 위해 아이의 사랑, 고통, 우정, 기쁨, 정서, 환상, 느낌 등을 무시하는 것을 부모나 교사의 심리적인 폭력이라고 하였다. 내 아이에게 봉사활동, 장애친구 도와주기, 장애체험 등과 같은 정의적 경험을 할 수 있도록 지원하고, 자기의 감성을 표현하거나 정서를 이해하도록 지도해야 한다.

다섯째, 학습은 위협적이지 않는 상황에서 이루어질 때 가장 의미 있고 효과적이다. 아이들은 자신의 수준에서 시작하여 조금씩 성공과 성취를 맛보면서 진전할 때 자아실현을 할 수 있는 사람으로 성장할 수 있게 된다. 잘 읽지 못하는 아이, 덧셈을 못하는 아이, 가정형편이 어려운 아이, 장애를 가진 아이 등이 생활 속에서 환경적 위협을 받는 학생들이다. 자아에 대한 위협이 낮고 개인적인 안정감을 느낄 때 학습을 더 잘할 수 있다.

따라서 부모는 위에서 설명한 인본주의 교육의 원리를 이해하고 내 아이에게 적용할 수 있도록 노력해야 하겠다.

인본주의 교육심리학자 이론 중에서 아이들의 동기이해를 쉽게 이해하기 위해 매슬로우(A. H. Maslow)의 욕구위계이론과 와이너(Bernard Weiner)의 귀인이론, 로저스(Carl Rogers)의 인간중심치료를 알기 쉽게 설명하고자 한다.

먼저 매슬로우의 욕구위계론을 설명하면 다음과 같다.

매슬로우는 인간의 동기에는 위계가 있다고 가정한다. 기초적 동기가 충족되지 않으면 그 다음 단계의 동기가 발생하지도 않으며 충족될 수도 없다고 주장한다.

첫째 단계, 생리적 욕구이다.

인간의 욕구 중에 가장 기본적이고 강하며 분명한 것은 음식물, 공기, 수면, 성, 추위, 더위, 감각적 자극 등과 같은 생물학적 생존의 욕구이다. 예를 들면 배가 고픈 아이, 추위에 떨고 있는 아이, 소변이 마려운 아이에게 공부를 하라고 하면 열심히 공부를 하겠는가? 먼저 배고픔, 추위, 생리적 현상 등을 해결해 주어야 공부할 마음이 생긴다는 것이다.

둘째 단계, 안전욕구이다.

생리적 욕구가 충족되면 질서, 정돈, 안전 등을 보장받고 싶어 하는 안전욕구에 대한 관심을 기울인다. 예를 들면, 아이가 부모의 부부싸움, 별거, 이혼 등과 같은 불안한 심리적, 신체적 위협을 느낀다면 공부를 열심히 할 수 있겠는가? 이러한 위협요인이 제거되어야 공부할 마음이 생기는 것이다.

셋째 단계, 소속감과 사랑의 욕구이다.

생리적 욕구와 안전욕구가 만족되었을 때, 소속과 사랑욕구가 잘 나타난다. 공허감, 고독, 무가치감, 소외감, 적대감 등이 있는 아이나 또래집단으로부터 따돌림을 받는 아이가 공부에 집중할 수 있을까? 부모와 대화하는 시간, 공부 이외의 다양한 청소년 활동, 동아리활동을 활성화하여 생활에 흥미를 갖도록 하여 소속감과 사랑의 욕구를 충족하도록 도와주어야 한다.

넷째 단계, 자존 욕구이다.

자존욕구는 능력, 신뢰감, 개인적 힘, 성취 등과 같은 자기존중과 다른 사람으로부터 존경을 받고자 하는 두 가지 욕구를 말한다. 초등학령기 동안에 부모는 아이의 자아개념 형성에 중요한 영향을 미친다. 부모가 아이의 능력을 열등하게 보고 자존심을 깎아내리면, 아이는 학습활동에 적극적으로 참여하지 않으며 점점 학습에 대한 흥미와 의욕도 잃어 간다. 반면에 부모가 아이의 장점을 찾아내어 칭찬과 격려를 아끼지 않는다면, 자신감과 지적 욕구가 유발되어 적극적으로 수업에 참여하게 된다.

다섯째 단계, 인지적 욕구이다.

호기심, 탐구심, 더 알고 싶은 열망 등에 대한 욕구가 인지적 욕구이다. 이 욕구가 강할 때, 지식을 조직하고 체계화하고 상호 관련성을 찾으려는 욕구를 수반한다.

여섯째 단계, 심미적 욕구이다.

완벽한 것, 진실한 것, 정의로운 것 등과 같이 아름다운 환경을 적극적으로 소망하는 사람들에게서 찾아볼 수 있는 심미적 욕구가 있다. 이러한 심미적 욕구를 가진 사람은 그리 많지 않다.

일곱째 단계, 자아실현 욕구이다.

자기가 실현할 수 있는 모든 것을 성취하려는 욕구이다. 부모, 운동선수, 학생, 선생님, 위대한 예술가, 과학자, 선생님, 열심히 일하는 노동자 등과 같이 각자가 최선을 다함으로써 자신의 잠재력을 실현할 수 있는 것이다.

아이들로 하여금 각자의 자아실현 욕구를 실현하게 하는 것이 교육의 궁극적 목표라고 생각해 볼 때, 초등학령기 자녀를 둔 부모가 매슬로우의 욕구위계이론을 이해하여 자녀교육에 적용하는 것은 매우 중요하고 시사하는 바가 크다. 특히 대부분 초등학령기 아이들의 욕구는 생리적, 안전감, 소속감 및 사랑욕구 수준에 있으므로, 부모는 자녀들의 결핍욕구가 무엇인지를 확인하며 그것을 충족시킬 수 있도록 도와주어야 한다.

다음으로 와이너의 귀인이론을 살펴보자.

와이너는 성공이나 실패의 원인을 무엇으로 귀인하느냐에 따라 후속행동과 정서적 경험이 영향을 받는다는 귀인이론을 발표하였다.

예를 들면, 어느 학생이 열심히 노력하여 중간고사 결과가 기대에 못 미치게 나왔을 때, 원인을 교사의 불공평한 채점에 있다고 생각한다면 학기말고사에서 열심히 노력할 가능성은 매우 낮다. 반면에 원인을 자신의 노력 부족이라고 생각한다면 다음 번 학기말고사에서 더욱 열심히 공부할 가능성이 높아진다. 이와 같이 성공과 실패한 원인을 자기 자신에게 귀착시키느냐, 다른 사람에게 귀착시키느냐에 따라 자녀의 동기와 행동에 영향을 미친다는 것이 귀인이론의 중요한 핵심이다. 시험문제 풀기를 연습할 때, "이 문제는 포기하자, 너는 이 문제를 풀 수 없어."라고 말하는 대신, "좀 더 열심히 하자, 새로운 방법으로 풀어 보자."라고 격려하고 이끌어 주는 것이 동기유발에 중요한 요인이 된다.

따라서 부모는 아이가 어떤 중요한 활동에 실패했을 경우, 원인을 자신의 책임, 부족한 노력 등으로 돌리거나 스스로 자신을 감독하고, 가르치고, 강화하는 전략을 사용하게 함으로써 바람직한 귀인유형을 형성할 수 있도록 관심을 가지고 지도해 주어야 하겠다.

마지막으로 로저스의 인간중심치료 방법을 살펴보자.

로저스는 심리치료에서 인본주의 운동을 최초로 창안하고 발전시킨 인본주의 심리학자이다. 그는 상담상황에서 상담자의 진실한 보살핌, 존중, 수용, 이해의 태도를 통하여 내담자의 방어와 경직된 지각을 느슨하게 할 수 있고, 개인적 기능을 높일 수 있게 한다고 말하였다. 여기에서 우리는 상담자를 부모나 교사로, 내담자를 자녀나 학생으로, 상담상황을 가정이나 학교에서의 학습상황으로 대치하여 생각하는 안목을 가지고 접근할 필요가 있다. 로저스가 말한 인본주의 상담자의 본질적인 부분을 참고하여 인본주의 부모나 교사가 가져야 할 세 가지 측면을 강조하여 설명하면 다음과 같다.

첫째, 일치성과 진솔성이다.

일치성이라는 것은 부모가 진실하다는 것이다. 진실함은 자녀의 부정적이거나 긍정적으로 느껴지는 감정과 태도를 즉각적이고 개방적으로 모두 수용하여 자녀와의 진솔한 의사소통을 촉진시켜 준다. 내 아이와의 관계에서 진실하고 생각이 일치한다면 의사소통이 잘되어 교감이 잘 이루어질 것이다. 또한 진솔함을 통해 부모는 아이에게 진실을 향해 노력하는 인간의 모델이 되어 줄 수 있다.

둘째, 무조건적 긍정적 관심과 수용이다.

내 아이를 한 인간으로서 깊고 순수한 관심으로 대하는 것이다. 내 아이를 무조건적으로 존중하며 조건을 달지 않고 있는 그대로 따뜻하게 수용하는 것이다. 로저스는 관심과 칭찬, 수용 그리고 존중하는 정도가 클수록 부모 자녀 관계가 성공적일 가능성이 더 크다고 말하였다.

셋째, 정확한 공감적 이해이다.

부모의 주요과제 중의 하나는 자녀와의 상호작용에서 나타나는 자녀의 경험과 감정들을 민감하고 정확하게 읽는 것이다. 공감적 이해란, 부모가 내 아이의 감정에 빠져들지 않으면서 자녀의 감정을 자신의 감정인 것처럼 느끼는 것을 의미한다. 그것은 자녀에 대한 인간적인 동일시이다. 부모는 자녀의 감정과 비슷하게 느낌으로써 자녀의 주관적 세계를 공유할 수 있게 된다. 로저스는 부모가 자신의 주체성을 잃지 않고, 자녀의 보고 느끼고 경험하는 세계를 경험할 수 있을 때 건설적인 변화가 일어날 것이고 말하였다.

지식기반, 글로벌, 평생학습시대 등을 운운하는 바쁜 현대를 살아가는 부모들의 자녀는 놀이터나 운동장에서 친구들과 마음껏 놀 수 있는 환경에서 자라고 있지 못하다. 우리 아이들은 조기교육과 어려서부터의 경쟁사회로 내몰릴 수밖에 없는 사회적 환경, 어머니의 직업으로 인한 방과 후의 안전하지 못한 생활의 대안으로 다양한 학원에 맡겨지고, 귀가 후 홀로 지내는 시간에는 컴퓨터나 TV프로그램의 시청생활 등으로 소외되고, 비인간화되어 정서가

메말라 가고 있다. 그래서 더불어 살아가는 사회성에 문제를 보이는 아이, 친구 사귀는 방법을 모르는 아이, 다른 사람의 기분과 정서를 파악할 줄 모르는 아이, 배려하는 마음이 없는 아이, 부끄러워할 줄 모르는 아이, 거절하거나 사양할 줄 모르는 아이, 종합적으로 옳고 그름을 판단하지 못하고 자기중심적으로만 판단하는 이기적인 아이 등이 한 학급사회에서 구성원을 이루고 있다. 이것은 아이들의 잘못이 아니다. 인지주의 학습이론학자 레빈이 말한 것처럼 아이들이 처해진 환경과 상황 속에서 그들의 타고난 속성과 더불어 나타나는 행동의 결과인 것이다.

물론 교실이 어지러워졌을 때, 누가 말하지 않아도 비를 들고 쓰는 아이, 친구가 준비물을 안 가져왔을 때, 빌려 달라고 안 해도 선뜻 빌려 주는 아이, 소외되는 친구에게 좋은 점을 써서 편지를 전해 주는 아이, 학습 면은 좀 부족하여도 아침 일찍 등교하여 창문 열기, 하루 수업 준비해 놓기, 온풍기 틀어 놓기, 비 오는 날 우산꽂이 내놓기 등 봉사활동을 잘하는 아이, 전학 온 친구를 잘 보살펴 주는 아이 등 부모로부터 평소에 사랑을 많이 받고 인정받는 아이들이 함께 학급을 구성하고 있다.

매우 빠른 사회 환경 변화와 아파트 엘리베이터에서 이웃집 아저씨나 오빠들과 인사하지 말고 단둘이 타면 안 되고, 길을 묻는 사람에게 친절하게 가르쳐 주거나 안내해 주면 위험하다고 가르치는 불안한 여건 속에서 자신들의 안전과 편안함을 찾아야 하는 우리 아이들에게 따뜻한 마음과 신뢰를 바탕으로 하는 진솔한 의사소통, 기대와 격려 그리고 그들 입장에서 생각하고 안아 줄 수 있어야 한다는 인본주의 교육은 시사해 주는 바가 크고 꼭 필요하다.

따라서 부모는 인본주의 교육이론에서 말하는 내용들을 잘 이해하고 어려운 시대를 주도해 나가야 할 미래인재인 자녀들에게 따뜻한 교감, 공감, 수용을 통하여 자기존중감과 자아실현을 도모할 수 있도록 해 주어야 하겠다.

6 부

그러면 교육심리는 뭐야

교육학이란?

교수·학습과정을 통해 인간을 만들어 가는 작업으로서 실천 측면이다. 심리학이란? 인간의 생각과 행동을 연구하는 학문으로서 이론적 측면이다. 교육심리학이란? 교수·학습과정과 관계된 인간의 생각과 행동을 과학적으로 연구하는 학문으로 이론과 실천 모두에 관련된다.

즉 교육심리란 심리이론을 교육 현장에서 적용히여 교육 효과를 높이는 것을 말한다. 교사나 학부모가 심리 및 상담이론을 학생과 내 아이 교육, 학습 지도 등에 적용하여 효율적으로 목표를 도달하도록 도와주는 것이다.

따라서 가정에서 발생되는 제 현상들에 대한 보다 과학적인 방법을 적용하고, 아이와의 심리적인 래포를 형성하여 인간중심적인 방법으로 아이를 지원하고 도와주는 교육심리의 실제적 적용 방법을 알기 쉽게 풀어서 설명하고자 한다.

01 부모가 교육심리학을 알아야 하는 이유

부모가 교육심리학을 알아야 하는 이유는 첫째, 내 아이에 대한 심리적 이해를 위해서이다. 이를 위해서는 내 아이의 발달 단계에 따른 특징, 개인차, 적응문제, 어떤 상황과 조건에서 학습을 잘하는지에 대한 이해가 필요하다. 둘째, 내 아이 지도방법 구안에 있어서 심리학적 지식을 적용하기 위해서이다. 부모는 가정교육을 통해서 내 아이의 꿈을 가꾸어 나갈 수 있도록 하기 위해서 여러 가지

기술이 필요하다. 이 기술의 많은 부분이 심리학적 지식을 필요로
한다.

02 인간에 대한 심리학적 관점

　인간의 본성에 대한 관점 크게 성선설, 성악설, 백지설로 나누어
말할 수 있다. 먼저 성선설은 맹자가 한 말로써 "인간은 본래 성인이나
범인이나 다 같이 그 성품이 선하기 때문에 각자가 본성적으로 선한
것을 토대로 하여 행동하면 성인이 될 수 있다."는 것이다. 서양에서는
루소가 "인간은 출생 시에 어질고 티 없는 선한 성품을 지니고
태어났지만, 성인의 풍습과 습관에 길들여짐으로써 악하게 되었다.
따라서 어린이는 혹독한 훈육에 의해서 다루어선 안 되고, 친절하고
민주적으로 다룸으로써 그들의 자연적인 성장을 조력해야 한다."라고
말한 것을 예로 들 수 있다. 다음으로 성악설은 일찍이 중국의
순자라는 사람이 "인간의 본성은 본디 악하다."라고 말한 것에서
비롯한다. 인간은 태어날 때부터 도덕적으로 악한 충동을 가지고
있으므로 악한 행동을 하도록 되어 있으며, 만일 인간에게 제대로
교육을 실시하지 않으면 오직 악한 행동만이 나타나게 된다는 것이다.
마지막으로 백지설은 로크가 "인간의 마음은 특수하게 만들어진
카메라와 같아서 환경으로부터 오는 경험을 그대로 기록하기도
하고, 어떤 때에는 두 개의 인상을 합해서 하나의 관념을 만들기도
한다."라고 주장한 데서 비롯한다. 다시 말해서 탄생 시 백지와 같은
인간의 마음에는 감각 기능뿐만 아니라 사고활동도 포함되어 있으며,

경험한 바를 기록하고 정리하여 인간을 형성하는 토대가 된다고 보았다.

우리는 겉으로는 주장하는 바가 다른 것같이 보이는 성선설, 성악설, 백지설 세 가지 주장에서 다음과 같은 공통적인 견해를 찾아볼 수 있다. 인간은 교육을 통하여 본디 선한 마음을 유지하게 할 수 있고, 교육을 통하여 본디 악한 마음을 선하게 만들 수 있고, 교육을 통하여 백지상태에 좋은 경험을 축적할 수 있다는 것이나. 그들이 말하는 중요한 핵심은 저절로 한 인간으로 성장하는 것이 아니고 좋은 교육 환경을 제공해 주어야 한다는 것이다.

그러므로 부모는 내 아이에게 알맞고 적절한 교육 환경을 제공할 수 있는 방법과 전략을 알아야 한다. 지금부터 그 방법과 전략에 대한 단서를 찾을 수 있도록 다양한 앎의 세계로 안내해 보겠다.

03/ 성장, 성숙, 학습의 의미

성장은 신체적인 면이 변화하고 자라는 양적인 자연적 변화이다. 외적 자극 없이도 연령의 증가에 따라 개체 내의 변인에 이해서 자연적으로 이루어지는 비교적 환경의 영향을 적게 받는 변화를 말한다. 예를 들면 신체적, 생리적 변화, 키가 큰다, 몸무게가 증가한다 등을 말할 수 있겠다. 성숙은 단지 신체적, 생리적 특성에만 따르는 것이 아니라 이것을 배경으로 하여 가능하게 되는 변화를 의미한다. 성장은 연령에 따라 나타나는 신체적 변화를 말하고, 성숙은 전체로서의 성장 또는 기능적 변화라고 할 수 있다. 즉 어떤 경험이나 학습과 상관없이 기능이나 행동상에 성장을 기초로 나타나는 질적인 변화를 말한다. 학습은 발달과정에서 성장이나 성숙과 구별된다. 어린이가 동일한 환경에 계속적으로 반응할 때 그의 행동은 그 이전의 경험에 의해 변화된 것이다. 이와 같이 외부조건, 환경에 의하여 심신 모든 분야에서 생기는 기능의 변화가 영속적일 때의 그 변화과정을 학습이라고 한다.

교육이라는 측면에서 부모나 교사가 관심 가질 부분은 성숙·생리적 변화를 제외한 행동의 변화를 가져오는 학습이다. 왜냐하면 운동능력, 기능, 태도, 일상행동, 언어, 사고 등은 선천적인 소질에 따라 개인차가 있기는 하지만, 생활환경과 학습에 의해서 대단히 큰 영향을 받기 때문이다.

04 발달에 관한 이론

일반적으로 발달이라고 할 때는 신체적, 정신적 양면을 포함하므로 성장과 성숙이 모두 발달에 포함한다. 발달에 관한 학설은 다양하지만 그 중에서 생득설(유전론)과 경험설(환경론), 폭주설, 체제설로 나누어 소개해 보고자 한다. 먼저 생득설(유전론)은 발달의 본질을 생득적으로 지니고 있는 본성에 의하여 지배되는 것이며, 환경에 의해 이루어지는 것이 아니라고 주장하는 학설이다. 손다이크의 쌍생아연구, 커텔의 과학자 가계연구, 갈톤의 재판관 가계연구, 에드워드의 우수 가계, 쥬크의 범죄자 가계연구들에서 발표한 바와 같이 인간은 신체적 특성만이 아닌 심리적 특성도 유전적 요인에 의해

결정된다는 것이다.

경험설(환경론)은 생득설과는 반대로 개인에 있어서의 유전형질은 다만, 발달의 가능성을 가지고 있을 따름이며, 발달은 후천적 경험에 의한 것이다. 경험의 바탕이 다음 행동을 결정하므로 개체의 발달은 환경적 요인 영향에 의한 것이다.

폭주설Convergence Theory)은 인간이 성장하고 발달하는 데는 유전과 환성이 나 같이 중요하다고 보는 입장이다.

체제설(Organization Theory)은 게스탈트 학파인 코프카, 레빈 등이 주장한 학설로, 인간의 발달은 그가 가지고 있는 내부의 힘과 생활환경의 힘이 상호 작용하여 하나의 새로운 체제가 이루어지는 과정으로 본다. 즉 유전적 인자와 개인이 처해 있는 환경으로부터의 자극이 고차적으로 상호 작용하며 이 작용에 따라 하나의 새로운 발달체계가 형성되어 이 체제가 한 개인이 발달을 규정한다는 주장으로 가장 보편적으로 받아들여지는 견해이다.

발달에 관한 네 가지 견해를 살펴보았는데, 부모나 교사는 '인간의 발달이나 행동은 유기체와 유기체를 둘러싸고 있는 환경 사이의 역동적 관계의 표현'이라고 주장한 게스탈트 학파의 체제설에 주의를 기울여야 할 필요가 있다.

05 / 부모가 알아야 할 발달의 원리

교육학자 정범모는 발달의 원리를 다음과 같이 네 가지로 정리하였다.

첫째, 발달의 적기성 원리

모든 발달은 결정적 시기인 각 단계에 맞는 '발달과업'이 있다는 것이다. 예를 들면 0~2세에는 풍부한 동작을 하는 경험이 필요한 감각운동 단계이며, 언어력 발달은 1~5세, 지능은 4~7세에 가장 발달하고, 양심이나 도덕성은 주로 3세 전후에 걸쳐서 발달하는 단계라는 적기성을 암시하였다.

둘째, 발달의 기초성 원리

유아경험의 기초성이 중요하다는 것이다. 어릴 때의 지적, 정의적, 사회적, 도덕적 발달을 위한 문화적 자극의 실조는 발달에 기초적 장애를 가져온다. 교육학자 블룸은 지능발달의 경우, 약 50%의 발달이 수태와 4세 사이에 그리고 30%의 발달이 4세와 8세 사이에 이루어진다고 말하였다.

셋째, 발달의 누적성 원리

발달 단계가 계열적으로 배열되어 있기 때문에 앞 단계에서 잘못되면 다음 단계에서 더욱 잘못되고, 앞 단계에서 잘되면 다음 단계에선 더 잘된다는 기제이다. 인간발달에서 빈익빈, 부익부의 기제이다. 예를 들면 0~2세 사이에 엄마나 보육자의 모유나 우유의 규칙적인 제공, 기저귀의 일관성 있는 갈아 줌 등으로 신뢰감을 주느냐, 불신감을 주느냐에 따라 주기적인 인간관계 형성 과업의 연결에서 누적적으로 작용한다는 것이다.

넷째, 발달의 비가역성 원리

일반적으로 한 단계에서 잘한 것 또는 잘못한 것의 영향이 다음 단계에 미치지만, 반대로 후 단계의 잘못이 전 단계의 잘못에 영향을 주거나 교정·보충하는 데는 한계가 있다는 것이다. 신체발달이나 지능발달에는 비가역성이 크지만, 정의적·사회적·도덕적 발달은 비가역성이 그리 심하지는 않다.

이외에도 부모가 알아 두면 좋을 일반적인 발달원리들을 더 소개하면 다음과 같다.

인간의 발달이 다양하게 이루어지고, 개인차의 폭이 있으며, 발달에 영향을 미치는 요인이 많기 때문에 발달경향과 행동의 예언이 어려워진다는 '발달의 예언곤란성 원리'가 있다. 발달에는 일정한 방향성과 순서가 있으며 상호 관련성이 있다는 '발달의 순서성 원리'가 있다. 예를 들면 태아는 머리가 다른 부분보다 먼저 발달하고 팔이 다리보다 먼저 발달하는 것, 중추신경에서 말초신경 방향으로 발달이 진행되는 것, 큰 근육에서 작은 근육으로 발달하는 것 등이다. 발달에는 개인차가 있다는 '발달의 개별성 원리'가 있다. 개개인의 발달 속도나 정도, 질은 동일하지 않다. 이러한 사실은 교육에서 개별지도의 중요성을 강조하게 된다. 부모가 가정에서 다른 형제나 이웃 아이들과 비교해서는 안 됨을 이해하게 해 준다.

부모나 교사는 이러한 발달의 원리를 잘 알고 있어야 아이들의 바람직한 발달을 도와줄 수 있고, 시행착오를 줄일 수 있다.

06/ 초등학령기 환경이 중요한 이유

초등학령기에 바람직한 환경을 제공해 주는 것이 중요한 이유는 "세 살 버릇 여든까지 간다."는 속담에서도 알 수 있듯이, 인간에게 주어지는 환경 중에서 초기의 환경이 보다 큰 영향을 미치기 때문이다.

좀 더 구체적인 이유를 설명하면 다음과 같다. 첫째, 취학 전 영아기와 유아기, 초등학령기는 인간발달 과정 중에서 발달이 급격히 이루어지는 시기이다. 둘째, 인간의 발달은 한 단계의 발달이 이루어져야 다음 단계도 발달된다는 계열성의 성질이 있기 때문이다. 셋째, 학습이론에 따르면 어떤 새로운 것을 학습하기 위해서는 그 학습을 위해서 필요한 학습의 기초가 요구되기 때문이다. 넷째, 환경은 원칙적으로 개인에게 변별적으로 작용하나 환경 중에는 그것이 끼친 영향을 다시 회복하기 어려운 강력한 힘을 가진 문화실조, 빈곤상태 등과 같이 그 환경에 접하고 있는 아이를 변화시키는 데 큰 작용을 하는 요인이 있기 때문이다. 다섯째, 인간의 지능은 환경에 의해서 많은 영향을 받으나 20세 이후에는 환경에 의한 지능의 변화는 크지 않기 때문이다.

그러므로 부모나 초등학교 교사는 초등학령기 학생들의 인지적, 정서적, 물리적 초기 환경 제공에 많은 고민과 사려 깊은 배려를 해야 한다.

07/ 지능에 영향을 주는 요인

지능에 대한 정의는 학자마다 다르지만, 일반적으로 지능이란 환경이나 어떤 문제 사태에 당면했을 때 합리적으로 사고하여 환경에 적응하고 문제를 해결하는 능력이다.

지능은 일상생활에서 가장 널리 쓰이는 개념으로 대표적인 지적 특성이다. 여러 학자들의 견해를 모아서 살펴보면 다음과 같다. 첫째, 고등정신능력(추리력, 추상적 사고능력)이라고 보는 관점, 둘째, 인지적 과제를 수행하는 능력, 셋째, 다양한 것을 결합하고 수정하며 논리적으로 종합하여 가치 있고 의의 있는 것으로 행하는 능력, 넷째, 적응력 및 적응학습 능력으로 보는 관점, 다섯째, 학습능력 및 문제해결 능력이라고 보는 관점, 여섯째, 종합적 능력으로 보는 관점이 있다. 부모나 교사는 위의 지능에 대한 관점을 모두 염두에 두고 가정생활이나 학교생활에서 이러한 능력들을 키워 주기 위한 의도적인 언어와 행동이 뒷받침되어야 한다.

그렇다면 지능에 영향을 주는 요인에는 무엇이 있을까?

대부분의 학자들은 지능에 영향을 주는 요인으로 유전과 환경을 말한다. 지능에 대한 유전의 영향을 지지하는 학자들은 일반적으로 유전관계가 가까울수록 지능도 비슷하다는 갈톤의 300가족의 997명 위인에 대한 조사연구결과, 손다이크의 쌍생아 연구, 더그데일의 범죄자 주크 가계연구, 위십의 에드워즈 가계연구 등으로 증명하고자 하였다.

지능에 대한 환경의 영향을 지지하는 학자들은 영양적 요인, 문화적 환경의 영향, 부모의 직업, 사회경제적 지위, 부모와 자녀와의 성취에 대한 기대와 포부, 빈곤, 풍요 등의 영향에 대한 연구로 증명하고자 하였다. 연구 내용을 요약하면 다음과 같다. 첫째, 어릴 때 환경의 문화적 결손이 성장 후의 결손보다 지능발달에 훨씬 큰 악영향을 미친다. 둘째, 결손된 환경과 풍요한 환경의 차이로부터 IQ 20점 차이가 있다. 이 정도 지능의 차이는 중대한 사회적 지위의 차이를 뜻할 수도 있다. 셋째, 풍요한 환경은 언어사용을 위한 훌륭한 경험을 쌓으며 언어적 발달을 고무하고 자극한다. 넷째, 주위환경 속의 여러 문화적 요소에 대한 직접적인 접촉과 감각적이고 간접적 접촉인 독서 등에 의한 기회가 풍부할수록 지적 능력의 발달을 위해서는 유리하고 풍요한 환경적 조건이 된다.

따라서 지적 능력을 향상시키기 위해서 부모나 교사가 노력하여 제공할 수 있는 부분은 이러한 환경을 경험할 수 있도록 해 주는 것이므로 독서의 기회 다양한 체험의 기회, 아이들의 발달 단계별 특징의 이해, 아이 입장에서 배려하고 생각할 수 있는 부모 마인드 형성, 열심히 노력하고 살아가는 모습 등과 같은 질 좋은 풍토를 마련해 주어야 한다.

그리고 부모는 다음에 소개하는 지능검사 결과의 활용상 유의점을 잘 알아서 아이들에게 지능으로 인한 오류를 범하지 않도록 해야 한다.

첫째, 지능은 학교현장에서 유용하게 사용할 수는 있지만 그것 자체로서 완벽하지 못하므로 과잉해석을 피해야 한다.

둘째, 지능은 항상 고정되어 있거나 정밀하지 않으므로 지능 점수를 하나의 점수 범위로 생각해야 한다.

셋째, 어렸을 때의 지능측정으로 성인의 지능을 예언할 수 없다.

넷째, 지능은 불변적이 아니라 변화되는 것임을 명심해야 한다.

다섯째, 지능이 전적으로 유전적이라는 생각을 버려야 한다.

여섯째, 지능은 다른 예측요소(흥미, 적성, 성적, 건강 등)와 함께 사용하도록 해야 한다.

일곱째, 지능과 학업성적 간에는 학년이 올라갈수록 상관관계가 높아지는 경향이 있다. 고등학교보다는 대학, 대학보다는 대학원의 성적과 상관관계가 높다.

여덟째, 지능과 학업성취도 간에는 대단히 높은 상관관계가 있다. 그러나 교과에 따라 상관관계의 차가 크다. 읽기·수학 등과는 높은 상관관계가 있으나, 음악·수공·미술 등의 성적과는 상관관계가 낮다.

08 / 다중지능이론이 주는 시사점

가드너는 그의 저서 『마음의 틀(1983)』에서 지능이 논리·수학, 언어, 음악, 공간, 운동감각, 대인관계, 개인지각, 자연관찰, 실존지능 등 9개의 독립적인 부분으로 구성된다는 다중지능이론을 제시하였다. 논리·수학적 지능은 식별능력, 추리능력 등을 말하며 과학자, 수학자 직업에 적성이 있다, 언어지능은 단어의 소리, 의미에 대한 민감성으로 시인, 언론인 적성을 갖는다. 음악지능은 리듬, 음색 감상능력, 음악표현 능력 등으로 작곡가, 연주가 적성이 있고, 공간지능은 시공간 세계를 정확하게 지각하는 능력으로 항해사, 조각가 등의 적성을 갖는다. 운동감각지능은 자신의 신체운동을 통제하고 다루는 능력으로 무용가, 운동선수 적성이 있고, 대인관계지능은 다른 사람의 동기, 욕구를 식별하고 적절하게 반응하는 능력으로 치료사 세일즈맨 등의 적성을 갖는다. 개인지각지능은 자신의 강점과 약점, 욕구, 지능에 대한 인식 능력으로 자기 효능감이 높은 사람이며, 자연관찰지능은 동식물이나 주변식물을 자세히 관찰하여 차이점이나 공통점을 분석하는 능력으로 사냥꾼, 다윈과 같은 진화론자 적성을 가지며, 실존지능은 인간존재이유, 생과 사의 문제, 철학적·종교적인 사고를 할 수 있는 능력으로 종교인, 철학자의 적성을 갖는다. 다중지능이 갖는 의미는 모든 사람은 최소한 하나의 우수한 지능을 갖고 있으며, 아이들 각자의 보다 발달한 지능을 찾아 발달시키는 것이 필요하며 재능교육과 진로교육에 대한 시사점을 주고 있다.

따라서 부모는 내 아이의 보다 발달된 지능영역이 무엇인지를 찾아서 계발하고 진로지도에 참고할 수 있어야 한다.

09/ 창의력이 높은 학생의 특징과 창의력 촉진 기법

창의력이란 새롭고 독창적인 아이디어를 생산해 내는 능력이라고 할 수 있다. 길포드는 창의력의 구조요인을 제한된 시간 내에 얼마나 많은 양의 반응을 보일 수 있는가 하는 정도를 나타내는 유창성, 문제 사태에 대하여 접근하는 방법의 다양성이 어느 정도인가를 말하는 융통성, 새로운 반응의 도출을 말하는 독창성, 주어진 문제를 세분화하거나 의미를 명확히 파악하는 정교성, 복잡한 문제를 간결하고 새로운 의미를 부여하여 서로 관련시킬 수 있는 조직성 등으로 설명하였다.

이러한 창의력을 계발하는 대표적 방법으로는 오즈번이 개발한 브레인스토밍 기법이 있다. 어떤 생각이라도 주제에 관련된 아이디어를 뇌에 폭풍을 일으키는 것처럼 자유롭게 쏟아 놓는 것이다. 그리고 비슷한 아이디어끼리 범주화시켜서 새로운 아이디어로 조직화하여 우수한 아이디어를 생산해 내는 방법이다. 가정에서 아이와 함께 어떠한 생각을 창출해 내고자 할 때 이 방법을 사용하면 창의력

계발에 많은 도움이 될 것이다. 비슷한 기법으로 마인드맵(생각그물)이 있다. 이 방법은 학교에서도 학습활동 시에 자주 사용하는 방법으로 아이들이 잘 알고 있는데, 주제를 가운데에 쓰고 파생되는 생각들을 가지를 쳐서 다음 단계에 그리고, 또다시 파생되는 생각들을 그 다음 단계에 그려 나가면서 기록하면 머릿속의 아이디어들이 조직화되고 정리되어 독창적이고 유창성 있는 아이디어를 찾아낼 수 있다.

그러면 창의적 학생들은 어떤 특징을 가지고 있을까?

토렌스(1981)는 창의적 학생의 심리적 특성을 연구하여 다음과 같이 말하였다.

"독립심이 강하다, 모험심이 강하다, 적극적이다, 호기심이 높다, 심미적이고 예술적 감각이 있다, 통찰력이 뛰어나다, 상상력이 풍부하다, 독서열이 매우 높다, 자기 확신감이 강하다, 감정을 자유롭게 표현한다, 마음속을 터놓지 아니한다, 상상력이 풍부하여 수업시간에 엉뚱한 생각이나 행동을 한다, 교실에서 장난기가 있다."

내 아이는 어느 정도에 해당되는지를 위에 열거한 특징들에 비추어 한 번 점검해 보면 도움이 되리라고 생각한다.

10/ 망각곡선과 기억

기억은 일단 획득된 행동이나 학습내용이 계속 지속되는 현상을 말하며, 망각은 학습된 행동이 지속되지 않고 소실되는 현상을 말한다. 에빙하우스는 망각률을 A, D, X, Z 등과 같은 무의미한 철자를 다수 학습시켜 그 후의 시간성과 망각량의 결과를 재학습에

요하는 시간의 절약률로 나타내고, 그 결과를 망각곡선으로 그렸다. 결과는 학습 직후 가장 많이 망각되고 시간이 경과함에 따라 망각의 정도가 완만해진다. 최초 1시간에 망각률이 가장 높아 56%를 잊어버리고 44%밖에 보존되지 않는다.

그러므로 학습한 후 바로 한 번 더 상기하거나 정리하고 24시간 내에 복습을 하면 파지율(기억)이 높아진다.

기억력을 높이는 방법으로는 언어적 기억과 영상적 기억을 함께 조직적으로 이용하는 것이다. 예를 들면 어떤 문제에 대한 다섯 가지 요인을 기억할 때 발가락 다섯 개와 결부시켜서 영상적으로 기억하고 밑줄을 치는 것, 특수한 표시를 하는 것, 도표로 표시해 보는 것, 내용을 사람의 신체적 모습, 건물의 모습, 조직의 구조 등에 비유해서 생각해 보게 하는 것 등이 있다.

그러면 사람의 기억은 어떻게 이루어지는 것일까?

사람의 기억은 컴퓨터의 입력, 저장, 출력과 같은 정보처리 과정에 비유할 수 있는데, 그 과정과 처리방법을 설명하면 다음과 같다.

첫째, 자극이 입력되는 감각저장고가 있다.

정보는 시각, 청각, 촉각 등의 감각과 내적, 외적인 자료를 통해서 입력이 된다. 자극이 동시에 너무 많이 주어지기 때문에 주의를 받지 못하면 더 이상의 처리가 될 수 없다. 따라서 학습을 하려면 아동이 과제에 주의를 집중해야 한다. 이를 위해서 현재 하고 있는 공부 이외의 방해자극을 모두 제거하는 것이 좋다(소음, 눈에 띄는 물건 등을 제거). 중요한 부분에 선택적인 주의를 할 수 있게 색칠을 한다(색깔은 사람의 주의를 끈다.).

둘째, 단기기억이 있다.

의식적인 주의를 받게 되면 잠깐 동안은 단기기억 속에 머물러 있다. 단기기억은 컴퓨터로 말을 하면 화면에서 작동하고 있는 자료와 같다. 그러나 그 정보들은 일시적이어서 저장하지 않고 전원을 꺼 버리면 소실된다. 단기기억에서는 정보가 짧은 시간만 있게 된다. 따라서 어떤 방법으로든 장기기억으로 전환되지 않으면 사라질 것이다.

장기기억으로 선환하려면, 전화번호를 외울 때 반복하여 외우는 것처럼 정보를 반복하여 외운다. 또는 전화번호를 2개의 부분으로 나누는 것처럼 정보를 군집화한다. Miller(1956)는 그의 논문 「신비의 수 7±2」에서 다음과 같이 말하였다. "사람이 기억을 가장 잘할 수 있는 자릿수는 7을 중심으로 ±2이다. 다시 말해서 5~9자리를 말한다." 이것을 Simon(1974)은 우리말에서 '덩어리'를 의미하는 청크(chunk)라고 명명하고, 인간의 기억(Memory) 용량이나 기억의 전략에 관해서 다룬 「How big is a chunk?」라는 글에서 'chunk theory'를 주장하였다. 귀 가정의 전화번호나 주변 사람들의 가정 전화번호를 상기해 보면 이해가 갈 것이다. 그러나 요즘 핸드폰 번호들이 10자리수를 넘어가게 되어 쉽게 기억하지 못하고 핸드폰에 저장해서 사용한다. 아마도 핸드폰을 잃어버린 경험이 있는 분들은 지인들의 핸드폰번호를 기억하지 못하여 애를 먹은 적이 있을 것이다. 아이들에게 기억전략으로 의미 있게 군집화(chunk화)하여 외울 수 있도록 가르쳐 보자. 예를 들면 LSDKBS로 늘어선 문자가 있을 때, 각 문자 하나하나를 청크로서 파악하는 사람에게는 6청크이므로, 1~2자밖에 기억하지 못하지만, LSD(약품이름)·KBS(방송국이름)라고 보는 사람이라면 2청크이므로 이런 종류의 것을 계속해서

5~6(15~18문자)개를 더 기억할 수 있게 된다. 다음으로 식물을 유제품, 곡물, 채소, 고기 등으로 나누어 외우는 것처럼 정보를 덜 복잡하게 하고 관련을 지어 조직화한다. 그리고 이미 알고 있는 지식과 관련시키거나 의미를 부여하여 정보를 의미 있는 것으로 만든다.

셋째, 장기기억이 있다.

장기기억은 영구적인 기억 저장고이다. 배운 것을 오랫동안 보유하려면 장기기억으로 옮겨져야 한다. 그런데 머릿속에 기억되어 있어도 필요할 때 사용하지 못하는 경우가 많다. 그것은 인출의 문제 때문이다. 인출을 잘하려면 단서를 만들어서 활용하는 것이 좋다. 예를 들면 정보를 조직화하기, 새로운 정보를 이전에 알았던 것에 연결시켜 기억이 체계적으로 이루어져 인출이 쉽도록 이전 지식을 활성화하기(고구려의 문화와 백제의 문화를 연결시켜 외우기), 그래프로 만들어 보기, 단어를 심상으로 만들어 머릿속에 저장하기, 단어를 친숙한 것이나 주변의 사물과 연결시켜서 기억하기 등이 있다.

부모가 위에서 설명한 장기기억으로 전환하는 방법과 인출을 잘할 수 있는 방법을 내 아이에게 가르쳐 주어 학습활동 시에 많이 활용할 수 있도록 하면 효율적인 학습에 많은 도움이 될 것이다. 그리고 수업이 끝난 직후나 배운 날 저녁에 복습을 하도록 한다. 그날 배운 내용이므로 기억이 잘 나기 때문에 제목 위주로 훑어보면서 기억을 되살리도록 하고, 복습하면서 이해되지 않는 부분은 책이나 참고서를 찾아보도록 저학년 때부터 습관을 형성시킬 수 있도록 지도한다. 끝내 알지 못한 내용은 표시해서 선생님이나 친구에게 도움을 청하도록 하여 도움 구하기 능력도 중요함을 가르쳐 준다.

11 / 부적응의 의미

적응이란 인간이 자기의 욕구와 환경 사이에 조화를 구하여 그 욕구를 만족시키는 과정으로서 개인이 자기 자신이나 환경에 대하여 만족한 상태를 말한다. 반면에 부적응이란 한 개인이 당면한 환경에 대해 능률적으로 대처하지 못하고 실패하여 욕구불만이나 갈등상태에 놓여 있는 것을 말한다.

인간은 다양한 경험을 하면서 성장한다. 내 아이의 현재 모습에는 생물학적 특성 이외에도 주변 환경, 부모의 성격, 형제간의 상호작용, 물리적 환경 등과 상호 작용해 온 아이의 투쟁, 타협, 조화를 이루어 온 역사가 담겨 있다.

아이들의 부적응 문제는 심각하여 전문가의 도움을 받아야 하는 경우도 있지만, 대부분 부모나 교사가 부적응 양상을 정확하게 이해하고, 공감하기만 하면 큰 도움을 줄 수 있는 문제들이다. 이미 밖으로 표현하는 부적응 아이는 속으로 아무리 타협하고 수용하여 이해하려고 해도 감당하기 어려워서 겉으로 드러내어 놓는 것이다. 내 힘으로 감당하고 극복하기 어려우니 부모님, 선생님께 도와 달라는 메시지를 보내는 것이다. 아이들이 보이는 적응상의 곤란함을 이러한 눈으로 바라볼 수만 있어도 그 이해의 폭은 훨씬 넓어질 것이고, 보다 더 진솔하게 사랑으로 대할 수 있는 부모나 교사가 될 수 있다.

따라서 부모는 아이가 욕구좌절이나 갈등상태에 있을 때 환경과의 조화로 문제를 해결하고, 아이의 내적인 힘으로 인내하여 스스로 해결할 수 있도록 도와주어야 한다.

　그러기 위해서 욕구불만이나 갈등을 합리적으로 스스로 해결할 수 없을 때 아이들이 사용하는 적응기제에 대해서 알아보자. 부모나 교사가 방어기제, 도피기제 등을 잘 알아야 부적응 사례를 보다 정확하게 이해할 수 있고, 합리적인 적응기제를 사용할 수 있도록 도와줄 수 있다.

12/ 방어기제에 대한 부모의 이해

　욕구불만이나 갈등을 합리적으로 해결할 수 없을 때 욕구충족을 위해서 비합리적인 방법을 취하는 것을 적응기제라고 한다. 여러 가지 적응기제 중에서 방어기제를 설명하면 다음과 같다.

　방어기제는 욕구불만 상태에서 자신의 위치를 튼튼히 하고자 하는 행동이다. 여기에서는 방어기제 중에서 아이들에게서 자주 목격하는 보상, 합리화, 투사, 치환, 동일시, 반동형성, 승화 등에 대해서 설명해 보고자 한다.

　먼저 '보상'은 정신적, 신체적 부족이나 열등감을 다른 것으로 대치하여 만족을 얻고자 하는 행동으로 자기의 결함을 다른 장점으로 보충하거나 열등감을 대치하는 행동이다. 예를 들면 공부를 못하는 아이가 운동을 잘하는 경우, 매력이 없는 여자가 화려한 옷을 입는 것, 신체적 결함이 있는 학생이 학업 면에서 뛰어나려고 노력하는 경우, 배우지 못한 부모가 재산을 팔아 자식을 대학에 보내는 경우, 자기 또래에 끼지 못한 아이가 자기보다 어린 아이들 틈에 끼어 대장

노릇을 하는 경우 등이 있다.

'합리화'는 자기도 의식하지 못하는 동기의 결과로 어떤 행동을 하고 난 후 이치에 맞게 이유를 대는 기제로서 그럴듯한 변명, 자기기만으로 결점을 보완하는 행동이다. 예를 들면 운동시합에 지고 그날은 컨디션이 좋지 않았다고 하는 경우, 자기가 당한 실패를 변명하고 정당화하는 경우의 합리화로서 남편의 수입이 적어서 불만인 여사가 수입이 많은 남자들에게는 바람기가 있으므로 차라리 남편의 수입이 적어도 착실한 내 남편이 낫다고 자위하는 것, 자기의 현 상태를 과대시하는 것으로 지방으로 좌천된 회사원이 도시보다 공기가 맑고 전원생활이 더 좋다고 하는 경우 등이 있다.

'투사'는 자신의 결점이나 무능을 다른 사람에게 옮기거나 다른 사람도 그것이 있다는 것을 알려서 자신의 열등감에서 벗어나려고 하는 행동이다. 자기의 불만이나 불안을 해소시키는 방법으로 남에게 뒤집어씌우는, 책임을 전가하는 기제이다. 예를 들면 계모가 자녀를 미워하면서도 자녀들이 자기를 증오한다고 불평하는 것, 선생님을 싫어하는 학생이 오히려 선생이 자기를 미워한다고 하는 것, 어린이가 장난감 말을 타고 놀다가 떨어지면 그 말을 발길로 찬다든가 하는 경우, 받아쓰기를 못 본 어린이가 선생님의 발음이 좋지 않아 잘못 알아들어서 못 했다고 하는 경우 등이 있다.

'치환'은 "종로에서 뺨 맞고 한강에서 눈 흘긴다."는 속담처럼 어떤 감정이나 태도를 취해 보려고 하는 대상을 다른 대상으로 바꾸어 행하는 기제이다. 예를 들면, 부모에 대한 반항적 태도가 교사에게 대치되는 것, 어머니를 잃은 어린이가 애정을 여교사에게 옮겨서 애착하는 경우, 누나에 대한 애정이 연상의 여인에게 대치되는 경우,

몸집이 큰 아이한테 맞은 아이가 그 아이에게 직접 공격하기보다는 자신보다 작은 아이에게 화풀이하는 경우 등이다. '동일시'는 자기가 실현할 수 없는 것을 우수한 타인이나 집단 등과 동일한 것으로 느낌으로써 자신의 욕구를 만족하는 기제이다. 예를 들면 자기의 친구는 교수이고, 제자는 국회의원이라고 하는 것, 소설이나 연극의 주인공, 인기 있는 연예인처럼 행동하려고 하는 것 등이 있다.

'반동형성'은 자기감정과 반대로 행동함으로써 표면상으로는 드러나지 않는 것이다. 즉 정반대의 감정 표현을 함으로써 해소하는 경우이다. 예를 들면 계모가 의붓자식을 증오하면서 사랑하는 척하는 경우, 경쟁자를 지나치게 칭찬하는 경우, 나는 떨어져도 너는 꼭 합격해야 한다고 말하는 경우 등이 있다.

'승화'는 억압당한 욕구가 사회적, 문화적으로 가치 있는 목적을 향하여 노력함으로써 욕구를 충족시키는 것으로 창조적인 행동으로 표현된다. 예를 들면 주먹대장이 목사가 되는 것, 깡패가 권투선수가 되는 것, 독신들이 예술 활동이나 봉사활동에 전념하는 것, 결혼에 실패한 사람이 자선 사업에 전념하는 경우 등이 있다.

부모나 교사는 이러한 방어기제들의 특징을 잘 알고 있어야 아이들이 기제를 사용할 때 그 원인을 정확히 파악하고 진단하여 아이의 입장에서 이해해 주고 공감해 줌으로써 아이의 갈등이나 욕구불만을 해소하여 행복하게 성장할 수 있도록 도와줄 수 있다.

13/ 도피기제에 대한 부모의 이해

도피기제는 고립, 퇴행, 억압, 백일몽, 고착 등과 같이 심리적으로 느끼는 억압으로부터 탈피하기 위해 그 장소나 다른 행동으로 피함으로써 마음의 안정을 얻으려는 소극적인 기제를 말한다.

'고립'은 자신이 없을 때 현실에서 피함으로써 곤란한 상황과의 접촉을 벗어나 자기 내부로 도피하는 행동이다. 예를 들면 사업에 실패한 사업가가 두문불출하는 것, 용모에 자신이 없는 여자가 화려한 파티에 초대받고 가지 않는 것 등이다.

'퇴행'은 곤란한 상황에 직면하였을 때 유아적인 행동양식을 역행함으로써 욕구를 충족시키려는 기제이다. 예를 들면 어른이 난처할 때 손톱을 깨무는 행위, 말을 잘하던 아이가 동생이 생겼을 때 말을 못 하게 되고 어리광을 부리는 행위 등이다.

'억압'은 불쾌한 생각, 감정 등을 눌러서 의식 밑바닥으로 가라앉게 하고 의식에 떠오르지 않도록 하는 기제이다. 예를 들면 결혼에 실패한 사람이 결혼 이야기만 나오면 피하는 경우, 고민을 잊기 위해 술을 마시는 경우 등이다.

'백일몽'은 현실적으로 도저히 이루어지지 않는 희망이나 욕구를 공상의 세계에서 만족으로 얻으려는 행동이다. 출세하지 못한 사람이 공상 속에서 고관이 되는 것, 사업에 실패한 사람이 꿈속에서 백만장자가 되는 것 등이다.

'고착'은 새로운 행동이 획득되지 못하고 선행행동에 고정되어 미발달에 머무르는 현상을 말한다. 부모는 이러한 도피기제의 특징을 잘 알아서 아이들의 행동을 이해하고 받아들이고 기다려 줄 수 있어야 한다.

이외에도 '공격기제'가 있는데 욕구불만의 원인이 되는 사람이나 사물에 대해서 공격적인 태도를 취함으로써 긴장을 해소하려고 하는 기제이다. 간접공격기제로서 조소, 비난, 폭언, 욕설 등이 있고, 직접공격기제로서 폭행, 싸움, 기물 파괴 등이 있다. 아이가 갑자기 욕을 많이 한다거나 싸움이 잦으면 무언가 욕구불만이 쌓였음을 눈치 채고 그 원인을 진단해 보고 해소할 수 있도록 도와주어야지 "왜 싸우느냐?"라고 꾸중만 하면 안 되는 이유가 여기에 있다.

14 / 스트레스에 대한 적응기제의 이해

어떤 종류의 스트레스로 인하여 위에서 살펴본 다양한 기제 중에서 선택하여 밖으로 드러나는지 예를 들어 보자.

실패하였을 경우에 사용하는 기제는 주로 합리화, 보상, 투사 등이고, 죄책감을 느낄 때 사용하는 기제는 합리화, 투사, 포기, 타락 등이 있다. 적대감이 생길 때 백일몽, 억제, 반동형성, 치환 등을 사용하고, 열등감이 있을 때 동일시, 보상, 백일몽을 사용하며, 개인의 능력 한계를 느낄 때 백일몽, 보상 등을 사용한다.

부모가 위의 예를 참고하여 밖으로 드러내서 사용하는 기제의 원인을 분석하면, 보다 쉽게 아이의 욕구불만이나 갈등의 요소를 진단할 수 있다. 가정에서 이런 방법으로 아이를 이해하면서 기르고 도와준다면, 아이들은 부모님과의 신뢰와 지원을 바탕으로 보다

조화적이고 통합적인 행동을 하고, 문제 해결에 대한 자신감을 가진다. 그리고 현실과 이상과의 관계를 통찰하고 적절히 조절하는 합리적인 기제를 사용하게 된다.

15/ 부적응 행동의 수정 방법들

이미 형성된 내 아이의 부적응 행동을 수정하는 방법에는 강화기법, 타임아웃, 상반행동의 강화, 상호제지법, 혐오치료법, 부적 연습법 등이 있다.

먼저 강화기법은 여러 행동 중에서 어느 하나만을 선택적으로 강화해 주는 것이다. 예를 들면 학교에서 받아쓰기를 잘하거나 봉사활동을 잘했을 경우, 담임교사가 상표를 주어 그 행동을 강화하는 것과 같이 상징적인 쿠폰, 스티커를 주어 강화하는 토큰 강화 방법이 있다. 토큰 강화 방법은 행동의 강도를 유지할 수 있고, 원하는 반응이 나타났을 때 언제나 편리하게 강화할 수 있으며, 형성하고자 하는 행동을 중단 없이 강화할 수 있는 장점이 있다. 그리고 빈도가 높은 행동은 빈도가 낮은 행동에 대해서 강화력을 갖는 프리맥 원리가 있다. 예를 들면 컴퓨터 한글타자 연습을 20분 하면 게임을 30분 할 수 있도록 해 준다거나, 숙제를 정해진 시간 안에 해내면 놀이터에 가서 친구들과 놀 수 있게 해 준다거나 수학문제 두 쪽을 10분 동안에 정확하게 해결하면 톰과 제리 영화를 보여 주는 등 실생활에서 이와 같은 방법을 사용하면 아이들의 부적응 행동 수정에 많은 도움이 될 것이다.

타임아웃 기법은 일종의 벌로서 부적응 행동을 했을 때 아이를 일시적으로 격리시키는 방법이다. 학교에서 생각하는 의자에 혼자 앉아서 무엇을 잘못했는지 생각하게 하거나 교실 뒤에 나가서 친구들 학습활동을 지켜보는 것과 같이 문을 열어 놓고 안방에 혼자 10분 동안 있게 한다든지, 현관 앞에서 아빠 오실 때까지 서 있게 하는 방법이 있다.

상반행동 강화 기법은 문제행동과 반대되는 행동을 보일 때 강화해 줌으로써 바람직한 행동으로 바꾸어 주는 방법이다. 예를 들면 수업 중 떠드는 행동에 대해 꾸지람을 하기보다는 주의를 집중할 때 칭찬을 해 주는 방법이다. 가정에서 동생과 자주 다투는 아이가, 어느 날 동생과 장난감을 가지고 잘 데리고 놀 때, 이 장면을 놓치지 않고 형제간의 우애를 칭찬해 준다거나, 자기 물건을 관리하지 못하거나 책가방을 못 챙기는 아이가, 어느 날 스스로 책가방을 챙기거나 준비물을 준비할 경우, 자기조절 능력을 칭찬하여 강화해 주면 그 행동이 유지되어 습관으로 형성된다.

상호제지기법은 불안을 일으키는 상황에서 그것과 양립할 수 없는 상황을 제시하고 불안반응을 감소시키거나 억압시키는 방법이다. 고양이에게 전기충격을 주어 불안반응을 보이게 한 후에 음식을 주면서 전기충격을 가했더니 불안반응을 보이지 않은 것과 같이 아이가 무척 하기 싫어하는 과제를 꼭 해야만 할 경우, 아이가 좋아하는 음식을 함께 주어 짜증이 감해지도록 하는 것이다. 그래서 차차로 그 과제를 싫어하지 않게 하는 방법이다.

혐오치료기법은 바람직하지 못한 행동에 혐오스런 자극을 연합시켜 행동을 수정하는 방법이다. 지나친 흡연가에게 폐의 손상된 영상을 보여 주기, 자기 관리를 잘하지 못하고 게으름을 피우는 아이에게 거리를 배회하는 청소년의 모습, 노숙자 모습이 담긴 영상아이나 사진 보여 주기, 장난이 심하여 자주 다치는 조심성 없는 아이에게 복도에서 뛰다가 앞니가 깨진 이야기, 머리를 다쳐서 일 년 동안 병원에 입원한 이야기, 아파트 계단에서 넘어져 발을 깁스한 이야기, 연필로 장난하다가 친구의 눈을 다치게 하여 보이지 않게 한 이야기 등을 실감나게 밀해 주면 장난치는 행동이 줄어들고 조심하게 된다.

부적 연습법은 오락을 좋아하는 학생에게 하루 종일 오락을 시키는 것과 같이 바람직하지 못한 행동을 반복 수행케 함으로써 신체적 피로감이나 심리적 권태를 생기게 하는 행동수정 방법이다.

부모가 내 아이의 부적응 행동을 분석하고 진단하여 위에서 소개한 방법들을 잘 적용하면 부적응 행동 수정에 많은 도움이 될 것이다.

그러면 좋은 성격과 습관을 형성하기 위해서 부모는 어떻게 해야 할까?

먼저 부모가 내 아이에게 길러 주어야 할 긍정적인 태도와 발달이 무엇인지를 분명하게 알아야 한다. 그런 다음 적절한 모델을 제시하고, 자기 이해와 자기 수용을 촉진시켜 주며, 유쾌하고 교육적인 경험과 적절한 실행기회를 마련해 준다. 또한 보석을 만드는 장인이 굴러다니는 돌멩이를 오랜 시간 연마하고 담금질하여 다이아몬드 보석을 만들듯이, 부모는 아이에게 의도적으로 도덕적 딜레마를 제시하여 갈등상황에 대응하는 훈련을 시켜야 한다. 그리하여 어려운 문제 상황이나 욕구 충족이 어려운 상황에서 잘 적응하고 감내할 수 있는 힘을 키워 주어야 한다. 왜냐하면 내 아이의 인생은 부모가 대신 살아 줄 수 없는 그 자신의 것이기 때문이다. 내 아이를 거센 비바람을 막아 주는 온실 속의 가냘픈 화초처럼 기를 것인가? 한낮에 내리쬐는 뜨거운 태양 아래에서도 살아 버티어 내는 생명력 있는 벼로 기를 것인가? 그것은 자식농사의 경작자인 바로 당신, 부모의 자녀교육 실천 신념에 달려 있다. 자식을 강하게 키우는 일은 모성애를 본능적으로 타고난 어미에게는 매우 어려운 일이다. 그렇다고 할지라도, 우리 부모들은 따뜻한 가슴과 냉철한 머리로써 내 아이를 강하게 연마하고 단련시켜 주어야 할 의무가 있다. 인류 역사상 위대한 인물들의 뒤에는 반드시 강하고 엄격한 교육신념을 가진 어머니가 있었다는 사실을 상기해 보면 도움이 될 것이다. 미국의 제44대 대통령 당선자 버락 오바마의 뒤에도 엄격하고 남다른 교육 신념을 가진 어머니와 외할머니가 계셨고, 풋볼 스타 하인스 워드의 뒤에도 훌륭한 어머니가, 율곡 이이 선생 뒤에도 신사임당이, 반기문 유엔사무총장을 유엔의 수장으로 만든 뒤에도 정성스럽고 강한 어머니가, 세계적 음악가 '정트리오'의 뒤에도 희생과 엄격함의 대명사인 어머니가 계셨다. '비'를 월드스타로서 일약 스타덤에 오르게 한 것은 그의 스승 박진영의 도움도 부정할 수 없지만 그 단초는 투병생활 속에서도 자식의 미래를 위해 모아 놓았던, 돌아가신 뒤에 이부자리 밑에서 발견된 어머니의 통장에 담긴 교훈이었다고 한다. 마음이 아프고 어렵겠지만 내 아이의 어머니인 나는 강하고 엄격해야 할 필요가 있다.

16 내 아이가 좋아하는 부모님의 모습

먼저 '나는 과연 얼마나 좋은 부모인지 스스로에게 질문해 보자.'

- 나는 나의 어린 시절을 기준으로 해서 자녀를 평가하는가?
- 나는 사소한 문제로 잔소리나 명령을 많이 하는가?
- 자녀가 잘못하거나 힘들어 할 때 격려해 주기보다는 야단을 치는가?
- 나는 내 기분에 따라 자녀에게 잘 대해 주거나 함부로 대하는가?
- 자녀가 잘하는 것이 무엇인지, 무엇을 하고 싶어 하는지 알고 있는가?
- 나는 자녀가 노력하는 것에 대해 기뻐하고 칭찬해 주는가?
- 나는 자녀와 즐겁게 대화하고 같이 노는 시간을 갖는가?

위 질문에 대하여 당신은 주저함 없이 '그렇다'라고 답할 수 있는 항목이 몇 개나 되는지요?

지금부터 소개할 내용은 하나의 사례로서 K초등학교 316명 학생들의 '내가 좋아하는 부모님의 모습'이다. 나는 어떤 부모로서의 모습인가를 진지하게 생각하게 하는 자료이다.

"우리 반 학생들이 말하는 '내가 좋아하는 부모의 모습'은 '친절하게 대해 주신다, 칭찬을 많이 해 주신다, 맛있는 요리를 해 주신다, 나의 학교생활에 관심을 많이 가져 주신다, 잔소리를 안 하신다, 우리의 마음을 잘 이해해 주신다, 학습을 잘 도와주신다, 나와 시간을 많이 보내 주신다, 일과 운동을 열심히 하신다, 내 이야기를 잘 들어 주신다, 문제를 잘 해결해 주신다, 안아 주신다, 화를 안 내신다, 책을 읽어 주신다, 나를 좋아하신다, 잘 대우해 주신다, 우리를 너그럽게 대하신다, 우리를 사랑하신다' 등이다."

위의 내용을 요약해 보면 건강을 챙겨 주시는 부모님, 자기 일을 열심히 하여 모범을 보이는 부모님, 나를 이해해 주는 부모님, 학습을 지원해 주는 부모님, 감정에 의해 간섭하거나 화를 내지 않는 부모님 등이다.

이 조사 내용이 부모들에게 주는 시사점은 매우 크며, 다음과 같이 정리해 볼 수 있다.

첫째, 아이들은 건강을 챙겨 주시는 부모님을 좋아한다고 하였다. 학급담임을 하면서 아침을 거르고 오는 학생들을 종종 볼 수 있다. 이것은 아이의 바람직한 성장과 발달을 저해하는 매우 위험한 일이다. 어머니들은 이 학생의 오전 중 생활을 굳이 설명하지 않아도 상상할 수 있지 않을까? 아이들은 나에게 맛있는 요리를 해 주시고 음식을 잘해 주시는 부모님을 좋아한다고 하였다. 깊이 생각해 볼 말이다.

둘째, 자기 일을 열심히 하는 부모님을 좋아한다고 하였다. 아이들에게 자기 일을 열심히 하라고 하기 전에 먼저 부모님 각자가 주어진 일에 최선을 다하는 모습을 보여 주어야 함을 생각하게 해 준다. 틈나는 대로 책을 읽고, 가정관리를 잘하고, 부부간에 서로 존중하는 모습을 평소 생활을 통하여 보고 자란 아이는 자신도 모르게 그러한 생활 습관이 내재될 것이다.

셋째, 나를 이해해 주는 부모님을 좋아하였다. 비단 아이들만 그런 것이 아니라 우리 어른들도 가족, 직장동료, 이웃 등과 같은 다양한 대인관계 속에서 자기를 이해해 주는 사람을 좋아하는 것은 당연하지 않은가? 하물며 내 아이를 이해하고 지원해 주는 일이 중요함은 다시 말할 필요가 없다.

넷째, 학습을 지원하고 도와주는 부모님을 좋아하였다. "개천에서 용 나지 않는다, 빈익빈, 부익부"라는 말이 있듯이 현대는 정보사회이다. 정보는 공유할 때 정보로서 가치를 발할 수 있다. 아이들은 보다 질 높은 정보에 접근이 용이한 부모에게 고품격의 정보를 공유할 수 있도록 시원해 주기를 요구하는 것이다. 그리하여 시행착오를 줄이고 급변하는 물결 속에서 도태되지 않고 생존할 수 있기를 바란다.

다섯째, 감정에 의해 간섭하거나 화를 내지 않는 부모님을 좋아하였다. 부모의 일관성 없는 잔소리나 간섭은 아이의 바람직한 성격형성을 저해하는 매우 좋지 않은 습관이다. 부모의 기분 여하에 따라 아이들에게 칭찬과 꾸중의 기준이 다르면, 아이들에게 옳고 그름의 기준에 혼란을 야기한다. "도대체 어떻게 해야 올바른 것인가?"라는 판단의 모호함을 호소한다. 그리하여 도피기제 사용과 같은 부적응 행동을 보이게 되는 것이다. 이는 부모들이 자기 성찰과 관리를 바탕으로 뚜렷하게 내 아이 교육관을 형성하여, 일관성 있게 적용해야 함을 시사해 준다.

17/ 초등학생이 갖고 있는 높은 자기 효능감

자기 효능감은 스스로 자기 자신의 역량과 능력에 대한 평가 능력이다. 교사들은 학생들에게 높은 자기 효능감을 가질 수 있도록 도와주고 지도하고자 많은 노력한다. 성공한 사람들은 대부분 높은 자기 효능감을 가지고 있다고 한다.

다음은 K초등학교 학생 316명의 '나의 장점, 칭찬할 점'에 대한 조사 내용이다.

"인사를 잘한다, 친구를 배려할 줄 안다, 항상 웃는 얼굴이다, 성격이 활달하다, 피아노를 잘 친다, 운동을 잘한다, 공부를 잘한다, 영어를 잘한다, 책을 많이 읽는다, 수영을 잘한다, 한글 타자를 잘 친다, 친구들과 사이좋게 지낸다, 무엇이든지 열심히 한다, 양보를 잘한다, 항상 즐거운 마음으로 지낸다, 착하다, 동생을 잘 돌본다, 엄마, 아빠 말씀을 잘 듣는다, 항상 좋은 생각을 한다, 태권도를 잘한다, 조립을 잘한다, 그림을 잘 그린다, 만화를 잘 그린다, 돈을 아껴 쓴다, 밥을 잘 먹는다, 이를 잘 닦는다."

위의 조사내용을 요약해 보면 지적 성장, 정서 발달 등을 위해 요구되는 학습 및 조작활동 등을 잘하는 나, 친구들과 사이좋게, 배려하며, 양보하고, 즐거운 마음으로 웃으며 생활하는 나, 동생을 잘 돌보는 나, 엄마·아빠 말씀을 잘 듣는 나, 밥을 잘 먹는 나, 이를 잘 닦는 나 등이다.

이 내용들이 초등학생들의 자기 효능감을 이해하는 데 주는 시사점은 매우 크다.

그들은 무엇이든지 부모나 교사에게 요구받은 활동을 잘하기를 원하며, 스스로 그렇게 잘하고 있다고 판단하고 있었다. 사회생활 면에서도 친구, 형제간에 배려하고 양보하며 잘 지내야 함을 잘 알고 있었으며, 그렇게 행동하기 위해 노력하고자 하는 마음도 대부분 가지고 있었다. 건강을 위해 밥을 잘 먹어야 하고, 돈을 아껴 써야 하는 경제관념, 이를 잘 닦는 좋은 습관을 가져야 한다는 것도 잘 알고 있었고, 그렇게 하기 위해서 스스로 노력해야 한다고 생각하였다.

대단히 바람직한 조사결과이다. 높은 자기 효능감을 가진 학생은 높은 성취동기를 가지며, 이를 이루기 위해 최선을 다하여 노력하는 에너지를 갖는다. 그리하여 성취감에 대한 희열을 맛보게 되고, 이를 맛보기 위해 스스로 계획하고 실행하고, 점검하고 수정·보완하는 자기조절 학습능력이 형성된다. 그리하여 부모나 교사가 멀리서 지켜보아 주고, 지원이 필요할 때 적절한 지원만 해 주면 되는 자기 주도적인 사람으로 성장해 나간다.

따라서 부모는 내 아이의 자기 효능감을 길러 주기 위해 아이의 행동에 대하여 칭찬과 보상을 정확하게 해 주고, 소질과 끼가 있는 부분을 잘 찾아내어서 작은 부분에서부터 적극적인 지원을 아끼지 않아야 한다.

18/ 자녀의 말을 잘 들어 주는 방법

다른 사람과 대화를 잘하는 사람들은 남의 말을 잘 듣는 사람들이다. 자녀를 잘 이해하는 부모는 대부분 자녀의 말을 잘 들어 준다. 자녀의 말을 잘 들어 주기 위해서는 다음과 같이 세 가지 방법을 사용하여 보고 습관화시켜 보자. 첫째, 자녀의 말을 경청하라. 경청은 단순히 듣는 것이 아니고, 주의를 집중해서 듣는 것이다. 상대방을 마주 보면서 열심히 들어 주면 말하는 자녀는 자신이 존중받는다는 느낌을 받게 된다. 듣는 동안 고개를 끄덕이거나 "음, 음" 등으로 자녀를 이해한다는 뜻을 나타내도록 해 보자. 부모가 자녀의 말을 경청하지 않으면, 자녀도 부모의 그런 행동을 배우게 되어 부모의 말을 경청하지 않게 된다. 둘째, 자녀의 말을 중간에 끊지 말고 끝까지 듣는다. 자녀가 말을 조리 있게 하지 못하거나, 쓸데없는 말을 한다고 생각하면 부모들은 중간에 끊고 말을 하기 쉽다. 이러한 행동은 자녀를 무시하는 행위이므로 기분을 상하게 만든다. 그렇게 되면 그 이후의 대화는 원활하게 진행되기 어렵다. 자녀가 말할 시간을 충분히 주고 인내심을 갖고 기다려 주도록 노력해 보자. 셋째, 자녀의 입장에서 공감하려고 노력하라. 자녀가 말하는 동안 경청하다 보면 자녀의 입장에서 생각하고 느낄 수 있게 된다. 자녀가 잘못했을 때 야단부터 치는 경우가 많은데, 야단을 치기 전에 자녀가 자신의 입장을 말할 수 있는 기회를 주어야 한다. 부모 스스로 자신이 어린 시절을 생각하면서 자녀의 입장에서 이해해 보려고 하는 것이 필요하다. 자녀를 이해하고자 노력하고 나서 잘못된 부분에 대해 야단쳐도 늦지 않다.

위에서 살펴본 바와 같이 부모가 자녀를 이해하기 위해서는 자녀의 말을 경청하고, 중간에 끊지 말고 끝까지 들어 주고, 공감하면서 들어 주는 방법을 익히고자 하는 노력이 뒤따라 주어야 한다.

19/ 내 아이와의 좋은 의사소통 방법

내 아이와의 효율적인 의사소통 방법에는 여러 가지가 있지만, 그 중에서도 보다 실천하기 쉬운 네 가지 방법을 택하여 자세하게 설명하면 다음과 같다.

첫째, 부드럽게 눈을 맞추어라. 부드럽게 눈을 맞추고 편안한 자세로 자녀를 향함으로써 원활한 대화를 할 수 있기 때문이다.

둘째, 자녀를 존중하라. 잘못한 행동에 대해서 말할 때는, 그 행동에만 초점을 맞추어 대화를 해야 한다. "넌 왜 애가 항상 그런 식이냐?"보다는 "지금 네가 한 그 행동으로 화가 많이 나는구나."라고 말하는 것이 좋다. 행동은 노력하면 고칠 수 있지만 사람의 성격은 쉽게 달라지는 것이 아니기 때문이다. 아이 자체 또는 성격이 나쁘다고 말하면 "난 원래 그런 사람이니까."라고 생각하여 행동을 고치지 않으려고 한다.

셋째, 선입관이나 편견을 버려라. 선입관이나 편견을 버리고 부모의 의도대로 대화를 이끌어 가지 말아야 한다. 형사가 범죄사실을 추궁하는 듯한 대화방식은 갖지 않아야 한다. 이는 자녀의 기분을 상하게 해서 서로 감정이 격해지는 대화를 하게 만든다. 더욱 중요한 것은 부모가 미리 대화의 방향을 정해 놓지 말고, 자녀의 입장을 있는 그대로 받아들이면서 대화를 해야 한다.

넷째, 부모의 생각을 강요하지 마라. 부모의 의견이 자녀의 의견과 다를 수 있음을 언제나 염두에 두고, 자신의 생각을 강요하지 않아야 한다. 즉, 지위나 힘에 의한 의사소통을 하지 않아야 한다는 것이다. 일반적으로 부모들은 자녀의 생각보다는 자신들의 생각이 더 낫다고 생각하는 경행이 있다. 자녀의 의견을 들어 보지도 않고 부모가 시키는 대로 하기를 원하는 경우가 많다. 그렇지만 인간은 두 살만 되어도 자율성의 욕구가 있기 때문에 남의 명령을 듣는 것을 좋아하지 않는다. 부모의 뜻을 따르도록 하고 싶으면, 명령하지 말고 자녀의 의견을 잘 들어 준 다음 부모의 의견을 말하고 그 중에서 좋은 것을 서로 합의하고 타협해서 결정하는 방식이 좋다.

20/ 부모의 화와 분노를 다스리는 방법

의사가 몸의 건강을 진단하고 치료하며 다스리듯이, 부모나 교사도 아이 마음의 건강상태를 진단하고, 다스릴 수 있어야 한다. 그러나 그에 앞서 먼저 부모의 마음을 다스릴 줄 아는 지혜를 가져야 한다. 따라서 부모의 화와 분노를 다스리는 방법을 설명하면 다음과 같다.

첫째, 분노가 많이 치솟는다면, 잠시 혼자 있는 시간을 가진 후에 대화를 하라. 심호흡을 하고 숫자를 천천히 세는 것도 도움이 된다.

둘째, 지금의 문제를 해결하기 위해 무엇이 문제인지를 명확하게 정의하라. 그리고 지금 현재(here and now) 문제에 초점을 맞추어라.

셋째, 왜 화가 났는지를 먼저 생각하라. 아이의 잘못보다는 부모의 높은 기대 때문에 화가 난 것은 아닌지 생각해 보는 것이 필요하다.

넷째, 분노 감정을 숨기지 말고 '나 전달법'을 사용해서 내 감정을 정확히 표현하라. 예를 들면 자기 물건을 잘 챙기지 못하여 여러 번 말을 했는데도 행동이 고쳐지지 않아서 화가 날 경우, "넌 정말 어쩔 수 없는 애구나, 정말 혼이 나야 말을 들을 거니?"와 같은 '너 전달법'은 아이가 비록 잘못이 있다고 하더라도 받아들이기 힘든 말이다. 그보다는 "엄마가 이렇게 했으면 좋겠다고 여러 번 말했는데도, 네가 또 자기 물건을 챙기지 못하니 정말 속상하구나, 이제 화가 난다."라고 '나 전달법'으로 말해 보자.

위에서 화를 다스리는 방법을 설명하였는데, 그 방법들을 생활 속에서 실천하고 잘 적용하여 아이들의 바람직한 성장에 도움이 될 수 있기 바란다. 앞으로 부모가 화를 참지 못해 흔히 할 수 있는 금기사항을 강조하여 언급해 보자. 첫째, 화가 난다고 소리를 지르거나 욕하고 때리지 않아야 한다. 둘째, 화와 분노를 마음속에 쌓아 두고 표현하지 않으면 안 된다. 셋째, 분노감을 전혀 무관한 다른 사람에게 표출하면 안 된다. 넷째, 지금 현재의 문제를 넘어서 이전의 일까지 합쳐서 화를 내서는 안 된다.

21/ 또래관계에서 싸움이 잦은 아이에게는

초등학교 시절 친구들과의 관계는 어린이들의 생활에 대단히 중요한 의미를 갖는다. 어린이들은 친구 집단에 어울림으로써 또래와의 의사소통하는 방법을 배우며, 자신에 대한 새로운 지각을 할 수 있게 되고, 집단에 대하여 소속감을 발달시킬 수 있게 된다. 일반적으로 부모나 교사보다 또래집단에 더 동조하는 것이 초등학교 시절 또래관계의 특징이다.

또래 집단에서 인기를 끄는 것은 대단히 중요한데, 몇몇 연구에서 밝혀진 인기 있는 성격 특성은 우호적이고 사교적이며 참여를 잘하고 깔끔하며, 외모가 보기 좋게 생긴 것이고, 반면에 수줍어하고 후퇴적이고 공격적인 어린이는 인기가 적다.

또한 또래들은 관심, 흥미, 욕구 등에 대하여 서로 정보를 제공하므로 사회화 과정에 중요한 역할을 하고, 개인적인 문제와 걱정을 얘기하므로 심리적 치료기능도 한다. 이 시기에 또래에게 받아들여지지 않고 집단 활동에 참여할 기회가 없는 어린이는 집단에서 소외되어 있다는 감정을 갖게 된다. 그러므로 단짝 친구 관계를 갖는 것은 초등학교 시절뿐만 아니라 후의 대인관계 적응양식에도 영향을 미치는 것으로 성격 발달에 매우 중요한 의미를 갖는다. 만일 이 시기에 단짝 친구를 갖지 못한 어린이는 청년기에 가서 대인관계, 특히 이성관계에서 적응하기 어렵고, 성격적 장애를 가질 수 있다고 한다. 초등학교 시절의 친구관계는 오래 가지 못하지만, 단짝 친구는 비교적 오래 지속된다고 한다.

위에서 살펴본 사회성이나 적응능력이 부족한 데서 올 수 있는 문제들은 공격성, 따돌림, 대인불안과 회피 등이 있다.

먼저 공격성은 하고 싶은 것이 차단되거나 모욕, 부당한 일을 당할 때 생긴다. 공격 행동은 학습되는데, 부모나 또래의 공격행동을 모방하여 표현되기도 한다. 특히 주의력 결핍 및 과잉행동 어린이, 학습부진을 경험한 어린이 등은 학습좌절 경험이 많고, 비난, 야단을 많이 맞아 성격이 반항적이 되고 적개심이 누적되어 충동적 성향이 있는 경우에 공격행동으로 표출된다. 그래서 자신에게 좌절을 준 대상에게 욕을 하거나 공격행동으로 공격성을 표현한다. 또는 상황을 판단해서 행동을 일단 억제하지만, 분노나 좌절감이 억압되어 있다가 자기보다 약한 대상에게 공격을 표현하기도 한다.

공격성이 표출되어 또래친구들과 싸움이 잦은 어린이에게는 다음과 같이 지도하여 도와주어야 한다.

첫째, 다양한 상황에서 잘 적응하며, 다른 사람과 좋은 관계를 맺는 사회적 기술을 가르친다. 예를 들면 필요한 사회적 기술을 명확하고 자세히 쉬운 것에서 어려운 순서로 설명해 주기, 바람직한 행동 모습을 관찰을 통해 학습하도록 부모가 모범을 보이기, 배운 사회적 기술을 거울 보고 연습하도록 하고 즉각적으로 보상을 제공하기 등이 있다.

둘째, 충동적이지 않게 단계적으로 생각하도록 한다. 현 상황에서 가능한 행동들을 모두 생각해 보고, 각 행동 결과들을 모두 생각해 본 후, 장단점을 생각하고 행동하게 한다. 예를 들면 친구가 별명을 불러 화가 났을 경우, Stop 한 후 '내가 만일 친구를 때린다면, 그 결과는? 만약 친구에게 욕을 한다면, 그 결과는?'과 같은 Stop & Thinking 방법으로 문제를 해결하도록 하는 것이다.

셋째, 친구를 사귀는 기술, 대화 방법, 감정 표현 방법, 친구 배려하기 등에 대해 가르친다.

먼저 '친구 사귀기 방법'을 설명하면 다음과 같다.

- 자신을 잘 소개하는 연습을 한다.
- 친구의 이름을 먼저 부드럽게 부른 후 친구가 쳐다보면 대화를 시작한다.
- 친구가 어떤 일을 열심히 하면 말을 걸지 않는다.
- 게임이나 대화에 끼어들 때는, 나도 같이해도 되는지 공손하게 물어본 다음 참여한다.
- 친구의 물건을 빌리거나 어떤 부탁을 할 때는 정중하게 허락을 받는다. 만일 친구가 부탁을 들어주지 않더라도 화내지 않고 받아들인다.
- 친구의 좋은 점이나 좋은 물건 등에 진심으로 칭찬해 준다.
  예를 들면, "네가 새로 산 가방 참 예쁘다."와 같이 말하면 친구가 호감을 가진다.

- 친구가 도와주거나 칭찬해 주었을 때 고맙다고 말을 한다.
- 잘못했을 때는 미안하다고 말한다.

'대화 방법'을 설명하면 다음과 같다.
- 친구를 향한 부드러운 눈 맞춤으로 시선을 처리한다.
- 팔짱을 끼지 않고 손을 아래로 내린다.
- 천천히 명확하게 발음한다.
- 경청한다.
- 듣는 동안 고개를 끄덕이거나 '음, 음' 등으로 반응을 보인다.
- 친구를 비난하거나 놀리거나 무시하는 말을 하지 않는다.
- 나의 현재 느낌, 생각, 바람을 진지하게 말하는 '나 전달법'을 사용한다. 예를 들면, "네가 내 허락을 안 받고 지우개를 사용하고 갑자기 던져서 내가 깜짝 놀랐고 많이 속상해, 다음부터는 내 허락을 받고 나서 사용하면 좋겠다."

'감정 조절과 적절하게 표현하기' 방법을 설명하면 다음과 같다.
- 나와 친구의 기분을 잘 알도록 한다. 예를 들면 친구가 아파서 결석해서 나는 (걱정이 된다.), 친구가 나에게 선물을 주어서 (기쁘다.), 운동장에서 넘어진 친구가 매우 (아플 것 같다.) 등과 같이 어떤 일에 대해서 기쁨, 슬픔, 부끄러움, 분노 등의 감정을 '나는 ( )을 느낀다'라고 표현하도록 한다.
- 감정을 적절하게 조절하고 표현하도록 한다. 화가 난다고 주먹이 먼저 나가거나 욕을 하지 않고 '나 전달법'을 사용하여 느낌을 말로 표현하도록 하는 것이다. 특히 화날 때 잘 처리하는 것이 친구관계에서 매우 중요하다. 예를 들면, 화가 났을 경우 Stop

하고 10까지 천천히 센다. 숨을 크게 들이쉬고 몸의 긴장을 푼다. 왜 화가 났는지 '나 전달법'을 사용해서 말한다. 말을 하기조차 힘들면 그곳에서 잠깐 떨어져 있는다.

'친구 배려하기' 방법을 설명하면 다음과 같다.

- 친구의 표정 읽기를 연습한다. 예를 들면 친구가 상을 탔을 때 함께 기뻐하며 축하해 준다. 친구가 넘어져서 다쳤을 때 "많이 아프니?"라고 물어보고 친구의 상처를 닦아 주거나 보건실로 데려갈 수 있도록 한다. 친구가 침울할 때, 그것을 잘 알고 위로해 주거나 공감해 주면 고마워하고 서로 좋은 친구 사이가 될 수 있다는 것을 가르친다.

- 친구가 화났을 때 다음과 같이 하도록 한다. 친구의 얘기를 끝까지 듣기, 친구가 오해하고 있다면 자기의 입장을 잘 설명하기, 내가 잘못했다면 진지하게 사과하기, 많이 화가 났을 때는 화가 가라앉을 때까지 기다리도록 한다.

22/ 주의집중이 잘 안 되는 아이에게는

우리는 초등학교 교실에서 공부하다가 정신을 금방 다른 곳에 팔고, 부주의해서 쉬운 문제도 자주 틀리는 1~2명 정도의 학생을 일반적으로 볼 수 있다. 주로 여자아이보다 남자 학생인 경우가 더 많다. 집중력은 학업성취에 매우 중요한 요소 중의 하나인데 마음대로 조절이 안 된다. 이에 집중을 못 하는 원인을 파악하고, 어떻게 하면 주의집중력을 향상시킬 수 있는지 방법을 알아봄으로써 주의집중이 안 되어서 어려움을 겪는 아이에게 도움이 되도록 하자.

주의집중이 안 되는 아이들은 대체적으로 다음과 같은 특징을 보인다.

첫째, 한곳에 주의를 집중하지 못하고 쉽게 싫증을 낸다.

둘째, 자기 행동을 조절하거나 억제하기 어렵다.

셋째, 몸을 가만히 두지 못하고 과잉행동을 보인다.

넷째, 쉽게 울고 기분변화가 심해서 행동을 예측하기 어렵다.

다섯째, 질문이 채 끝나기 전에 성급하게 대답한다.

여섯째, 차례를 기다리지 못한다.

일곱째, 다른 사람의 활동을 방해하고 간섭한다.

여덟째, 지나치게 수다스럽게 말을 한다.

그러면 주의집중력이 부족한 원인에는 어떤 것들이 있을까?

첫째, 부모의 자주 야단치는 양육방식과 관련된다. 완벽주의 부모나 아이를 너무 잘 키우려는 욕심이 있는 부모의 경우, 아이가 완벽하기를 원한다. 그러나 아이들은 실수투성이이고 끊임없이 잘못을 저지르면서 시행착오를 통해서 배워 나간다. "너 이것밖에 못 해?"라는 말을 들으면서 자주 야단맞는 아이는 어떤 일에도 자신감을 갖지 못하고 정서적으로 불안하여 집중을 하지 못하게 된다. "이제는 잘할 수 있을 거야, 가끔 실수도 할 수 있단다."라고 격려해 주고 기다려 주면 아이는 더 잘할 수 있다.

둘째, 학습동기가 부족하면 집중을 못 한다. 아이나 어른이나 자신이 흥미 있어 하고 재미있는 일에는 몇 시간이라도 집중을 한다. 그러나 아이들에게 있어서 공부는 다른 것에 비해 재미있는 일이 아니고 어려우므로 금방 주의가 흐트러지게 된다. 자기가 좋아하는 교과목은 싫어하는 교과목에 비해 오래 집중하는 것을 볼 수 있다. 이런 점을 고려하여 아이의 흥미와 적성을 최대한 살려 학습동기를 키워 주어야 한다. 자신감이 조금이라도 생겼을 때, 격려해 주고 점차 성취감을 느끼도록 지도한다.

셋째, 나쁜 공부 습관이 형성되어 있으면 집중을 못 한다. 어려서부터 거실, TV 앞에서 공부를 한다거나 라디오를 들으면서 공부하는 아이는 한 가지에 집중하지 못하고, 대충 공부하는 습관이 형성된다. 공부에 방해되는 습관을 고치기 위해서 집중하기 좋은 환경을 만들어 주어야 한다. 예를 들면 아이의 공부방을 따로 조용한 곳에 마련해 주기, 책상 위에 필요 없는 물건 치워 놓기, 벽지는 차분한 단색으로 해서 주의를 끌지 않도록 하기 등이다.

넷째, 뇌에 작용하는 신경전달물질의 이상 때문일 수 있다. 노어에피네프린, 도파민의 문제가 주의력 결핍과 과잉행동의 원인일 수 있다. 생애 초기부터 기질이 부산스럽고 다루기 힘든 아이는 부모가 어떻게 반응하느냐에 따라 집중력이 개선될 수 있거나 악화될 수 있다. 부모와 아이가 전문적인 상담가의 도움을 받아서 문제가 시작되는 초기에 치료될 수 있도록 하는 것이 현명하다.

주의집중력을 향상시키려면 어떤 방법을 사용하면 좋을까?

첫째, 집중력을 높이는 공부 습관과 방법을 가르친다.

-한 번에 한 가지씩만 하게 한다.

-일일계획표를 짜는 것이 좋다.

-공부는 반드시 공부방에 있는 책상에서 하게 한다.

-계획을 구체적으로 기록하고 하루 일과가 끝나면 아이와 함께

얼마나 충실하게 했는지 점검한다.

- 각각의 할 일에 대해 시작 시각과 끝낼 시각을 쓴다.

- 한 가지 일이 끝나면 잠시 쉬고 보상을 준다.

둘째, 단계적으로 문제를 해결하도록 가르친다.

일단 멈추고 생각한 후 행동하기. 예를 들면 국어 숙제를 하려 할 때, 일단 모든 행동을 멈추기, 해결 과제가 무엇인지 생각하기, 과제를 잘 읽고 생각한 대로 해결하기, 잘했는지 생각해 보기, 좋은 방법이라고 생각되면 다음에도 이 방법을 적용하기와 같은 문제 해결 과정을 말한다.

다섯 단계로 생각하고 문제 해결하기. 예를 들면 문제 확인, 계획 세우기, 계획대로 실천하기, 계획대로 실천되었는지 확인하기, 성취감 느끼기 단계를 거쳐 문제를 해결하는 방법이다.

주의집중력이 부족한 아이를 도와주기 위해 부모가 알아야 할 점은 무엇이 있을까?

첫째, 시간관리 능력 형성을 위해 다른 과제로 바꿀 때, 미리 남은 시간을 알려 준다.

둘째, 아이가 잘할 수 있는 과제 중심으로 해결하도록 제시하고, 잘하였을 경우 반드시 보상을 준다.

셋째, 계산은 빨리 해결하기를 요구하기보다는 천천히 정확하게 해결하여 성취감을 맛볼 수 있도록 시간을 충분히 준다.

넷째, 대화를 할 때 명확하고 간단하게 한다.

다섯째, 아이가 일부러 산만하거나 주의집중을 하지 않는 것이 아니다. 야단치고 미워할 문제가 아니라 그 원인을 조기에 발견하고 도와주어야 하는 문제임을 인지하여야 한다.

23/ 읽기에 어려움을 겪는 아이에게는

초등학교 저학년의 경우 읽기에 어려움을 겪는 아이가 간혹 있다.

이 아이의 읽기 능력에 영향을 끼치는 요인에는 어떤 것이 있을까?

기질, 주의력 결핍 등과 같은 생물학적 요인, 가족, 학교생활에서 받는 사회적 요인, 동기나 불안한 정서와 같은 심리적 요인, 독해력 부족 등이 있다.

그러면 이렇게 읽기에 어려움을 겪는 아이를 도와주는 방법에는 무엇이 있을까?

첫째, 반복적으로 소리 내어 읽기 연습을 하도록 한다.

둘째, 엄마나 아빠가 아이와 비스듬히 앉아서 책을 읽는다. 아이의 귀 쪽을 향해 소리를 내면서 때로는 큰 소리로, 빨리, 때로는 조용하게 천천히 변화를 주면서 읽어 준다.

셋째, 아이가 알고 싶어 하는 주제가 담긴 책을 읽고 공부하게 한다.

넷째, TV, 신문, 광고물 등에서 좋아하는 단어, 새로운 단어를 찾기 놀이, 관련된 것을 탐색하는 놀이를 한다.

다섯째, 좋아하는 단어를 오려서 단어지도나 단어책을 만든다.

여섯째, 아이가 책을 읽을 때 여러 가지 질문을 한다. "할머니가 누구를 만났니?", "호랑이가 어떻게 했니?" 등과 같이 질문을 하면 그림을 보고 추측을 하게 되고 함께 나와 있는 글자를 인식하게 된다.

일곱째, 책을 읽고 나면 반드시 주제가 무엇인지 생각하도록 한다.

여덟째. 제목을 미리 읽고 내용을 짐작하게 한다.

아홉째, 먼저 그림이나 표를 보고 내용을 짐작하게 한다.

열 번째, 쉬운 자료를 사용해서 읽는 동안 멈추지 않도록 한다.

열한 번째, 아이 스스로 유창하게 읽는 것을 경험하도록 하고 잘 읽으면 꼭 보상을 한다.

열두 번째, 어느 정도 읽기가 되면 소리 내지 않고 읽도록 한다.

24 쓰기에 어려움을 겪는 아이에게는

초등학교 국어교과서는 말하기·듣기, 읽기, 쓰기 3권으로 구성되어 있다. 이것은 우리 언어생활이 말하기, 듣기, 읽기, 쓰기의 네 가지 활동으로 이루어지기 때문이다. 듣기와 읽기는 이해과정이고, 말하기와 쓰기는 밖으로 나타내는 표현활동이기 때문에 듣기와 읽기에 비해 말하기와 쓰기가 더 어렵다. 쓰기에 어려움을 겪는 아이들은 글을 쓰는 속도가 매우 느리고, 철자가 틀리며, 알아볼 수 없게 글을 쓰고, 문법, 문장부호 사용 등을 어려워한다. 글씨 쓰기에 영향을 미치는 것은 소뇌, 운동중추, 글씨 쓰는 자세, 연필 잡는 모양 등이다.

그러면 쓰기를 잘할 수 있는 방법에는 어떤 것들이 있을까?

첫째, 충분히 생각하여 쓸 수 있는 시간을 1주일에 3번 정도 1일 20분씩 글을 짓도록 한다. 가장 좋은 방법은 1주일에 2~3번 일기를 쓰도록 지도하는 것이다.

둘째, 부모가 동화책을 읽어 주고 제목, 등장인물, 느낀 점을 간단하게 쓸 수 있는 '듣기프로그램' 공책을 만든다.

셋째, '감동의 이야기'를 부모가 1주일에 2번 정도 들려주고 느낀 점을 '듣기프로그램' 공책에 쓰도록 한다.

넷째, 부모와 함께하는 여행, 애니메이션, TV프로그램, 영화, 스포츠 경기 등과 같은 많은 경험 기회를 제공하고 그 경험에 대한 이야기를 나누고 글로 쓰도록 풍부한 정보를 제공한다.

다섯째, 매년 2~3회 가족들에게 하고 싶은 말을 쓰는 가족신문을 만든다.

여섯째, 컴퓨터 워드프로세서를 사용하는 방법을 익혀서 활용하도록 한다.

일곱째, 흥미와 관심을 주기 위하여 친구들에게 전자우편으로 편지를 보내도록 한다.

여덟째, 소칠판을 사서 공부방에 놓고 하루 일정, 약속, 하고 싶은 말을 분필을 사용하여 쓰도록 한다.

아홉째, 휴일에는 부모나 친구와 함께 모래나 진흙 판에 글씨 쓰기, 핑거페인트 등을 함으로써 쓰기에 대한 흥미를 북돋아 준다.

열 번째, 미농지를 대고 따라 그리기, 점선 글씨 따라 쓰기 등을 많이 연습시킨다.

25/ 수학문제 해결을 어려워하는 아이에게는

수학에 어려움을 보이는 아이들은 공간관계, 시·지각, 상징의 인식, 의사소통 능력, 주의집중력, 기억, 독해력 등 다양한 영역에서 원인을 찾을 수 있다. 수리적 관계에 어려움을 갖는 아이는 유치원 때부터 나타나는데, 숫자 세기, 같은 모양끼리 짝짓기, 같은 색깔끼리 분류하기, 더 큰 것과 작은 것 비교하기 등의 활동 모습을 관찰하면 알 수 있다. 또한 수학은 순차적인 과정으로 각 단계에서 배워야 할 것을 익혀야 다음 단계로 넘어갈 수 있다. 이것은 교육과정을 개발할 때, '학습내용조직 방법'이 논리적이고 심리적인 발달 단계를 고려해야 하고, 제7차 교육과정에서 단계형 교육과정을 적용하는 이유가 되기도 한다. 여러분은 초등학교 수학교과서 표지를 보면 ( )학년-1학기, ( )학년-2학기라고 되어 있지 않고, ( )학년-가단계, ( )학년-나단계로 씌어 있는 것을 확인할 수 있다. 그러므로 먼저 1:1 대응, 분류, 순서 짓기, 덧셈, 곱셈, 나눗셈 등의 개념을 순서적으로 익혀야 수학학습을 용이하게 할 수 있다. 앞선 단계에서 익혀야 할 개념을 익히지 못하면 당연히 수학에 어려움을 겪게 되는 것이다. 따라서 초등학교 저학년 아이를 둔 부모들은 저학년 동안에 특히 수학개념을 이해하고 올라갈 수 있도록 관심을 가지고 반복적인 지도를 해야 할 필요가 있다.

부모가 어떻게 하면 수학문제를 잘 해결하는 데 도움이 될까?

첫째, 공간관계 개념을 길러 주어야 한다.

공간관계의 개념은 일반적으로 유치원 때 습득하는 것인데, 이런 개념이 없으면 전체적인 수의 체계를 이해하는 데 매우 어렵다. 그래서 어릴 때부터 블록이나 퍼즐, 상자, 소꿉놀이, 장난감 등을 많이 가지고 놀 수 있도록 제공해 주어야 한다. 그렇게 하면 공간력, 순서, 차례 등에 대한 감각이 발달하게 된다.

둘째, 시·지각 운동을 많이 하도록 한다.

숫자나 부호를 빠뜨리거나 잘못 보게 되면 도형이나 수식계산

문제를 해결하는 데 어려움을 겪게 된다. 예를 들면 2와 5, 6과 9의 혼동문제, +를 -로 잘못 보는 경우, 삼각형을 선 3개로 인식하는 경우, 숫자의 줄을 잘못 맞추는 경우 등이 있다. 어릴 때부터 수 카드를 가지고 놀이 활동을 하도록 해 주고 주변에 숫자를 많이 노출시켜 주며 그림책을 많이 보도록 한다. 그리고 다음과 같은 놀이를 많이 제공한다.

- 빠진 물건 파악하기
- 올바른 모양 찾기
- 순서대로 기억하기
- 그림 본 후 이야기하기

셋째, 독해력을 길러 주어야 한다.

수식만 주면 잘 해결하는데, 글로 쓰인 문제를 주면 공식을 적용하거나 수식으로 바꾸는 것을 어려워하는 아이가 있다. 이것을 해결하기 위하여 다음과 같은 방법을 사용하여 지도해준다.

- 아이에게 흥미 있는 이야기나 생활 속의 경험 안에서 문제를 만들어 제공하여 해결하는 연습을 한다. 예를 들면, 돈, 과자, 장난감, 버스, 자전거, 친구들의 숫자 등을 사용하여 문제를 제시하면 이해가 빠르다.
- 문제를 말로 제시한다.
- 구체적 사물이나 그림, 그래프 등을 이용하여 문제를 이해하게 한다.

넷째, 주의집중력을 높여 주어야 한다.

주의집중에 문제가 있는 아이는 부주의하고 충동적이기 때문에 숫자나 도형을 잘못 파악하고 문제의 요점을 빠뜨린다든지,

공식기호를 잘못 보는 오류를 자주 범하여 수학성취도가 떨어진다. 다음과 같은 방법을 사용하여 수학에 대한 주의집중력을 높여 주도록 한다.

- 수학공부에 대한 시간 계획표를 짜서 지키게 한다.
- 집중이 잘되는 일정한 시간에 수학을 공부하도록 행동계약을 한다.
- 하나의 과제를 완수할 때마다 체크하게 한다.
- 부모와 함께 놀이나 게임을 통하여 공부하는 기회를 갖는다.

다섯째, 수학문제 해결 전략을 가르쳐 준다.

수학을 어려워하는 아이 중에는 수학문제를 푸는 적절한 전략이 부족한 경우가 많다. 예를 들면, 그 문제가 무엇을 묻고 있는지, 그 문제를 해결하기 위한 방법을 결정하는 전략이 필요한데, 이러한 학습전략을 모르거나 적절한 전략을 선택하지 못하는 것이다. 그 방법을 생각해 내는 데 시간이 너무 많이 걸려서 시간 안에 해결하지 못하는 경우이다. 다음과 같은 방법으로 지도하면 도움이 된다.

- 덧셈, 뺄셈 계산할 때, 10의 보수 개념을 활용하도록 한다.
- 곱하기는 같은 수를 여러 번 더한 것을 간단하게 한 것임을 알도록 한다(동수누가의 법칙).
- 분수를 공부할 때는 종이를 나누거나 피자를 나누는 것을 생각하도록 한다.
- 문제를 자신의 말로 재진술하는 연습을 시킨다.
- 충분히 생각할 시간을 갖도록 한다.
- 문제의 중요한 부분에 ○, ☆표시나, 밑줄 등의 인지적 기호를 사용하여 문제파악을 하도록 한다.

-기호, 약속, 공식 등을 반드시 암기하여 쉬운 문제에 적용하는 연습을 많이 하도록 한다.

여섯째, 수학에 대한 불안감을 없애 준다.

수학불안은 수학에 대한 부정적인 정서 반응으로 학업실패나 자존감의 상실에서 기인한다. 불안은 수학학습 동기를 차단하고, 가지고 있는 수학 지식을 사용하고 전환시키는 것을 방해하여 시험을 볼 때 실수를 하게 한다. 따라서 다음과 같은 방법을 사용하여 수학 불안감을 없애 주도록 한다.

-자신감 향상을 위해 쉬운 문제 해결을 통해 성공경험을 하도록 해 준다.
-퀴즈 풀듯이 즐겁게 풀어 성취감이나 즐거움 등의 내적 보상을 받도록 한다.
-다른 사람과 비교하거나 경쟁심을 갖지 않도록 한다.
-명확하게 가르쳐 주고, 어떻게 풀어야 하는지 예시도 들어 준다.
-해결할 문제수를 적게 제공하고, 충분한 문제해결 시간을 준다.

26/ 학습부진 아이에게는

학습과 관련된 문제는 크게 학습부진, 학습지진, 학습장애로 나누어 생각해 볼 수 있다. 학습부진이란 정상 범위의 지능을 가지고 있고 신경계 이상은 전혀 없는 아이가 정서적 문제나 사회 환경적 요인 등으로 학업 성취도가 떨어지는 경우를 말한다. 불안, 우울, 가정 혹은 학교에서의 스트레스 등으로 학업 성적이 부진한 경우이다.

학습부진아의 대부분은 이런 원인들이 잘 해결되면 다시 정상적인 학업능력과 성취도를 보이게 된다. 따라서 학습부진아에게는 무조건 공부를 열심히 하라는 강요보다는 원인을 찾아내 해결할 수 있도록 도와주는 것이 현명한 대처방법이다.

그러면 자신이 가지고 있는 잠재적인 능력과 실제로 받은 학업 성취가 불일치하거나 지적인 학습 능력만큼의 충분한 학습 성과를 올리지 못하는 등의 학습 효율성을 떨어지게 하는 학습부진의 원인에는 어떤 것들이 있을까?

- 낮은 지능: 학업 수행에 기본적인 전반적인 지적 기능의 수준이 낮음
- 학습/주의력 장애: 전반적인 지능 수준에서는 오히려 문제를 보이지 않으나 주의 집중에 어려움을 보이거나 특정 학습 영역 예컨대 읽기, 쓰기, 산수 가운데 한 영역 혹은 여러 영역에서 문제를 보임
- 공부에 대한 가치관: 학업 수행과 실세계의 적용 간에 괴리를 느끼며, 학업이 무의미한 정보만을 습득하는 과정이라고 생각함
- 학습 문제의 방식: 자신에게 효과적인 학습 방식을 찾아내지 못하여 일방적이고 수동적인 학습 방식을 고수함
- 공부 습관의 문제: 비효율적인 공부 습관
- 목표 세우기: 달성하기 힘든 높은 목표를 설정하거나 막연하고 체계적이지 못한 목표 설정을 반복
- 학업 이외의 스트레스: 학업 이외의 친구 관계 문제나 가정환경의 문제 등으로 학업에 관심을 기울이고 집중할 수 없음
- 건강 문제: 불안이나 우울과 같은 심리적인 건강이나 신체적인

질병에 의해 학업 성취에 영향을 받음

　이와 같이 학습 부진에 영향을 주는 요인은 매우 다양하고 광범위하다. 부모는 위에서 소개한 내용들에 비추어 먼저 내 아이의 학습부진 원인이 무엇인지를 정확히 진단한다. 그리고 그에 맞추어 환경문제가 원인일 경우는 환경개선을, 공부하는 방법에 문제가 있으면 학습방법 지도와 개선을, 정서적 문제가 원인일 경우는 지금까지 필자가 밀한 다양한 내용들을 참고하여 해소하도록 노력하고, 지원하며 도와주어야 한다. 왜냐하면 학습 부진이 지속되면 부정적인 피드백 및 환경에 노출될 가능성이 높으며, 이로 인해 학업 수행에 대한 자신감 저하로 부정적인 자아상이 형성되며, 학교생활에 흥미를 잃고 학교 적응에도 어려움이 생긴다. 또한 우울과 무력감에 빠지거나 학업 수행에 대한 불안이 증대되어 다시 학업 부진이라는 악순환에 빠질 수 있으며 부모-자녀 관계가 악화되고 반항적인 행동으로까지 발전하기 때문이다.

　학습 부진에 대한 이해를 더욱 도모하기 위해서 학습지진과 학습장애의 경우를 설명하면 다음과 같다.

　학습지진은 지능이 낮아 학습능력이 떨어지는 경우이다. 학업 성취에 필요한 지적 능력이 경계선(IQ 80) 이하인 경우는 그렇지 않은 같은 학년 아이에 비해 이해, 암기, 사고능력 등이 뒤떨어져 더 많은 시간과 노력이 필요하다. 학습지진 아이들은 당연히 공부에 스트레스를 많이 받을 수밖에 없다. 부모님은 아이의 능력을 객관적으로 평가해 보고 성취 가능한 학습 목표를 정해 아이의 능력에 맞게 학습을 시키는 것이 좋다. 지능이 정신지체(IQ 70 이하) 정도로 심각하게 떨어지는 아이는 특수교육을 통해 학습을 익혀

나가는 것이 도움이 된다.

학습장애란 지능이 정상이고 정상적인 교육을 받아 왔으나 또래에 비해 특정 학습영역에서 뒤떨어짐을 보일 때를 말한다. 영역별로 읽기장애, 쓰기장애, 산술장애 등이 있다. 학습장애 아이들은 주의집중의 저하, 지각운동적 결함, 언어적 결함 등을 보이는 경우가 많다. 특히 주의력결핍 과잉행동을 보이는 학습장애 아이들은 읽기와 쓰기 능력에서 실제 학년보다 2년 이상 뒤떨어지는 경우가 많다. 이런 경우는 정밀한 검사를 해 주의집중력을 향상시켜 주는 치료와 함께 읽기와 쓰기에 대한 특수교육을 받으면 크게 나아질 수 있다.

27/ 거짓말을 잘하는 아이에게는

초등학령기에 학생들이 거짓말을 하는 동기는 어떤 것들이 있을까?

첫째, 실수나 잘못한 일에 대한 벌 또는 꾸중을 피하기 위해서이다.

둘째, 친구나 부모에게 자기의 가치를 인정받기 위해서이다.

셋째, 지적 능력이 부족하거나 비판력이 없어서 친구의 잘못된 말에 유혹되기 때문이다.

넷째, 현실을 인정하지 못하는 자폐증적 경향 때문이다.

다섯째, 환경을 부정적으로 보고 공격하려는 신경증 때문에 등이 있다.

내 아이가 다른 아이에 비해서 유난히 거짓말을 잘하여 걱정하는 부모는 위에서 열거한 동기 중에 어떤 원인에 해당하는지를 먼저 진단하고, 되도록 빠른 시기에 지도하고 대처하여 청년기까지

거짓말하는 습관을 가지고 가지 않도록 해야 한다. 그리하여 아이의 바람직하고 아름다운 성장을 도와주어야 한다.

28/ 자기 스스로 학습할 수 있게 하려면

내 아이가 살아가야 할 시대는 새로운 지식을 평생 동안 배우고 익히면서 살아가야 하는 평생교육시대이다. 이러한 시대에 요구되는 학습능력은 자기 스스로 학습을 적극적으로 계획하고, 참여함으로써 목적 지향적 행동을 하게 하는 자기조절 학습능력이다. 왜냐하면 학습은 내용에 집중해야 하고, 스스로 학습 속도를 조절하면서 이미 알고 있는 정보를 토대로 새로운 것을 이해하는 복잡한 과정을 거치며 인내가 요구되는 '자기조절 과정'이기 때문이다.

그러면 자기 스스로 학습을 잘할 수 있게 하는 '자기조절 학습능력'은 어떤 것일까?

자기조절 학습능력은 인지조절능력, 동기조절능력, 행동조절능력을 포함한다.

첫째, 인지조절능력에 대해 설명하면 다음과 같다.

인지조절능력이 형성된 아이들은 효과적으로 학습하기 위해서 다양한 학습전략을 사용한다. 학습전략은 학습자가 학습하는 동안에 몰두하는 행동과 사고로서 과제수행에 필요한 체계적인 계획으로 크게 인지전략 사용능력과 메타인지전략 사용능력으로 구분한다.

인지전략은 학습자가 자료를 기억하고 이해하는 데 사용하는 실제적인 전략, 일반적으로 시연, 정교화, 조직화 전략이 여기에 해당한다.

시연은 단기기억 속에 정보가 사라지지 않게 하기 위해 반복하여 외우고 소리 내어 읽기, 밑줄 긋기, 강조 표시하기, 베끼기, 노트하기 등을 말한다.

정교화 전략은 새로운 정보를 이전 정보와 관계를 맺어 정보를 장기기억으로 저장하기 위한 적극적인 인지활동으로서 다른 말로 바꾸어 보기, 요약하기, 질문하기 등이 있다.

조직화 전략은 학습 내용의 요소 간의 관계를 논리적으로 구성해 보는 것으로서 내용분석, 관계 추론 등의 활동이다.

인지전략이 학습을 효율적으로 기억하는 데 도움이 되는 학습의 방법에 대한 것이라면 메타인지전략은 학습자가 학습하면서 자신의 인지를 통제하고 조절하는 데 관련된 전략을 말하는데, 계획, 점검, 조절이 여기에 해당한다.

계획은 어떤 전략과 정보처리를 할 것인지에 대한 생각을 일컫는다. 예를 들면, 시작 전에 목차부터 살펴보기, 무슨 내용에 대한 것인지 대강 훑어보기, 문제를 풀기 전에 무엇을 묻고자 하는지 추측하기 등이 있다.

점검전략은 자신의 주의집중을 추적하면서 이해 정도를 확인하는 것을 일컫는데, 자신의 상태를 체크하는 것이다. 예를 들면, 학습내용에 집중하기, 자신의 이해 정도를 스스로 평가해 보기, 시험 치는 동안 문제를 푸는 속도 체크하기, 자신이 얼마나 이해했는지를 검증해 보기 등이 있다.

조절전략은 자신의 인지활동을 점검하다가 문제가 생기면 앞으로 되돌아가고, 이해하기 어려운 부분이 있으면 속도를 줄여서 학습행동을 교정하고 잘못 이해된 부분을 고침으로써 학습을 향상시키는 것이다.

요약해 보면, 인지전략을 사용하는 목적이 학습내용을 배우고, 기억하고, 이해하는 데 있다면, 메타인지전략은 자신의 인지를 계획, 검토, 수정하는데 있다. 따라서 인지전략은 학습내용의 이해를, 메타인지전략은 자신의 인지과정을 조절하고 통제하는 것을 목적으로 한다는 점에서 차이가 있다. 부모나 교사는 이러한 인지조절능력을 형성해 주기 위해서 저학년 때부터 위에서 예를 들어 설명한 다양한 학습전략을 사용하도록 의도적으로 지도하고 가르쳐 주어야 한다. 그것이 곧 평생학습사회를 살아가야 할 우리 아이들에게 가르쳐 주어야 하는 '학습하는 방법의 학습'인 것이다.

둘째, 동기조절능력에 대해 설명하면 다음과 같다.

위에서 살펴본 학습전략의 사용만으로는 학업성취를 충분히 설명할 수 없다. 머릿속에서 무슨 일이 일어나는지를 아는 것도 중요하지만 학습에 참여하는 이유와 목적에 대한 동기적 특성을 이해할 필요가 있다. 우리는 아이들의 인지적 측면에만 집중함으로써 동기적인 요소를 간과하여 왔다. 자기조절학습과 관련하여 여러 동기와 관련된 변인이 있지만 그 중에 숙달목적지향성, 과제지향성, 자기 효능감, 성취가치감을 살펴보자.

숙달목적지향성은 학습에 대한 내재적 가치와 노력을 강조한다. 숙달목적을 지향하는 아이는 새로운 지식과 기능의 습득을 지향하고, 과제를 이해하려고 노력하며, 능력 향상과 숙달의 느낌을 획득하고자 한다. 또한 도전감을 주는 과제를 선택하고, 더 많이 노력하며, 더 오래 지속함으로써 장기적이고 높은 수준의 학습을 촉진시킨다.

예컨대, 자신의 지식을 향상시키고자 하는 데 흥미를 두게 되면 인지전략을 많이 사용하면서 학습에 있어서 자기조절을 유도해 낸다.

자기 효능감은 자신의 능력에 대한 믿음이다. 자기 효능감이 높은 아이는 자신의 능력을 의심하는 아이보다 어려움에 직면했을 때, 더 노력하고, 더 지속하며, 더 성취하고, 복잡한 의사결정을 요구하는 상황에서 효과적으로 사고한다. 반면에 스스로 무능하다고 생각하는 아이들은 실제 이상으로 개인적 결함에 집착하고, 과제수행에 방해를 받고, 우울과 스트레스를 느낀다.

성취가치감은 주어진 학습을 가치롭다고 지각하는 것이다. 학습을 가치롭게 여기지 않으면 학습을 지속하는 시간이 짧고, 효율적인 인지전략 사용도 덜하다. 학습을 가치롭게 여기는 것은 과제를 완수하는 데 필요한 시간과 에너지를 투자하기 위한 필요조건이며, 이를 통해서 효율적인 과제수행이 가능하게 된다.

학습자들은 높은 동기를 유지할 때, 도전감을 주는 과제를 선택하고 노력하며 어려움에 부딪혔을 때도 끈질긴 인내심을 보이고, 효과적인 학습전략을 사용하며, 높은 학업성취를 보인다. 따라서 부모나 교사는 위에서 살펴본 동기조절능력인 숙달목적지향성, 자기 효능감, 성취가치감에 대한 이해를 잘하여 아이들의 동기조절능력을 높여 줄 수 있도록 지도해 주어야 한다.

셋째, 행동조절능력을 설명하면 다음과 같다.

아이들은 자신의 동기를 조절하면서 학습하는 행동에 힘을 부여한다. 효과적 행동과 학습은 인지와 동기만으로는 보장될 수 없다. 자기조절학습은 효율적이고 자발적인 학습 활동이라는 점에서 행동적 요소를 포함하며, 자기조절을 잘하는 아이는 행동조절에서 그렇지 못한 아이들에 비해 뚜렷한 차이를 보인다. 행동조절능력은 행동통제능력, 학업시간 관리능력, 도움 구하기 능력으로 구분하여 설명해 보자.

행동통제능력은 어려움에 부딪혀도 포기하지 않고 학습을 계속해 나가는 능력이다. 행동통제를 잘하는 아이는 어려운 상황에서 보다 긍정적인 정서 상태를 유지하고, 긍정적 기대를 하며, 능률적인 행동을 계획하고, 여러 장해물에 의해 흐트러지지 않고 학습에 몰두하는 의지가 있다. 또한 심층적인 학습전략을 사용하고, 숙달목적을 지향하며, 자신을 유능하게 지각한다.

학업시간 관리능력은 시간이 제한적이라는 것을 인식하고 효과적인 전략을 활용하여 시간 관리를 잘하는 것을 말한다. 놀랍게도 시간 관리는 지능보다 학업성취를 더 많이 예언한다. 예를 들면, 숙제를 할 때, 20분 정도 집중하여 해결할 수 있는 과제임을 알고 하는 아이와 그저 숙제를 해야 하니까 하는 학생의 성취결과는 매우 큰 차이를 보인다. 전자의 아이는 20분 동안 몰두하여 그 과제를 해결할 수 있는 마인드를 가지고 시작하였으므로 시간 관리를 하며 집중하여 해결하고, 후자의 아이는 조금 해결하다가 텔레비전도 보고, 동생하고 놀기도 하면서 저녁 늦게까지 숙제하는 데 매달려 있어도 끝내지 못한다. 따라서 부모는 아이가 숙제를 할 때, 어느 정도 시간이 필요한지를 아이에게 물어보고 그 시간 동안 해결할 수 있도록 저학년 때부터 지도하여야 한다. 약속한 시간 내에 다 해결했을 경우에는, 아이가 좋아하는 적절한 보상을 주면 더욱더 시간관리 능력이 강화되며, 반복되면서 습관으로 형성되므로 학업성취 향상에도 영향을 미치게 된다.

도움 구하기 능력은 자신의 힘으로 해결하기 어려운 과제에 부딪혔을 때, 자신보다 더 잘 알고 있다고 여겨지는 이들에게 도움을 요청하는 전략이다. 도움 구하기는 질문을 하거나 다른 사람의 도움을 통해 학업에 있어서 어려움을 경감시킬 수 있는 힌트와 같은 단서나 실마리를 제공받는 것이다. 따라서 공부를 잘하는 아이들은 선생님이나 친구들에게 도움을 자주 청하고, 이에 대해 긍정적 태도를 보인다. 부모는 아이가 도움을 구할 때 친절하고 명확하게 단서나 방법을 제공할 수 있어야 한다. 예를 들면, 정보를 탐색할 수 있는 인터넷 검색 주소, 참고도서, 도움을 줄 수 있는 사람 등에 대한 안내를 해 주어 문제를 효율적으로 해결하는 경험을 가지게 함으로써 도움 구하기 능력을 형성할 수 있도록 해 주어야 한다.

지금까지 평생학습시대에서 요구되는 자기조절 학습능력인 인지조절 학습능력, 동기조절 학습능력, 행동조절 학습능력에 대해서 살펴보았다. 부모는 내 아이에게 생활 속에서 특히 초등학교 저학년 시절부터 자기조절 학습능력 형성을 위해 많은 노력을 기울여야 한다. 왜냐하면 자기조절 학습능력이 형성된 아이들은 누가 시키지 않아도 스스로 자기의 목적을 설정하고 실현하는 동안에 성취가치감, 자기 효능감, 숙달목적지향성 등이 높아서 효과적 학습전략의 사용, 시간 관리, 행동통제 등을 잘함으로써 높은 학업성취를 보이기 때문이다.

29. 시험불안이 높은 아이에게는

시험불안이란 시험을 만족스럽게 성취할 수 없을 것이라고 미리 걱정하여 불길한 예감, 긴장감, 불안감 등을 느끼는 것이다. 일반적으로 학업성취욕구가 강한 학생은 그렇지 않은 학생에 비하여 시험에 대한 불안이 높다. 왜냐하면 욕구수준이 높은 사람은 정서적으로 불안정하며 정신적으로 긴장하기 때문이다.

불안은 다음과 같은 이유로 시험수행을 방해한다. 첫째, 주의 분산이다. 만약에 시험내용이 어려우면 그 내용을 이해할 수 없다는 생각이 앞서며 수행의 잘못됨으로 인해 초래될 비판, 창피 등에 대한 부정적 사고에 주의를 기울인다. 시험문제를 해결하는 데 집중해야 하는 주의를 자신의 걱정에 집중되기 때문에 학습내용을 기억하는 데 어려움을 겪게 된다. 둘째, 불안이 높은 학생은 주의를 집중하더라도 조직을 잘하지 못한다. 학교학습의 많은 내용들은 기억을 요구한다. 불안한 학생들은 부적절하거나 부수적인 부분에 주의가 쉽게 산만해진다. 셋째, 불안한 학생들은 실제로 자신이 알고 있는 것을 시험에서 충분히 발휘하지 못하는 경우가 있다. 학습내용을 모두 공부하였지만, 시험에 임하면 긴장하여 잊어버리는 것이다.

이러한 시험불안이 높은 아이들을 도와주는 방법에는 무엇이 있을까?

첫째, 시험에 대한 잘못된 사고 패턴을 찾아내어 논리적이고 교육적으로 반박한다. 아이 스스로 시험에 대한 불안을 갖는 것이 합리적이지 못하다는 사실을 인식하도록 도와준다.

둘째, 학습기술을 훈련시킨다. 시험불안은 부적절한 학습방법으로 인해 낮은 학업성취를 보임으로써 시험이라는 상황에 대해서 불안감을 형성하는 경우가 대부분이다. 그러므로 아이에게 수업내용 재확인, 과제 집중력 향상, 기억력 훈련 등과 같은 효과적인 학습전략을 훈련시킴으로써 학업성취 수준을 향상시킬 수 있도록 한다. 그렇게 하면 스스로에게 긍정적으로 피드백 될 것이며, 더 이상 시험 상황에 대해 과도하게 긴장하거나 불안해하지 않게 된다.

셋째, 구체적으로 매일 해야 할 공부 분량과 시간 계획을 짜도록 한다. 쉬운 과목과 어려운 과목을 번갈아 하도록 계획을 짜고 잠을 줄이는 것과 같은 무리한 계획을 짜지 않도록 지도한다.

넷째, 아이의 성취 수준에 대한 부모의 과도한 부정적 피드백을 삼간다. 부모가 아이의 시험불안 극복을 위해 정서적 지지와 안정감을 주도록 노력한다.

다섯째, 아이 스스로 시험 관련 문항을 많이 선택하여 검사하게 한다. 기출문제를 구해서 해결해 보도록 하고, 중요한 내용은 객관식과 주관식으로 다양하게 예상문제를 만들어 해결하도록 한다. 그렇게 함으로써 시험 보는 불안한 상황에 대한 적응력과 평가문항에 대한 자신감을 갖게 한다.

30/ 부모의 동기유발 전략

동기란 어떤 목표를 향한 행동을 방향 짓게 하는 내적인 힘을 말한다. 즉, 동기는 행동을 일으키는 원동력이며, 아이가 활동하도록 하는 심리적인 과정이다. 동기와 유사한 용어로는 욕구, 충동, 욕망

등이 있으며, 일상생활에서는 희망, 소원, 목적 등이 있다. 동기유발 없이는 효과적 행동이 이루어질 수 없다. "말을 물가에까지 끌고 갈 수는 있지만 억지로 물을 먹일 수 없다."는 속담처럼 동기가 행동의 활발성을 증가시키기도 하고 감소시키기도 하기 때문에 아이의 동기를 유발하고 강화하는 것은 매우 중요하다.

동기를 유발하는 방법을 설명하면 다음과 같다.

첫째, 지적 호기심을 갖게 한다. 신기함, 불분명함, 불확실함, 미완성 등의 환경을 제공하여 호기심을 자극해 주는 것이다.

둘째, 아이가 공감하거나 존경하는 사람과 동일시할 수 있도록 지원한다. 아이의 첫 번째 동일시 대상은 부모이다. 그러므로 부모는 어렸을 때부터 가정교육을 잘해야 한다. 그리고 아이가 관심 갖는 부분의 위인들의 전기문을 읽도록 지도한다.

셋째, 성취 욕구를 자극한다. 성취 욕구는 더 높은 수준에서 자기의 능력을 실현시키고자 하는 의욕을 말하는데, 생활 속에서 어떤 과제를 달성하고 난 뒤에 보람, 희열, 기쁨, 즐거움 등을 느낄 수 있도록 지도한다.

넷째, 자신을 스스로 긍정적으로 생각하도록 한다.

다섯째, 아이의 흥미와 적성에 부합된 활동들을 선택하여 지원해 준다.

여섯째, 다음과 같은 동기유발에 대한 연구 결과를 참고하여 가정에서 아이에게 적용하도록 한다. 나이가 어릴수록 상과 칭찬이 효과적이고, 학년이 높아질수록 질책이 효과가 있다. 그리고 우수아는 질책이 효과적이고 열등아는 상과 칭찬에 더욱 동기유발이 잘되며, 내향적인 아이는 상과 칭찬이, 외향적인 아이는 질책이 효과적이다.

7 부

내 아이는 어떤 사례와 비슷한지요

28년 동안 매년 학급을 경영하면서 경험한 다양한 사례들을 소개하여 보고, 내 아이는 그 중에 어떤 사례에 속하는지, 그리고 어떻게 부모나 교사가 도와주면 좋을지를 생각해 보는 시간을 가져 보기로 한다.

01/ 결석을 자주 하는 산골 소녀 S 학생

"오늘도 S 어린이는 학교에 오지 않았다. 그나마 등교한 학생 20여 명도 아침부터 기운이 쭉 빠져 있다. 'S가 왜 학교에 안 왔니?'라고 소리쳐 물어보지만 아무도 대답하지 않는다. 숙제를 안 해 온 반장 J 군을 칠판 앞으로 불러내어 때려 주고 오후 수업까지 마친 다음 아이들을 따라서 산등성이 3개를 넘어 S네 마을로 가정 방문을 나갔다. 황토 흙벽과 멍석을 깐 방 앞의 작은 툇마루 위에 S 어린이의 빨간 책보자기만 뒹굴어져 있을 뿐 S 어린이는 보이지 않았다. 집집마다 대문 앞에 덩치 큰 토굴 같은 것이 있는데, 그것은 담뱃잎 말리는 곳이란다. S 어린이는 부모님을 따라 담뱃잎을 따러 갔단다. 나를 데리고 산등성이를 넘었던 우리 반 아이들도 모두 책 보따리를 집어던지고 어디론가 금세 사라져 버렸다."

나는 뒤늦게 깨달았다. S 어린이가 왜 밥 먹듯 결석을 하였는지, 착하고 공부 잘하는 반장 J 군이 왜 숙제를 못 해 오는지, 우리 반 아이들이 왜 책가방이 아닌 책 보따리를 어깨에 메고, 허리에 차고 다니는지, 우리 반 남자아이들이 머리에 도장밥이 있고, 얼굴에 부스럼이 끊이지 않는지, K어린이 책 보따리 속에서 항상 빈 도시락

반찬통이 딸그락거리는지, 왜 손등이 터서 두꺼운 채 다니는지, 종금이가 하루에 세 번 올라오는 버스를 먼지가 보이지 않을 때까지 그토록 간절히 바라보고 있었는지를……

새내기 교사인 나는 그날 이후부터 숙제도 내주지 않았고, 숙제 안 해 온다고 때리지도 않았고, 결석한다고 뭐라 그러지도 않았다. 체육시간에는 학교 앞 개울에 가서 실컷 물장구도 치고 머리도 감기고 자갈돌로 두꺼운 손등을 밀어 주고, 서캐도 뽑아 주고, 주황색 플라스틱 바가지를 엎어서 머리도 깎아 주었다. 우리 반 아이들은 그날 이후로 많이 행복했다. 우리끼리는 비밀이 있었다. "선생님은 교장선생님 몰래 우리들 눈높이에 맞추어 우리가 원하는 것을 해 주신다."

부모는 내 아이의 입장에서 생각할 수 있는 눈을 가져야 한다. 내 아이와 부모 사이에 공유할 수 있는 비밀이 있어야 한다. 그래야 신뢰가 쌓이고 자기 할 일을 스스로 찾아서 할 수 있는 힘이 생긴다.

02/ 섬마을 소년 J 군과 C 군 형제의 꿈

"산골 마을 학교를 2년 만에 떠난 새내기 교사는 북한이 멀찌감치 보이는 서해에 있는 섬마을 학교로 발령받았다. 1학년 12명, 2학년 5명이 같은 교실, 같은 선생님에게서 배우는 복식학급을 맡았다. 형 J 군은 2학년이고 동생 C 군은 1학년으로 형제가 나란히 한 교실에서 공부를 하는 것이다. J 군은 우리 반 반장으로 착하고 무슨 일이든지 앞장서서 잘하는 학생이었다. 그동안 우리 학교에는 여선생님이

10년이 넘게 안 오셨다고 한다. 그래서 무용을 어떻게 하는지 몰라서 운동회 때에는 무용을 한 번도 해 본 적이 없다는 것이다. J 군과 C 군의 꿈은 운동회에 무용을 해 보는 것이다. 그리고 공부를 잘해서 중학교는 인천에 있는 학교로 가서 방학이 되면 형들처럼 멋진 교복을 입고 섬에 찾아오는 것이다."

운동회 때 할 무용을 구성하느라고 여름방학 내내 마스게임 강습하는 곳을 찾아다니면서 연수를 하였다. 학교에 돌아가서 1·2학년 무용, 3·4학년 무용, 5·6학년 무용을 각각 구성하여 9월 한 달 내내 아이들과 연습하여 10월에 동네잔치를 벌였다. 아이들은 신이 났고, 공부도 더 열심히 하였다.

부모는 아이들이 하고자 하는 것이 무엇인지를 먼저 파악하는 안목이 있어야 한다. 자기가 하고 싶은 일은 아무리 힘이 들어도 멍석만 깔아 주면 저절로 신명이 나서 열심히 하는 법이다. 내 아이가 무엇을 하고 싶어 하는지? 내 아이의 꿈이 무엇인지? 내 아이의 잠재된 소질과 능력이 무엇인지를 항상 주의 깊게 관찰하고 대화를 통하여 찾아낼 줄 알아야 한다. 그에 따른 지원을 아끼지 않으면 더할 나위 없이 행복한 일이 아닐까?

03/ 외동이 J 군은 발표를 잘해요

"4학년 J 군의 부모님은 관광지에서 음식점을 하면서 외동이 J 군이 자라는 모습을 보면서 행복하게 살아가는 분들이시다. J 군은 그분들에게 살아 있음에 대한 존재 의미 그 자체였다. 그런 J

군이 학교에서 의기소침해하고 친구들과 잘 어울리지 못해서 항상 근심이었다."

4학년 사회교과는 갑자기 고학년이 되면서 교과서 글씨도 작아지고 내용도 경기도와 관련된 보다 방대하고 많은 내용으로 구성되어 있다. 공부방법도 조사하고 발표하는 시간이 많아진다. J 군은 의외로 조사하는 것을 좋아했고, 조사한 내용을 또렷한 말소리로 발표를 아주 잘했다. '발표박사'라는 칭찬과 보상으로 강화를 받은 J 군은 자기가 좋아하는 조사학습과 발표학습에 열심이었고, 그 후로 친구들과의 관계도 원활해졌으며, 자신감이 회복되어 학교생활을 즐겁게 하게 되었다. 그리고 자라서 훌륭한 초등학교 선생님이 되었다.

부모는 내 아이가 좋아하는 것이 무엇인지? 특히 잘하는 것이 무엇인지를 찾아낼 수 있어야 한다. 누구나 저마다 좋아하는 것이 한두 가지 있기 마련이다. 부모가 생활 속에서 내 아이의 보다 나은 끼를 찾아내는 일은 매우 중요한 일이다. 아이가 눈치 채지 못하는 가운데 미래 진로까지 연결할 수 있는 지혜를 가져야 한다.

04

특별한 날에는 꼭 전화하는 D 군

"D 군은 도농복합도시의 외곽에 위치한 6학급 규모 학교에 다니는 농부의 아들이다. 공부는 중간 정도이지만 성격이 좋아서 친구들과 잘 어울리는 무던한 학생이었다. 항상 웃고 운동도 잘하고 여학생들에게 장난을 잘 치는 짓궂은 5학년 남학생이었다. 선생님을 잘 따르고 행복하게 학교생활을 하는 별로 관심을 두지 않아도 되는 학생이었다. 그러나 이 아이들은 교육 여건이 열악하고 문화적 혜택을 받지 못하는 아쉬운 부분이 있었다."

명색이 도시로 발령을 받았지만, 내가 담임한 아이들은 교육·문화적 수혜를 받지 못하는 농촌 아이들이었다. 나는 일요일마다 사고 날까 두려워하시는 교장선생님 몰래 몇 명씩 조를 짜서 지금으로 말하면 '현장체험학습'처럼 경복궁, 광화문에 있는 통신박물관, 민속촌, 과천 대공원, 남산타워 등을 전철, 버스와 같은 대중교통을 이용하여 데리고 다녔다. 우리 반 아이들 중에서 특히 D 군은 이런 프로그램이 감명 깊었고, 기억에 오랫동안 남았는지 어려운 여건에서 열심히 노력하여 조그마한 자영업을 하면서 그 후로 중학교, 고등학교, 새로운 직장, 여자친구 소개, 결혼식, 아들 탄생, 아들 돌잔치, 설날, 스승의 날, 추석, 계절이 바뀔 때마다 학교를 옮겨도 귀신처럼 찾아서 "선생님 D 군이에요. 건강하시지요? 예, 저는 행복합니다."라고 잊지 않고 전화해 주는 이 사회에 꼭 필요한 사람으로 잘 자라 준 고마운 제자이다.

부모는 내 아이의 안목과 지식을 구성시켜 주기 위해서 다양한 새로운 경험을 겪을 수 있는 기회를 제공해 주어야 한다. 세상을 살아가다 보면 수많은 어려운 문제에 직면하게 된다. 다양한 경험을 쌓은 아이들은 처해진 상황에 따라 문제를 해결하는 방법을 축적된 지식과 경험 속에서 찾아내는 지혜를 가질 수 있게 된다. 그러므로 부모는 학교공부도 중요하지만 시간이 나는 대로 부모와 함께 현장체험학습을 할 수 있는 기회를 많이 가질 수 있도록 해야 한다.

05/ 달동네에서 동생을 데리고 사는 O 군

"O 군은 멀대같이 크지만 항상 얼굴에 마른버짐이 펴 있고, 별로 말이 없는 6학년 남학생이다. 공부는 안 하는 것 같은데, 반에서 5등 안에 드는 것을 보면 머리도 좋고 수업시간에 딴짓은 안 하는 게 분명하다. 친구들 사이에서는 전혀 주목받지 못하는 아이였다. 한 번은 O 군을 따라서 집에 갔다가 마음이 아파서 어쩔 줄을 모른 적이 있었다. 달동네 꼭대기에 간신히 비를 면할 정도로 판자로 집이 버티고 있었고, 먹을 것이라고는 라면 몇 개, 쌀자루에 쌀이 한 움큼 있을 뿐이었다. 아버지는 멀리 지방으로 아파트 공사에 노동일 가셔서 한 달에 한 번쯤 오셔서 라면하고 쌀을 사 놓고 다시 내려가신다고 한다. 엄마는 집을 나가신 지가 몇 년 되어서 어린것이 2학년짜리 남동생을 데리고 근근이 살아가고 있었다."

그 후로 가끔 반찬통을 가지고 가서 O 군의 가방 옆에 놓아두고 문제집도 가방 속에 몰래 넣어 두곤 하였다. 몇 분의 다른 학부모께서 O 군 모르게 쌀도 사 놓으시고, 옷도 사 주시곤 하였다. O 군은 성적이 더 올라서 졸업할 때에는 큰 상도 받았다. 그리고는 서로 소식을 몰랐었는데, 어느 날 웬 키가 큰 아저씨가 우리 교실로 찾아와서 "안녕하세요. 선생님, O 군입니다." 전혀 알아볼 수 없을 정도로 건장한 청년이 되어서 내 앞에 서 있었다. 우리 학교 근처에 있는 중장비 공병부대에 직업군인 부사관으로 근무하고 있는데, 스승 찾기 프로그램에서 찾아서 인사드리러 왔다고 하였다. 많은 고생을 하였지만 금호공고에 장학생으로 가서 오늘날 결혼도 하고 아들도 둘이나 낳고 집 나가셨던 어머니도 모시고 잘 살고 있다고 하였다.

부모는 내 아이에게 나보다 어려운 형편에서 살아가는 친구들을 돌보고 친절하게 대할 줄 아는 베풀고 배려하는 마음을 키워 줄 수 있어야 한다고 생각한다.

06/ 튀김 닭을 배달하는 S 군

"S 군은 6학년 남학생인데, 내가 담임하기 전까지는 별로 두각을 나타내지 않은 학생이었다. 일기지도에 중점을 두어 고박꼬박 학생들과의 일기장을 통한 상담과 의사소통 관계를 유지하였는데 S 군이 가장 큰 효과를 본 사례이다. S 군은 항상 일기장에 세상을 향한 비판, 불만, 하소연 등을 숨기지 않고 토로하곤 했다. 그에 대한 교사의 생각을 S 군 입장에서 1년 동안 일기장에 써 주었다. S 군은 자신감이 생기고, 급기야 학업성취도 평가에서 반 1등을 넘어서 졸업식에는 교육장상을 받았다. S 군의 어머니는 작은 아파트 단지 상가에서 튀김 닭 집을 하셨다. 방과 후에는 어머니를 도와 튀김 닭을 배달하였는데, 잠옷 차림으로 배달 받는 젊은 엄마들에 대한 불만이 담긴 일기 내용이 있었다. '조금만 걸으면 튀김 닭을 사 갈 수 있는데, 귀찮아서 배달을 시키는 여자들이 미워요. 내가 자라면 절대로 이런 여자와는 결혼하지 않을 거예요.' 나는 이렇게 써 주었다. '그런 여자가 있기 때문에 어머니가 장사를 할 수 있고, 네가 어머니를 도와드릴 수 있는 거야. 생각을 달리하면 오히려 고마운 게지. 게으른 것에 대한 책임은 그분이 지실 거야. 너는 단지 엄마를 도와 조심해서 배달을 많이 하면 되는 거야. 우리 S 군 파이팅!'

부모는 내 아이의 어린 시절, 자기의 생각을 글로 표현하는 일기 지도를 일관성 있게, 지속적으로 해 주면 좋다. 아이가 일기 쓰는 일을 힘들어 하는 만큼, 부모도 귀찮고 힘든 것을 참아 가며 꾸준히 일기 지도를 하면, 고학년으로 올라가면서 자연스럽게 손을 놓아도 일기는 자기의 마음을 토로할 수 있는 중요한 수단으로 자리 잡을 뿐만 아니라 자기의 생각을 글로 잘 표현할 수 있는 능력이 습득된다.

07/ 우리 선생님은 미친년

"J 군은 3학년이 되어서 운이 없게도 신심이 깊으신 K 선생님 반이 되었다. 그 아이는 아파트 건축을 위해 철거해야 하는 판자촌에서 항상 술에 취해 있는 아버지와 단둘이 살고 있었다. 급식을 안 하던 시절이었기 때문에 잘 먹지 못해서인지 또래 아이들에 비해 체구도 아주 작은 편이었다. 물론 학습력도 크게 부진하였다. 학교가 끝나면 고삐 풀린 망아지처럼 여기저기 뛰어다니다가 피곤해서 쓰러지는 곳이 잠자리였다. 세수도 안 한 채 학교에 오면 오는 것이고 오기 싫으면 안 오는 아이였다. K 선생님은 미술도구를 준비하여 어느 날부터 J 군을 방과 후에 잡아 놓고, 그림을 그리게 하였다. 반찬도 싸 주고, 간식도 먹이고, 집에 데리고 가서 씻겨 주기도 하는 등 J 군은 제 모습을 찾아가고 있었지만 천방지축 제 마음껏 다니던 아이가 선생님에게 붙잡혀 그림이나 그리고 있으려니 속에서 천불이 났는지, '우리 선생님은 미친년, 우리 선생님은 미친년……' 하면서 기회만 있으면 도망가려고 했다. 결석도 해 보지만 K 선생님에게 붙잡혀 오곤 하였다. 그러한 세월이 몇 개월 흐르는 동안 J 군은 그림 그리기 대회에서 상을 받기 시작했고 달라져 갔다. 감동받은 아버지는 술을 끊게 되었고, 가출한 엄마가 다시 돌아오는 등 한 가정을 온전하게 만들었다."

K 선생님은 화가도 아니었고, 그저 다른 사람보다 그림 그리기를 조금 더 좋아하는 분이시다. 그 당시 마땅히 시킬 것이 없어서 그림을 그리게 했던 것이다. 그때는 미술치료가 있는 줄도 몰랐던 시대이다. 그러나 결과적으로 J 군은 미술치료를 받은 것이다. 그림을 통하여

자신의 불만을 표현하였고, 기쁨도 슬픔도 발현하면서 자기의 감정을 다스리고 통제해 가면서 제자리를 찾아 갔던 것이다.

부모는 가끔은 내 아이의 그림에서 메시지를 읽을 수 있어야 한다.

08 분노를 조절하지 못하는 H 군

H 군은 4학년 남학생인데, 자기 생각대로 되지 않으면 매우 공격적으로 변한다. 체육시간에 공 던지기 놀이를 할 때, 공이 자기에게 오지 않으면 짜증을 내고, 어쩌다 공을 잡게 되면 아이들이 무서워할 정도로 있는 힘을 다하여 상대편에게 공을 던짐으로써 자기의 분노를 표출한다. 자연스럽게 친구들은 그 아이를 피하게 되고, 친구들에게서 외면당하는 H 군은 더욱더 공격적이 되어 갔다. 어머니의 걱정은 쌓여만 갔다.

다행스럽게도 H 군은 발표를 큰 소리로 잘하는 아이였다. H 군이 손을 들 때에는 언제나 발표기회를 주었고, 그때마다 칭찬과 강화를 통하여 자신감을 회복시켜 주었다. 선생님에게 인정받고, 부모님의 칭찬을 계속 받고 싶어서 과제도 열심히 잘해 오고, 월말평가 성적도 점차 오르는 결과를 맛보면서 자기 만족감으로 H 군은 친구들과도 원만하게 잘 지내게 되었다.

내 아이가 분노를 잘 조절하지 못하거나 공격성을 지나치게 표출할 경우, 부모는 그 아이의 채워지지 않은 욕구가 무엇인지를 찾아내고, 충족하도록 여건을 만들어 주어야 한다. 또한 잘하는 행동에 대해서는 일부러 찾아서라도 칭찬하고 토닥거려 줌으로써 욕구

충족감 및 만족감을 자주 경험하도록 해 주어야 한다. 정도가 아주 심할 경우에는 전문가와의 상담이 필요하다.

09/ D 군은 마마보이

D 군의 어머니는 하나밖에 없는 자식을 위해 무엇이든지 다 하는 희생적인 분이셨다. 경제관념을 키워 주기 위해서 용돈을 은행에 넣어 관리할 수 있도록 통장을 만들어 주고, 매주 정성스런 김치를 갖가지 담아서 담임선생님 집 현관 앞에 몰래 갖다 놓고, 매 학년마다 교실 환경정리는 혼자 다 하는 등 할 수 있는 정성은 다 하는 분이었다. 그뿐만 아니라 아침에 준비물도 들어다 주고, 책가방도 싸 주고, 옷도 코디하여 입혀 주었다. 그렇게 함으로써 어머니는 고단하기보다는 마음이 편했고 뿌듯하였다.

그러한 어머니의 정성과 희생은 오히려 D 군의 홀로서기를 방해하였다. 5학년이나 되었지만 나약하였고, 무엇이든지 엄마에게 물어보고 하고, 친구관계에서도 항상 소극적이었다. D 군 어머니는 아들을 '마마보이'로 키운 것이다.

내 아이가 홀로서기를 할 수 있도록 때로는 냉철한 부모가 되어야 한다. 온실 속에서 자란 화초가 어떻게 한여름의 땡볕에서 살아남을 수 있기를 바라는가? 내 아이가 세상의 중심에서 서서 자신 있게 살아가기를 바란다면, 자갈밭에서도 돋아나는 잡초를 생각해 보시기를……

10 늦둥이 O 군

　결혼하여 10년이 넘어 얻은 늦둥이 O 군이 초등학교 1학년에 입학하는 날, 할머니, 할아버지, 아버지, 어머니 온 가족이 참석하여 담임교사에게 90도로 인사하였다. 예사롭지 않은 일이었다. O 군은 공동생활에서 무엇이든지 자기 마음대로 하였다. 뜻대로 되지 않으면 주먹을 휘두르고, 큰 소리로 울어서 교실을 한바탕 뒤집어 놓는 일이 다반사였다.

　O 군이 주먹을 휘두를 때에는 처음부터 단호하게 그래서는 안 된다는 것을 지도하였다. 큰 소리로 울거나 말거나 전혀 관심을 기울이지 않았다. 그러자 아침에 학교에 가지 않겠다고 떼를 써서 엄마를 당황하게 만들곤 하였다. O 군의 강력한 지원자인 할머니를 모셔서 당분간 O 군의 표출되는 행동에 관심을 갖지 않으시도록 도움을 청했다. 엄마도 절대로 꾸중하시면 안 된다고 부탁을 드렸다. 일주일 가까이 떼를 쓰더니 점차로 떼쓰는 행동이 줄어들게 되었다. 한 달 정도 지나서는 학교에도 혼자 잘 나오고, 친구들과도 양보하며 잘 놀고, 공부시간에 집중도 잘하게 되었다.

　O 군의 독단적인 행동이 없어진 것은 할머니와 부모님의 과보호가 제거된 결과이다. 아무리 떼를 써 보았자 힘만 들 뿐 통하지 않는다는 사실을 알아차린 것이다. 이렇듯 어떤 환경에서든지 내 아이를 잘 자라게 하기 위해서 부모는 마음이 아프지만 때에 따라서는 단호하게 지도해야 할 필요가 있다.

11 / 홀트학교로 간 S 어린이

"S 어린이는 학급친구들보다 세 살이나 위인 정신지체 2급 장애를 가지고 있는 2학년 여학생이다. 장애학생은 학구에 살지 않아도 가고 싶은 어느 학교에나 갈 수 있다. S 어린이의 어머니는 딸이 자연친화적이고, 학급재적수도 적은 ○○ 학교로 전학을 한 것이다. 다른 아이에 비해서 키도 크고 여학생이기 때문에 자랄수록 화장실에 가는 문제가 가장 큰 걱정거리여서 어머니는 매일 학교에 같이 다녔다. 딸로 인해 담임교사의 손을 제대로 받지 못하는 일부 아이들에게 보상이라도 하듯 학급경영에 도움을 주는 보조교사 역할을 일 년 동안 하였다. 다행히 아이들은 S 어린이를 보살피고, 항상 챙기는가 하면 S 어린이 또한 해맑고 행복하게 학교생활을 하였다. 마침 인근에 있는 홀트학교에 자리가 생겨서 S 어린이는 일 년 동안의 아름다운 추억과 경험을 간직한 채 아쉬운 이별을 하였다."

"너희들은 복이 많은 사람들이다. 왜냐하면 S 어린이가 우리 반에 있어서, 살아가는 동안 S 어린이와 비슷한 사람을 가까운 데서 보게 될 경우, 어떻게 해야 하는지를 미리 배워서 알고 있으니까 잘 행동할 수 있지 않겠니?" S 어린이가 우리 반이 되어서 이렇게 좋은 점이 있다고 아이들에게 알려 주었다.

부모가 내 아이에게 변화되기를 원하는 행동이 있을 때는 '그렇게 행동하면 어떤 점이 그와 관련이 있고 그에게 도움이 되는지'를 말해 주는 지혜를 가져야 한다. 다시 말해서 변화되기를 원하는 행동과 내 아이와의 관련성을 주어야 한다.

12/ S 학생이 가출했어요

S 어린이가 결석하였다. 옆 반의 친구 현진이도 학교에 오지 않았다. 등굣길에 다른 아이들이 두 아이를 보았다고 하니 더 문제였다. 부모님께 전화해 보니 평소 때와 마찬가지로 아침에 학교에 갔다는 것이다. 저녁이 되어도 아이들은 돌아오지 않았다. 가출을 한 것이다.

S 어린이의 오빠는 인근 중학교 '일진회' 중의 한 명이라고 한다. 영희 오빠도 결석을 하였고, 그날은 우연히도 ○○공원에서 일진회들이 모이는 날이라고 한다. 교장선생님은 당장에 경찰서에 아이들을 신고하셨다. 오빠 따라서 일진회 모임에 갔다는 것이다. 저녁 늦게 집으로 전화 온 공중전화 위치를 경찰들이 추적해 보니 서울 모 장소였다. 어쨌든 일진회 모임에 가지 않은 것이 확실해서 그나마 다행이었다. 교장선생님과 담임교사, 부모님은 심야좌석버스 정류장에서 노랗게 물들이고 파마를 한 두 아이를 맞이하였다. 밤늦게까지 일하시는 부모님의 아이들에 대한 무관심은 아들과 딸의 가출로 이어졌다.

아무리 어려운 환경에 처할지라도, 내 아이에 대한 부모의 관심과 걱정은 다른 어떤 일보다 우선되어야 함을 깨닫게 하는 사례이다.

13 / 선생님, 우리 J는 인문영재예요

"J 군은 다른 아이들보다 유난히 머리가 짱구인 2학년 남학생이다. J 군의 부모님께서는 '선생님, 우리 J는 인문영재예요. 유치원에도, 학원도 안 가고 학교에 들어왔어요. 지금 고등학교 과정을 집에서 엄마하고 공부하고 있어요.'라고 상담을 해 오셨다."

EBS방송 프로그램을 매일 보면서 초·중·고등학교 학습내용을 모두 이해하였다고 한다. 책도 어려운 책을 읽고 학교도서관에 가면 북한 관련 도서, 백과사전 등 또래 아이들이 보지 않는 글자도 작고 내용이 많은 책을 1시간 내내 보곤 했다. 발표 내용도 깜짝 놀랄 정도로 다른 시각에서 말하고, 친구들의 질문에 대한 답변도 한 번에 이해하도록 명쾌하게 해 주었다. J 군은 확실히 다른 아이들하고는 달랐다. 문제는 또래 친구들과 잘 어울리지 못하는 사회성이 부족한 것이다. 다른 면에서는 어린아이면서 인지적인 면에서는 다른 세계인 J 군을 어떻게 교육할 것인지가 부모님의 큰 걱정이었다.

내 아이가 이런 특징을 가지고 있는 부모는 전문상담가와의 상담을 통한 진단 및 검사를 하고, 그에 따르는 적절한 학습내용을 안내받고, 도교육청이나 지역교육청 단위로 운영하는 다양한 영재반 프로그램을 활용할 수 있어야 하겠다.

14 H는 청각장애가 아니거든요

H 군은 다른 친구들에 비해 소리가 유난히 큰 1학년 남학생이다. 수업시간에 선생님의 말씀에 따라 하지 못하고 항상 자기가 하고 싶은 일을 계속하여서 짝꿍의 도움을 받는다. 선생님이 보기에는 소리를 잘 알아듣지 못해서인 것 같지만, 어머니는 절대로 청각장애가 아니라는 것이다.

H 군의 형은 3학년인데, 어릴 때부터 보청기를 꼈다고 한다. 그래서 H 군의 가정은 텔레비전 볼륨이 항상 크고, 형에게 말하듯이 H 군에게도 크게 말하는 환경이었다. 발달과정에서 H 군의 청각은 그러한 환경에 적응된 것이다. 그런데 H 군은 독서력이 매우 왕성하다. 가방이 무거울 정도로 읽고 싶은 책을 매일 가지고 다니고 하루 온종일 학교에 있는 동안은 거의 책을 읽기 때문에 다른 친구들에게 피해를 주는 일은 없다. 단지 더불어 살아가는 단체 생활에 어울리지 못해서 학교생활이 불편하고 담임교사의 주의를 항상 받아야 하기 때문에 학급운영을 원활하게 하는 것을 어렵게 한다.

자녀 중에 장애가 있는 경우, 부모는 다른 형제, 자매까지 어려움을 겪지 않도록 어려운 가운데서도 세심한 배려와 주의를 기울일 수 있으면 좋겠다. 정상적인 다른 자식들까지 챙긴다는 것이 상당히 어렵겠지만 그렇게 할 때, H 군과 같은 사례를 줄일 수 있을 것이다.

15/ 어머니, J 군은 ADHD 경향성이 있어요

초등학교 1학년 J 군이 등교하면 '글씨 바르게 쓰기' 프로그램으로 조용한 교실이 한바탕 뒤집어진다. 짝꿍은 물론 앞뒤 친구들에게 참견하고 장난 걸고 계속 부산스럽게 돌아다니고 떠드느라고 아침공부를 제대로 한 적이 없다. 공부시간에도 마찬가지이다. 인지력은 뛰어나서 받아쓰기, 수학 등 학업성취력은 매우 높은 편이다. 어머니에게 J 군의 충동성, 산만성, 주의력 결핍 등을 설명하고 ADHD 경향성을 말씀드렸지만 인정하지 않으셨다.

이러한 행동 특징은 학교에서뿐만 아니라 가정에서도 발현되고 유치원을 거쳐 왔기 때문에 이미 부모님도 알고 있을 텐데, 학습내용을 잘 따라 오기 때문에 인정하지 않는 경우가 많다. 교사도 물론 부모님이 상처받지 않도록 완곡한 표현으로 진지하게 상담을 해야 하겠지만, 되도록 조기에 원인을 진단하여 내 아이를 도와주는 것이 보다 현명하다고 하겠다.

16/ 2학년 J 군은 미국에서 6개월 공부하고 왔어요

"J 군은 부모님을 따라 1학년 1학기를 마치고 6개월 동안 미국에서 공부하다가 2학년에 들어왔다. 처음에는 아는 친구가 없어서인지 학교생활을 잘하려고 노력하는 모습이었다. 학습 면에서 수학교과는 잘하는데 국어교과 학습은 매우 어려워하였다. 차츰 학습에 대한 흥미를 잃기 시작하더니 친구들과 자주 싸우고 장난을 치는 등 부적절한 행동을 보이기 시작했다."

　문화, 언어적으로 매우 다른 환경에서 6개월 정도 생활하다가 또다시 새로운 환경에 적응한다는 것은 2학년 J 군에게 힘든 경험이다. 요즘은 이러한 사례들이 많은데, 부모들은 환경에 적응할 때까지 특별히 시간과 관심을 기울여서 아이를 도와주어야 한다. 아이가 적응할 때까지 인내심을 가지고 기다려 주고 도와주어야 하는 중요한 이유는 초기에 적응이 안 되었을 경우, 정서적 불안과 더불어 행동 장애로 연결되어 학습 장애까지 유발할 수 있기 때문이다.

17/ 우리 부모님은 맞벌이 부부

　"'선생님, 우리 반 C 군이 8시가 넘도록 캄캄한 놀이터에서 혼자 놀고 있을 때가 많아요. 남의 일 같지 않아 걱정되어서 전화했어요.'라고 다른 학부모님이 연락을 주셨다. J 군은 2학년 남학생으로 외동이인데, 부모님이 맞벌이를 하신다. 아침 일찍 출근하여 엄마까지 밤늦게 퇴근하는 때가 많다고 한다."

　비록 학원에 가서 어느 정도 시간까지는 지내지만 밤늦게까지 두 분이 오지 않을 경우, 아이는 방치되는 것이다. 이러한 경험이 쌓이게 된다면, 아이에게 좋지 않은

영향을 미친다는 것은 새삼 말할 필요가 없다. 부모가 모두 직장에 나가는 경우, 특히 저학년 아이들은 방과 후 시간을 혼자서 방황하지 않을 수 있도록 철저하고 세심한 장치가 마련되어야 한다.

18 / S 어린이는 분리불안을 이겨 냈어요

"S 어린이는 분리불안증을 심하게 앓고 있는 마음이 아픈 초등학교 2학년 학생이다. 심리학자들은 이러한 증세를 애착장애라고 말하기도 한다.

어느 날 복도 한 귀퉁이에서 S 어린이와 엄마가 실랑이를 벌이고 있었다.

S가 엄마와 떨어지지 않으려고 해서 학교까지 데려왔는데, 교실에 들어가지 않으려고 한다는 것이다. S를 잘 달래 보았지만 막무가내였다. 그날은 교실에 가방을 놓아둔 채로 기어코 엄마를 따라 집에 가 버렸다.

S 어린이의 뜻밖의 행동은 계속되었다. 공부도 잘하고 친구들과도 잘 지내며, 단정하고, 착해서 어느 한 가지 나무랄 데 없는 S 어린이가 왜 갑자기 이상 행동을 보이는 것일까? S 어린이의 아픔은 2년 전으로 거슬러 올라가 유치원 시절에서부터 이미 시작되어 있었다.

S 어린이에게 상담활동 중에 가장 슬펐던 일을 그림으로 그려 보라고 하였더니, 유치원 길 앞에 앉아서 엄마의 손을 잡고 울고 있는 모습을 그렸다. 그림을 보신 엄마는 하염없이 눈물을 흘리면서 '유치원 주변의 모습과 안 떨어지려고 발버둥 치던 모습'하고 똑같다고

말하였다. 그 충격이 이렇게 오랫동안 마음 깊이 자리 잡을 줄은 몰랐다고 하였다.

S 어린이가 여섯 살이 되던 해, 엄마는 S가 다 자랐다고 생각하고 예전에 다니던 직장을 다시 나가셨다. 그런데 엄마와 떨어지지 않으려는 S의 반응은 생각했던 것보다 매우 심했다. 엄마는 그러한 S의 반응을 대수롭지 않게 생각하고, 심하게 거부하는 S를 유치원에 억지로 떼어 놓고 출근하였다. 그해 5월쯤, S 어린이는 유치원에 다니는 것을 그만두어야 했고 엄마는 그토록 다니고 싶었던 직장에 사직서를 낼 수밖에 없었다. 신뢰가 형성되지 않은 상태에서의 엄마와 떨어졌던 시간은 S에게 평생 동안 씻지 못할 상처를 주고 말았다. 그 후 S는 유치원에 다니지 않고 엄마와 함께 가정에서 잘 지냈다고 한다.

그러나 초등학교에 입학하여 또 문제가 시작된 것이다.

학교 현관까지는 잘 오는데, 교실에 들어가지 않고 엄마를 못 가게 하는 것이었다. 엄마와 떨어지지 않으려는 S의 분리불안 행동이 나타난 것이다. 엄마와 함께 다니는 학교생활이 되었다. 그렇게 한 달 정도 같이 등교하는 과정에 친구들을 사귀게 되면서부터 자연스럽게 친구들과 등하교하는 생활이 형성되었다. S는 언제 그랬느냐는 듯이 학교생활에 잘 적응하였다.

그러나 S네 가족은 이사를 하게 되었고 S 어린이가 우리 학교에 전학을 오게 되었다. 조심스럽게 잘 다니고 있었는데 5월에 갑자기 엄마와의 분리불안 증세가 또 나타난 것이다. S와 엄마의 마음고생이 또 시작된 것이다. 7세 이전의 경험이 한 개인의 성격형성에 중요한 영향을 끼친다는 프로이드의 주장처럼, S의 엄마에 대한 불신이 항상 도사리고 있다가 어떤 자극만 있으면 밖으로 표출되는 것이었다.

약 6개월 동안 매주 목요일에 소아정신과에서 놀이치료를 병행하면서 S를 위한 엄마와 교사의 노력은 계속되었다. 나는 S의 엄마에게 교실 뒤에 의자 하나를 준비해 드렸다. 우리는 S를 수용하고, 공감하고 기다리자고 약속하였고, 엄마는 매일 S와 함께 등하교를 하였다. 좀처럼 호전되지 않는 S를 보고 엄마와 나는 때로는 실망도 하고, 서로 용기를 주기도 하고 잘해 보자고 서로를 격려하였다.

'지성이면 감천'이라는 말이 있듯이, "엄마와 선생님에게 죄송하여서 빨리 자기 마음이 편안해졌으면 좋겠다."라는 내용을 일기장에 쓰기도 하면서 스스로 마음을 다스리려고 노력하던 S에게 많은 변화가 있었다. S가 전학 온 지 한 달여 만에, S의 엄마는 옆 반의 빈 교실에서 2교시까지만 계시다가 가셔도 되었다. 12월이 되면서부터는 교문 앞까지만 데려다 주고 가셨다.

오늘은 마침 S의 생일이다. 어제 친구들에게 초대장을 주던 S는 많이 행복해 보였다."

지금 학교 현장에서는 S처럼 마음이 아파서 고생하는 학생들이 많이 있다. 여러 가지 원인이 있겠지만, 첫째로 국가·사회적으로 지원되는 '체계적인 부모교육'이 부재하다는 것이다. 학부모를 상담해 보면, 대부분 이다음에 아이가 자라서 이러한 사람이 되었으면 좋겠다는 막연한 바람은 있지만 어떻게 내 아이를 가르치고 키워야 하는지에 대한 방법은 모르고 있다. 둘째로 사이버공간에서의 생활이 주는 인간소외감과 고립감들로 인한 자아정체성의 불안 등을 얘기하고, 위로받으며, 해소할 수 있는 '종합적인 학교상담망'의 부재이다. 마음이 이상하고 어찌할 수 없을 때, 달려갈 수 있는 곳이 없는 것이다. 다른 곳에서 해결책을 찾고, 좋지 않은 방법으로 해소하다 보니 비행, 폭력, 약물중독 등의 문제 행동으로까지 표출되는 것이다.

발생된 문제를 해결하는 데 예산과 정책 추진 에너지를 사용하기에 앞서, 보다 전문적이고 시스템적인 부모교육의 실시와 학교 내의 전문상담교사, 지역교육청의 전문상담순회교사, 학부모자원봉사 상담사, 지역사회 전문상담유관기관, 전문상담치료기관 등을 연계한 종합적인 학교상담망 구축을 통한 학교상담실의 활성화 방법이 심도 있게 논의되고 정책적으로 추진된다면 '마음이 아픈 우리 아이들'이 보다 행복한 학교생활을 할 수 있으리라고 생각한다.

부모는 내 아이를 위해서 상담과 관련된 책을 읽거나 연수를 받는 것이 필요하다.

글을 마치면서

누구나 그러하듯이 살아온 날들을 뒤돌아보면 행복했던 순간, 괴로웠던 순간, 슬펐던 순간, 견디기 힘들었던 어려운 시절들이 뒤섞인다. 그래도 필자에게 가장 행복했던 순간을 꼽아 보라고 하면 주저하지 않고 마취에서 깨어나면서 친정어머니가 해 주시던 "애야, 정신 차려 봐. 네가 아들을 낳았단다."라는 말을 듣는 순간이었다고 말하고 싶다. 엄마가 되었다는 것을 느끼는 순간 나는 이 세상 누구도 부럽지 않은 위대한 사람이었다. 그리고 20여 년 동안 그 자식을 바라보며 힘든 줄 모르고 불철주야 앞만 보고 열심히 살아왔다. 참으로 행복했던 시간들이었다. 이 세상 그 어느 어머니들에게 물어도 대부분 같은 대답일 것이라고 생각한다.

이제 그 아들이 대학을 가서 성인이 되고, 사랑하는 사람이 생기고, 나라를 지키는 군인이 되어 이제 제 앞길은 제가 알아서 헤쳐 나갈 나이가 되면서 힘들지만 서서히 어미 품에서 놓아주는 연습을 하고 있다.

분명 자식을 기르면서 발달 단계에 따라 부모에게 요구되는 역할이 있다.

필자는 본 졸저에서 30여 년 동안 초등학생들을 담임하면서 깨달은 현장 경험과 대학원에서 공부한 교육학 이론, 학습이론, 교육심리 이론 등을 접목하여 대 학부모 상담관계를 통하여 요구된 부모교육의 필요성에 대한 갈증을 해소하고자 하였다.

본문에서도 언급한 바와 같이 자식을 기르는 것은 농부가 농사를 짓는 것과 같다. 때를 맞추어 그때그때 해 주어야 하는 농부나 부모의 과업들이 있다. 우리 모두는 배우자를 선택하면서 결혼과 함께 자식 농사를 짓는 농부가 된 것이다. 농부는 봄철에 씨를 뿌리고, 여름에 풀을 뽑아 주고, 물을 조절해 주고, 거름을 주고 정성을 다해야 하고, 가을날에는 하늘을 향하여 알맞은 햇볕이 쬐기를 기도하고, 허수아비를 세워 새들로부터 지켜 주고 마침내 한 알의 씨앗에서 출발하여 수십, 수백 알의 열매를 맺게 한다.

마찬가지로 부모도 갓난아기 시절에 모유나 우유를 일관성 있게 주고, 적절한 배변훈련을 통하여 원만한 성격을 형성하도록 하고, 유치원, 초등학교 시절에 규칙적인 생활, 기본 학습 훈련으로 좋은 씨를 뿌려 주고 독서습관, 일기 쓰기, 다양한 체험학습 등의 제공, 부드럽고 따뜻한 부모, 형제와의 대화 관계 등으로 잡초 제거와 거름을 충분히 주어 기본을 튼튼히 해 주어야 하겠고, 중등학교 시절에 견디어 낼 수 있는 힘을 비축해 주어야 한다. 필자는 졸저에서 파종기와 여름철 김매기, 거름주기, 비료 주기 등 부모들이 무엇을 어떻게 해 주어야 하는지에 대해서 언급하였다.

농부가 농사를 더 잘 짓기 위해 영농훈련을 받고 고심하고 연구하면서 땀 흘려 노력하듯이 초등학령기 학생들을 자녀로 둔 부모들도 졸저를 통하여 그러한 노하우를 얻을 수 있고 자녀들에게 적용하여 보다 효과적인 열매를 맺을 수 있기를 희망해 본다.

후속 졸저에서는 30여 년의 교육 현장 경험을 바탕으로 평소 사랑하고 존경하는 후배교사들에게 도움을 줄 수 있는 '새내기 교사들에게 꼭 필요한 이야기'를 통하여 이야기를 나누고자 한다.

그동안 많은 어려움에도 참아 주고 지원해 준 남편과 아들에게 고마움을 전하고 부족한 졸저를 펴낼 수 있게 도와준 한국학술정보(주) 채종준 대표님, 김영권 부장님, 권성용 님, 언제나 따뜻하게 지원해 주시고 지도해 주신 가좌초등학교 최화규 교장선생님, 동료교사들, 2학년 고운솔반 36명을 비롯한 제자, 한마음으로 지원해 주신 학부모님들께 감사의 말씀을 드리면서 이 글을 맺을까 한다.

부록

1. 초등학교 취학 절차

취학아동명부 작성

읍 · 면 · 동장은 10월 1일 현재 관내에 거주하는 아동 중 초등학교 취학 대상자를 조사하여 10월 31일까지 취학아동명부 작성, 읍 · 면 · 동장은 취학아동명부를 작성한 후 10일 이상의 기간을 정하여 아동의 보호자가 열람할 수 있도록 조치

☞ 10월 1일(취학아동명부 작성기준일) 이후에도 취학대상 아동이 관내로 전입하는 경우 지체없이 취학아동명부에 등재

조기입학·입학연기 신청

학부모는 입학 적령기 1년 전후로 자녀의 발육상태 등 개인차에 따라 입학시기를 선택하여 10월 1일부터 12월 31일까지 읍 · 면 · 동장에게 신청

입학기일 및 통학구역 설정

교육장은 매년 다음 해 취학할 아동의 입학기일과 통학구역을 결정하고, 11월 30일까지 읍 · 면 · 동장에게 통보

취학통지

읍 · 면 · 동장은 입학할 학교를 지정하고, 입학기일을 명시하여 12월 20일까지 취학아동의 보호자에게 취학 통지(학교장에게도 통보)

– 국립 · 사립초등학교장은 신입생 모집공고, 원서접수, 추첨 등을 거쳐 신학년도 입학허가자를 결정하고 허가자명부를 12월 10일까지 읍 · 면 · 동장에게 통보

예비소집

학교장은 학사일정을 고려하여 예비소집을 통하여 입학 관련 준비, 학교 소재 등

2. 세부 취학 절차 및 일정

취학아동 조사 읍 · 면 · 동의 장

범례 법 : 초 · 중등교육법, 영 : 초 · 중등교육법 시행령

□ 조사기준일 : 매년 10월 1일 영 §15-①
□ 조사 대상 : 법 §13-①, 영 §15-①
  ○ 1월 1일부터 12월 31일까지 연령이 만 6세에 달하는 자
    – 취학의무 유예자 등 전년도 미취학아동 포함
    – 조기입학으로 이미 취학 중인 아동 제외
□ 조사 및 취학아동 명부 작성 기간: 매년 10월 31까지 영 §15-①
□ 취학아동 명부 열람 기간: 10일 이상 영 §15-⑤
□ 전 · 출입자에 대한 처리 영 §15-⑥
  ○ 읍 · 면 · 동의 장은 취학아동 명부 작성 후부터 입학 전까지 거주
    이전한 의무취학아동에 대하여 지체 없이 취학아동 명부에 등재
□ 연령미달 아동 : 취학시킬 수 없음 법 §13-①, 영 §15-①
□ 교육대학 · 사범대학 부설초등학교 및 사립초등학교(이하 '국 · 사립초')
  취학아동 영 §16-②
  ○ 읍 · 면 · 동의 장은 당해 학교장의 입학승낙서를 첨부한 신고를
    받은 후 공립학교 취학아동과 같이 취학통지서를 발부하고,
    이미 작성된 취학아동 명부 비고란에 국 · 사립초 등학교명을 병기

☞ 국 · 사립초 취학 절차
○ 신입생 모집 공고 및 원서 교부: 10월경
○ 원서 접수 및 마감: 11월경
○ 추첨 등 방법에 의해 신입생 확정: 11월경
○ 입학허가자명부를 읍 · 면 · 동의 장에게 통보: 12월 10일까지
※ 국 · 사립초의 취학 일정은 학교에 따라 달라질 수 있으므로 반드시 취학을 원하는 학교
  에 직접 문의하거나 당해학교 홈페이지를 참조하기

조기입학 · 입학연기 | 학부모 → 읍 · 면 · 동의 장

□ 신청 기간 : 매년 10월 1일~12월 31일 [법] §13-②, [영] §15-②, ③
□ 신청 대상 : [법] §13-②, [영] §15-②, ③
  ○ 조기입학: 1월 1일부터 12월 31일까지 연령이 만 5세에 달하는 자로서
    조기입학을 희망하는 자(1년 조기입학만 가능)
  ○ 입학 연기: 1월 1일부터 12월 31일까지 연령이 만 6세에 달하는
    자로서 다음 해로 입학을 1년 연기하려는 자

  ※ 만 6세에 입학 연기하고, 그 다음 해 다시 입학을 연기하고자 할
    경우에는 취학 유예의 절차를 따름.
□ 신청 절차 [영] §15-②, ③, ④
  ○ 자녀 또는 아동의 보호자는 읍·면·동의 장에게 조기입학 신청서
    또는 입학 연기 신청서를 12월 31일까지 제출(기한 준수, 별도
    제출서류 없음)　☞ 〈서식 1〉, 〈서식 2〉
  ○ 읍·면·동의 장은 신청서 서식 하단의 접수증을 교부하고, 취학아동
    명부에서 등재 또는 제외

  ※ 지금처럼 조기입학이나 입학 연기에 대한 학교장의 판단 절차를
    거치지 않고, 학부모의 선택에 따라 확정되므로 신중히 판단하기

〈서식 1 – 예시〉

초등학교 조기입학 신청서

접수번호	조기입학–				
입학대상아동	성명		주민등록번호		
	주소				
보호자	성명		관계	입학대상자의( )	
	주소		전화번호		

초 · 중등교육법 제13조에 따라 내년도 초등학교 취학을 희망하여
조기입학을 신청합니다.

20 . . .

보호자 (서명 또는 인)

○○읍장면 · 장 · 동장 귀하

- - - - - -(기관 인)- -

조기입학 접수증

아 동 명		보호자명	
주 소			

위와 같이 ( )학년도 초등학교 조기입학 신청서가 접수되었습니다.

20 . . .

○○읍장 · 면장 · 동장 (인)

접수번호	조기입학–	접수인	성명: (서명)

초등학교 입학 연기 신청서

접수번호	입학 연기 -			
입학대상아동	성 명		주민등록번호	
	주 소			
보호자 보호자	성 명		관계	입학대상자의 ( )
	주 소		전화번호	
입학 연기 사유				

초 · 중등교육법 제13조에 따라 내년도 초등학교 취학을 1년간 연기하고
다음 년도에 취학하고자 합니다.

20 . . .

보호자 　　　(서명 또는 인)

○○읍장 · 면장 · 동장 귀하

------(기관 인)----------------------------

입학 연기 접수증

아 동 명		보호자명	
주 소			

위와 같이 ( )학년도 초등학교 입학을 1년 늦게 취학하고자 제출한 초등학교 입학 연기 신
청서가 접수되었습니다.

20 . . .

○○읍장 · 면장 · 동장 (인)

접수번호	입학 연기 -	접수인	성명: (서명)

- 입학기일 등의 통보【지역교육청】 영 §16-①
  - 다음해 취학할 아동의 입학기일과 통학구역을 결정하여 매년 11월 30일까지 읍·면·동의 장에게 통보
- 국·사립초 취학아동의 통보【국·사립초 학교장】 영 §16-②
  - 국·사립초의 학교장은 입학허가자 명부를 매년 12월 10일까지 취학아동 거주지의 읍·면·동의 장에게 통보
- 취학통지서 작성·배부【읍·면·동의 장】 영 §17-①
  - 취학통지서 배부: 매년 12월 20일까지
- 취학아동 명부 통보【읍·면·동의 장】 영 §17-②
  - 학교별 취학아동 명부를 매년 12월 20일까지 해당 학교장에게 이송
- 취학통지서 발급 후 전·출입【읍·면·동의 장】 영 §17-③
  - 취학통지서 발급 후 입학 시까지 변동된 아동에 대하여 즉시 취학아동 명부를 추가 작성하고, 취학통지서 발부와 동시에 해당 학교장에게 통보(12월 31일까지 조기입학 또는 입학 연기 신청자 반영)
- 예비소집【학교장】
  - 예비소집일: 매년 1월 또는 2월
- 입학식【학교장】
  - 입학식: 매년 3월 초

3. 학적 변동에 사용하는 용어 설명

- 취학: 학교에 다니게 함(의무교육을 받도록 의무를 부과함)
- 입학: 제1학년에 신입학
- 재학: 당해 학교의 학적을 보유함
- 재입: 면제, 유예, 재적, 자퇴, 퇴학한 자가 당시 대학 학년 이하의 학년으로 다니던 학교에 다시 입학함
- 편입: 면제, 유예, 재적, 자퇴, 퇴학한 자가 당시 재학 학년 이하의 학년으로 다른 학교에 다시 입학함
- 전입: 다른 학교 현 재학생이 우리 학교에 전학해 옴
- 진급: 현 학년을 수료하고 다음 학년으로 올라감
- 조기진급: 교칙에 의거 현 학년에서 다음 학년을 조기이수하고 그 다음 학년으로 진급
- 전출: 우리 학교 현 재학생이 다른 학교로 전학해 감
- 면제: 의무교육 해당 초·중학교에서 초·중등교육법시행령 제28조의 규정에 의거 의무교육 면제
- 유예: 의무교육 해당 초·중학교에서 초·중등교육법시행령 제28조의 규정에 의거 의무교육 유예 또는 동 제29조 규정의 3월 이상 장기결석자의 정원 외 학적관리자
- 정원 외 학적관리: 장기결석 중인 의무교육대상자의 학적을 정원 외로 별도 관리함(행방불명 등 보호자와 연락 두절)
- 재취학: 취학의무를 중단(면제, 유예, 정원 외 학적관리) 중인 자가 다시 취학
- 수료: 해당 학년의 전 과정을 마침
- 졸업: 해당 학교의 전 과정을 마침
- 조기졸업: 교칙에 의거 수업연한을 단축하여 해당 학교의 전 과정을 마침

4. 일정 기간에 대해 체험학습 처리는 가능한지

재학 중 학교의 학칙이 정하는 기간 내의 범위 내에서 학교장의 승인을 받아 실시한 체험학습(초·중등교육법시행령 제49조)으로서 승인한 내용, 방법 및 기간에 부합하게 이루어진 체험학습 기간에 대해서는 합법적인 교외체험학습으로 인정하여 출석으로 처리함.

다만, 학칙에서 정한 체험학습기간이 교육과정 정상 운영에 지장이 없는 범위 내에서 이루어져야 하고, 구체적인 기간은 해당 교육청별로 다를 수 있으므로 관할교육청 지침에 부합하여 함.

5. 학칙이 정한 기간을 초과한 해외 어학연수에 대한 학적 처리는

출석하지 않은 기간에 대해서는 무단결석으로 처리하여야 함. 무단결석이 7일 이상 계속되는 경우에는 보호자에게 취학의무 위반에 대한 조치(의무취학독려)를 취하여야 하고 연락 두절 등의 경우에는 교육청 및 읍면동에 통보하여 취학의무 독려를 함.

무단결석 개시일로부터 3개월이 경과한 이후에는 계속 결석 처리하지 않고 해당 학년의 정원에서 제외해 별도로 학적을 관리할 수 있음(의무교육연한 내에 취학하고자 할 경우 취학을 허가하기 위해 별도로 학적을 관리하는 것으로 의무교육대상자는 재적할 수 없음에 의한 불가피한 조치임).

6. 전입학 시행 절차

가. 재적학교에 전출의사 통지(담임교사에게)
나. 전입신고(읍면동사무소에서 전입신고하면 접수증 발급)
다. 전입학교에 등록(교무실 방문-학적담당자에게 접수증 제시-학급배정)
라. 원적교에 전학서류 송부요청(전입학교 학적 담당자가 함)
마. 전입학교에 서류 송부(원적교 학적 담당자가 함)

7. 유예처리

중학교 졸업 이전에 국외의 학교에 수학할 수 있는 경우에는 예체능 특기생으로 추천받아 유학하거나 외국학교의 장학생으로 선발되어 국제교육진흥원장의 추천을 받아 유학하는 경우, 이민, 파견근무 등 부득이 전 가족이 해외출국하게 되어 유학하는 경우에 한함. 이 경우에는 의무교육 유예, 면제처리를 함.

의무교육대상자가 미인정 유학한 경우에는 해당 학년 해당 일을 결석 처리하고, 결석이 3개월 경과하게 되면 학적을 정원 외 관리하게 됨. 정원 외 관리 중인 해당 학년도의 학년에 재취학은 불가능(결석이수 초과)하고 만일 취학을 하는 경우에는 학년 말에 유급되어 익년도에 해당 학년을 재이수하여야 함. 기타 자세한 사항은 관할 교육청과 취학하고자 하는 학구의 학교에 문의하여 도움을 받아야 함.

8. 경조사 출석 인정

국가공무원 복무규정이 개정되었으나, 교원의 경우는 주 5일제가 전면 실시될 때까지 이전의 규정을 유지하도록 공무원 휴가업무예규에

명시화되어 있다. 이 내용을 반영하여 2005 학교생활기록부 관련 훈령을 개정함(훈령 제676호)의 해설본인 '학교생활기록부 이렇게 달라집니다' 별지 8호 출결상황관리(62~64쪽)에 다음과 같이 설명되어 있음.

【별지 제8호】

출결상황 관리

1. 수업일수

가. 수업일수는 초·중등교육법시행령 제45조의 규정에 의하여 학교장이 정한 학년별 학생이 연간 총 출석해야 할 일수를 말한다.

나. 학적 변동(면제·유예·휴학·제적·자퇴·퇴학·전출 등) 당일까지를 수업일수에 산입한다.

다. 학적 변동 전·후에 중복 일수가 있는 경우 새로 학적을 부여받은(재입학·재취학·편입학·전입학·복학 등) 일수만 수업일수로 계산한다.

라. 학적을 새로 부여받은 자의 당해 학년 수업일수는 원적교의 당해 학년 수업일수와 합산하되, 중복되는 기간의 수업일수는 제외한다.

마. 재입학·전입학·복학생의 수업일수는 다른 학생의 수업일수와 같지 않을 수 있으나, 그 수업일수가 당해 학교 당해 학년 수업일수의 3분의 2 미만이 될 경우에는 당해 학년도 재입학·전입학·복학이 불가능하다(초·중등교육법시행령 제50조 제2항 참조).

[해설]

○ 학업중단자(면제·유예·정원 외 학적관리 중인 자)가 취학·재취학하거나 귀국학생 등이 편·입학하는 경우에는 재취학 및 편·입학 당시 해당 학년 수업일의 수학 가능성을 인정한 것이므로 수업일수가 당해 학년도 수업일수의 3분의 2 이상에 미달하여도 해당 학년 수료에

영향을 받지 아니한다(초·중등교육법시행령 제29조 및 제75조).

2. 결석

가. 결석일수의 산정

(1) 학칙에 의거, 출석하여야 할 날짜에 출석하지 않았을 때에는 결석으로 처리한다.

(2) 학적을 새로 부여받은 자의 당해 학년 결석일수는 원적교의 당해 학년 결석일수와 합산하되, 중복되는 기간의 결석일수는 제외한다.

나. 다음의 경우에는 출석으로 처리한다.

(1) 천재지변, 법정 전염병 등 불가항력의 사유로 인하여 출석하지 못한 경우

(2) 병역관계 등 공적의무 또는 공권력의 행사로 인하여 출석하지 못한 경우

(3) 학교장의 허가를 받은 '학교를 대표한 경기, 경연대회 참가, 산업체 실습과정(현장실습), 훈련 참가, 교환학습, 현장(체험)학습 등'으로 출석하지 못한 경우

> ※ 현장(체험)학습 출결 처리
> ○ 교류학습
>   -기간: 교육과정의 이수에 지장이 없는 범위 안에서 학칙이 정한 범위
>   -내용: 교류·교환학습
>   -방법: 학부모의 교류·교환학습 신청→관련 학교장 상호 협의→협의사항 학부모에 통보→교류·교환학습 실시→위탁 학교의 생활기록을 재적학교에 통보
> ○ 현장(체험)학습
>   -기간: 교육과정의 이수에 지장이 없는 범위 안에서 학칙이 정한 범위
>   -내용: 현장체험학습, 친·인척 방문, 고적 답사 및 향토 행사 참여
>   -방법: 현장(체험)학습 신청(신청서 및 학습계획서 제출)→학교장 심사 후 승인 통보→현장(체험)학습 실시→현장(체험)학습 보고서 제출→면담 등을 통한 실제 현장(체험) 여부 확인' 후 인정기간 내에서 출석으로 처리

(4) 초·중등교육법시행령 제31조(학생의 징계 등) 제1항의 규정에 의한

학교 내의 봉사, 사회봉사, 특별교육이수 기간

(5) 다음 경조사로 인하여 출석하지 못한 경우(국가공무원복무규정 제20조 제1항 별표 2를 근거로 함)

구 분	대 상	일 수
결 혼	○형제, 자매, 삼촌, 외삼촌, 고모, 이모	1
회 갑	○부모 및 부모의 직계존속	1
사 망	○부모 및 부모의 부모	7
	○부모의 조부모 · 외조부모 · 증조부모 · 외증조부모	5
	○부모의 형제 · 자매 및 그의 배우자	
	○형제 · 자매 및 그의 배우자	3
	○조부모 · 외조부모의 형제 · 자매와 그의 배우자	
탈 상	○부모 및 부모의 부모	2
	○부모의 조부모 · 외조부모 · 증조부모 · 외증조부모	1
	○부모의 형제 · 자매와 그의 배우자	

※ 원격지일 경우 실제 필요한 왕복 소요일수를 학교장의 결재를 받아 가산할 수 있음.

(6) 기타 부득이한 사유로 학교장의 허가를 받아 결석하는 경우

다. 질병으로 인한 결석

(1) 결석한 날부터 3일 이내에 의사진단서를 첨부하여 결석계를 제출한 경우

(2) 부득이한 사정으로 결석한 날부터 3일 이내에 의사의 진단서 또는 의견서를 첨부하지 못했으나, 병으로 인한 결석임을 증명할 수 있는 자료(학부모의견서, 투약봉지, 담임교사확인서 등)를 첨부한 결석계를 3일 이내에 제출하여 학교장 승인을 받은 경우(예: 상습적이지 않은 1일 또는 2일의 단기결석인 경우)

라. 무단결석

(1) 합당하지 않은 사유나 고의로 결석한 경우(태만, 가출, 고의적 출석 거부, 범법행위로 관련기관 연행·도피 등)

⑵ 초·중등교육법시행령 제31조(학생의 징계 등) 제5항의 가정학습 기간

마. 기타 결석

⑴ 부모·가족 봉양, 가사 조력, 간병 등 부득이한 개인사정에 의한 결석임을 학교장이 인정하는 경우
⑵ 공납금 미납을 사유로 결석한 경우
⑶ 기타 합당한 사유에 의한 결석임을 학교장이 인정하는 경우

[해설]
○ 학교폭력예방 및 대책에 관한 법률(일부개정 2005.3.24, 법률 7421호) 제14조 제1항 제2호 및 제3호의 규정에 의거하여 학교폭력 피해학생에 대한 일시보호 및 치료를 위한 요양에 따른 결석은 학교장의 장이 인정하는 경우 이를 출석일수에 산입할 수 있다. 그러나 동법 제15조(가해학생의 조치) 제1항 제8호의 출석정지 기간은 무단결석에 해당한다.

3. 지각·조퇴·결과

가. 지각: 학교장이 정한 등교시각까지 출석하지 않은 경우
나. 조퇴: 학교장이 정한 하교시각 이전에 하교한 경우
다. 결과: 수업시간에 불참하거나 교육활동을 고의적으로 방해한 경우
라. 위의 '2. 나.'의 각 항에 해당되는 사유로 인한 지각, 조퇴, 결과는 각각의 횟수에 포함하지 않는다.
마. 지각, 조퇴, 결과의 사유는 각각 결석 사유와 동일하게 질병, 무단, 기타로 처리한다.
바. 같은 날짜에 지각, 조퇴, 결과가 발생된 경우에는 학교장이 판단하여 어느 한 가지 경우로만 처리한다.
사. 같은 날짜에 결과가 1회 이상이라도 1회로 처리한다.
아. 학적을 새로 부여받은 자의 당해 학년 지각·조퇴·결과 횟수는

원적교의 당해 학년 각 횟수와 합산하되, 중복되는 기간의 각 횟수는 제외한다.

9. 초등생이 유학할 경우

중졸 이전에 불법·부당 유학한 경우에 외국에서의 학력은 해당 국가의 학력일 뿐 국내의 학력으로 인정되지 않음. 재학 중인 초등학교의 해당 학년에서 무단결석 처리되며, 결석 개시 3개월 후에 학업이 중단되는 학적정리(정원 외 학적관리)가 됨. 이후 귀국하여서는 학업을 중단한 학년에 다시 취학해야 함.

합법적인 경우(부모 모두와 함께 출국)에는 국내의 재학기간 합산에 의해 편입학년을 결정하여 편입학하게 됨. 한편 정규의 교육과정을 모두 이수하지 않은 경우, 또는 불법유학(어학연수 등)한 기간에 대해서는 기본적으로 수학기간을 인정할 수 없으므로, 귀국 후 편입할 학교의 학칙이 정하는 바에 따라 해당 학교의 해당 학년 수학가능성(교과목별 이수 평가) 결과에 따라 학교장이 편입할 학년을 결정하게 됨. 따라서 귀국 후 거주지 인근의 편입 희망 학교를 직접 방문하여 해당 학교 학칙에 따라 편입학을 허가받아야 함.

10. 국내 거주 불법체류자 취학 및 외국인 학생의 초등학교 취학

초·중등교육법시행령 제19조에 "재외국민 또는 외국인이 보호하는 자녀 또는 아동이 국내의 초등학교에 입학하거나 최초로 전입학하는 경우에는 출입국관리사무소장이 발행한 출입국에 관한 사실증명서 또는 거류신고증(외국인등록사실증명서)을 거주지를 관할하는 해당 학교의 장에게 제출함으로써 입학 또는 전학절차에 갈음할 수 있다."고 규정되어 있음. 이 규정에 근거하여 불법 체류 외국인의 자녀도 초등학교, 중학교 취학이 가능하며 적극적인 취학 허용을 위해 전·월세 계약서, 거주확인보증서 등으로 거주 사실의 확인을 대신할 수 있도록 간소화함.

11. 귀국자 편입학 시 서류

귀국자 편입학 시 필요한 서류는 학년 재학증명서 및 성적증명서(반드시 입·퇴학 연월일 및 재학 학년 명시, 학교장 직인 날인, 학교장 직인 없으면 영사관 또는 대사관 공증 필요), 여권사본(또는 출입국 사실증명서, 입국일자 기록), 주민등록등본(귀국일자 이후 발행된 것)을 준비해야 함. 기타 자세한 사항은 해당 교육청이나 거주지 학구 학교에 문의.

12. 초등학생의 해외 어학연수 등 조기유학은 합법인지

만 6세~만 15세 아동은 의무교육대상자로서 의무교육기관인 초·중학교에 취학해 교육받을 의무가 있음(초·중등교육법 제12조 및 제13조), 학교장 및 교육장의 추천과 국제교육진흥원장의 승인으로 실시한 유학(국외유학에 관한 규정 제5조) 외의 사유로 해외에 체류하며 학교에 정상 출석하지 아니하는 것은 불법임. 다만, 부모의 국외파견, 해외주재상사 근무 등에 의해 전 가족이 해외에 거주/체류/유학하는 것은 불법에 해당하지 않음.

* 인용

교육인적자원부(2006). 교육인적자원부 질의 · 회신 사례집[I]. 학교정책국/초 · 중등정책
과/pp.3~100.

(교육인적자원부는 과학기술부와 통합되어 2008. 2. 29 교육과학기술부로 재조직 됨)

백승희 ────────────────────────────────

– 약 력
전주교육대학교 2년 졸업, 경인교육대학교 졸업
국민대학교 교육대학원 유아교육 전공(교육학석사)
국민대학교 대학원 교육학과 교육심리전공(박사)
경기도 가좌초등학교 교사
경희대학교 교육대학원 겸임교수

– 주요 저서 및 논문
『Self – regulation으로 자라나는 내 아이의 꿈(2006)』
『새내기 학부모에게 꼭 필요한 이야기(2008)』
「미리읽기지도가 초등학생의 독해력에 미치는 영향」
「학업성취 향상을 위한 초등학교 학생의 교과태도에 대한 조사연구」
「개별화 Learning Contract 프로그램 운영을 통한 초등학생의 자기주도적 학습능력 신장」
「동기설계 수업모형 적용이 자기조절 학습능력에 미치는 효과」

초판인쇄 | 2009년 6월 30일
초판발행 | 2009년 6월 30일

지은이 | 백승희
펴낸이 | 채종준
펴낸곳 | 한국학술정보㈜
주 소 | 경기도 파주시 교하읍 문발리 파주출판문화정보산업단지 513-5
전 화 | 031)908-3181(대표)
팩 스 | 031)908-3189
홈페이지 | http://www.kstudy.com
E-mail | 출판사업부 publish@kstudy.com

등 록 | 제일산-115호(2000. 6. 19)
가 격 | 15,000원

ISBN 978-89-268-0147-5 03370 (Paper Book)
      978-89-268-0148-2 08370 (e-Book)

이담
Books 는 한국학술정보(주)의 지식실용서 브랜드입니다.